7/87   18-50

Helmut Koopmann

_____ Deutsche

DATE DUE FOR RETURN

Helmut Koopmann

Der schwierige Deutsche

Studien zum Werk Thomas Manns

Max Niemeyer Verlag
Tübingen 1988

CIP-Titelaufnahme der Deutschen Bibliothek

Koopmann, Helmut:
Der schwierige Deutsche : Studien zum Werk Thomas Manns / Helmut Koopmann. –
Tübingen : Niemeyer, 1988

ISBN 3-484-10621-2

INHALT

VORBEMERKUNG

Die vorliegenden Arbeiten zum Werk Thomas Manns entstanden mit Ausnahme des ersten Aufsatzes alle in den achtziger Jahren. Es handelt sich um Versuche, vor allem jene Epochen auszuleuchten, in denen Thomas Mann auf besonders intensive Weise mit Deutschland zu tun hatte: also die zwanziger Jahre und die Zeit seines Exils. Mit den zwanziger Jahren beschäftigen sich vier Arbeiten, in denen es um die Frage der Beziehung Thomas Manns zu Schopenhauer in der Zeit nach dem Ersten Weltkrieg geht wie auch um zwei Auseinandersetzungen: Thomas Mann hat sie mit Spengler und mit Baeumler als Propagator Bachofenscher Gedanken geführt. Die Studien zur Exilzeit Thomas Manns handeln – von der Arbeit über Thomas Manns Deutschland-Bild abgesehen – von einem Phänomen, das nicht nur für Thomas Mann, sondern auch für die Exilliteratur überhaupt noch viel zu wenig erforscht ist: der Umsetzung der Exilerfahrungen in das literarische Werk. Daß in den Werken Thomas Manns, die in der Zeit seines Exils entstanden, direkt oder indirekt auch von Deutschland immer wieder die Rede ist, versteht sich von selbst – nicht weniger, daß seine Beziehung zu Deutschland gerade in dieser Zeit noch schwieriger wurde, als sie es von den zwanziger Jahren an war.

Die Beiträge, den Erstdrucken gegenüber noch einmal durchgearbeitet, verstehen sich als eine Spurensuche. Sie möchten auf Phänomene und Beziehungen aufmerksam machen, die bislang noch nicht so beachtet wurden, wie sie es verdient hätten.

Der Verfasser schuldet Kollegen und Freunden Dank, die Anregungen, gelegentlich auch Anlaß zum Widerspruch gaben. Es sei erlaubt, den Dank hier summarisch abzustatten. Namentlich zu danken habe ich Augsburger Mitarbeitern für nie versagte Hilfe und förderliche Kritik: Gisela Barth, Jürgen Eder, Sabine Röben.

H. K.

"LIEBE ZU SICH SELBST IST IMMER DER ANFANG
EINES ROMANHAFTEN LEBENS"

HANNO BUDDENBROOK, TONIO KRÖGER
UND TADZIO.
ANFANG UND BEGRÜNDUNG DES MYTHOS
IM WERK THOMAS MANNS

Thomas Manns auffälliger Mangel an "Erfindung", über den er
sich selbst schon frühzeitig im klaren war und aus dem er nie
ein Hehl gemacht hat, hat sich für den Leser stets nicht nur in
einem beachtlichen Maß an "Aneignung" zu erkennen gegeben,
das sich von den "Buddenbrooks" bis hin zum "Felix Krull" zunehmend stärker abzeichnet, sondern gleichermaßen in einer Reihe
von Parallelen, die die Erzählungen und Romane auf auffällige
Weise durchziehen. Es gibt kaum völlig "neue" Figuren im Werk
Thomas Manns, und schon die der "Buddenbrooks" sind es nicht,
da wir ja wissen, wie sehr sie einerseits der Wirklichkeit entstam-
men und andererseits in den vorangegangenen Erzählungen prä-
formiert sind. Umso sichtbarer sind die Ähnlichkeiten und figura-
len Abhängigkeiten, die Umwandlungen und Abwandlungen einzelner Gestalten, die im Werke Thomas Manns ein meist deutlich
verfolgbares Fortleben haben und es zeitweise quasi zu einer
werkimmanenten Unsterblichkeit bringen, wie sie sich so ausgeprägt in der neueren Literatur nur selten findet. Wir haben es
fast immer mit erzählerischen Verwandtschaften ersten Grades
zu tun, mit frappierenden Ähnlichkeiten und überdeutlichen Wie-
derholungszeichen, mit mehr oder weniger verborgenen Identitäten und nur leichten Variationen der jeweils vorausgehenden Figur.
Den jungen Joseph und Felix Krull verbindet mehr als nur die
Tatsache, daß sie vom gleichen Autor stammen, und für den biblischen Jaakob und den späten Goethe gilt ähnliches. Natürlich
geht es nicht um irgendwelche Urbilder und deren jeweilige Inkar-
nationen, sondern um Ausformungen und Fortleben einiger weniger
Figuren, die in ihren Wiederholungen geradezu typische Züge bekommen. Auch Krull ist der Erwählte, so wie vorher schon Joseph
es war. Es ist mehr als die Verwandtschaft von Romanhelden,
die alle auf ihre Weise zusammengehören, weil es nun einmal
"Helden" sind, ausgezeichnete Individuen allesamt, wie sie schon
der Bildungsroman verlangte und wie sie auch die Romane Thomas
Manns kennen, Hans Castorp, dem schlichten mittelmäßigen Helden zum Trotze, der aber in seinen sieben Büchern, die er zu leben
hat, auch ins Besondere und Außergewöhnliche und damit in eine
narrative Heldenrolle hineinwächst, in die seine Brüder im allgemeinen schon hineingeboren sind.

Es handelt sich hier nicht um thematische Wiederholungen,
sondern um die oft unverhoffte Wiederkehr einzelner Gestalten.
Daß sie aufs nächste miteinander verwandt sind, läßt sich wie
bei jeder echten Verwandtschaft an Äußerlichkeiten erkennen,
und das im Frühwerk noch besser als später. Nirgendwo sind die

Individualitäten so ausgeprägt, daß sie das Genotypische zu über-
lagern drohen: immer und überall finden sich Entsprechungen
und Fortsetzungen, Wiederholungen und Übernahmen. Und selbst
dort, wo Thomas Mann gelegentlich gerade die unverwechselbare
Einmaligkeit einer Gestalt betont, lassen sich doch gleichsam
Urverwandtschaften aufdecken; so zeigt der junge Joseph bei
aller ephebenhaften Vollkommenheit jene leichten Disharmonien,
die seine geradezu überirdische Schönheit wieder vermenschlichen
und erst zugänglich machen, und eben das verbindet diese einzigartige Gestalt mit ihren Vorgängern bis hin zu Hanno Buddenbrook, den wir uns ähnlich schön und doch ähnlich unvollkommen
denken dürfen. Anderswo sind es physische Anomalien, Krank-
heitszeichen, die nicht Individualität verleihen, sondern den Typus,
wie er sich in derartigen Figurenketten allmählich herausbildet,
noch verstärken, um dem Einzelnen, der besonderen Variante,
keinen größeren Raum als dem Typus zu geben. Bezeichnenderweise gewinnen nicht die Problemlosen, die strahlenden Helden
des Lebens, ein typisches Profil, sondern gerade die Bedrohten,
Gefährdeten, Krankheit und frühem Untergang Verfallenen. Typisches entwickelt sich erst im Leiden, nicht im einfachen Dasein,
nicht in der Vollkommenheit, sondern im Unvollkommenen, und
es sind zumeist Unvollkommene gewesen, die Thomas Mann beschrieben hat, von Hanno Buddenbrook (und seinen Vorläufern
an) über Tonio Kröger und Tadzio, über Joseph und Gregorius
bis hin zu Leverkühn und Felix Krull.
  Was Gestalten wie diese also vor allem auszeichnet, ist eine
Verwandtschaft, die sich in körperlichen Ähnlichkeiten bekundet,
und diese allein machen schon deutlich, daß wir es hier mit einer
eigenen sonderbaren Figurenkette zu tun haben, die sich durch
das Werk Thomas Manns hindurchzieht. Uns interessieren ihre
Anfänge – nicht nur, weil sie am ehesten einiges über das Zustandekommen dieser Figurenkette zu erkennen geben können, sondern
auch, weil der figurelle Nexus hier besonders gut zu beobachten
ist: die Beziehungen sind fast überdeutlich. Und es kann kein
Zweifel sein, daß die Helden der frühen Romane und Erzählungen
teilweise wenigstens nur zu sehr vom selben Holze sind.
  Hanno Buddenbrook ist, wie wir wissen, der eigentliche Held
der "Buddenbrooks" – Thomas Mann hat ja selbst sehr offenherzig
bezeugt, daß der Roman ursprünglich nur die Geschichte des sensitiven Spätlings Hanno gewesen ist, die sich dann ausgeweitet habe,
in die Vorgeschichte hinein, wie sich das bei Thomas Manns Romanen nahezu immer entwickelt. Was ihn charakterisiert, sind die
offenkundigen Attribute eines Späten; mit seinem braunen Haar,
das sich in weichen Locken tief über die Schläfen schmiegt, mit
seinen langen braunen Wimpern und seinen goldbraunen Augen,
mit seinen Armen, "schmal und weich wie die eines Mädchens",
und seinen bläulichen Schatten in den Winkeln seiner Augen ist
er weniger das Urbild eines Décadent als vielmehr der fragile

Prototyp des Künstlers, eine narzißhafte Figur, wie sie in der Literatur der Jahrhundertwende alles andere als selten ist, hier aber ihre besondere Ausprägung dadurch erhält, daß sie vor allem in ihrer sozialen Isolation gezeigt wird. Daß er "trotz seines Kopenhagener Matrosenanzuges stets ein wenig fremdartig unter den hellblonden und stahlblauäugigen, skandinavischen Typen seiner Kameraden" hervorsticht[1], ist mehr als nur das alte, von Thomas Mann immer wieder benutzte Mittel der Konturierung durch eine konstrastreiche Umgebung, da es eben auf die soziale Ausnahmestellung so deutlich hinweist. Es ist der Einzelne gegenüber der Menge der Anderen, von dem der Roman Thomas Manns an seinem Ende handelt, und wenn von Hannos träumerischer Unaufmerksamkeit und seiner körperlichen Zartheit die Rede ist, so sind das Merkmale eines Romanhelden, der nicht mehr das in jeder Richtung ausgezeichnete und überlegene Individuum ist, wie es die deutschen Bildungsromane bis dato bevölkerte. Er ist ein Held ex negativo, zu Krankheit und frühem Tod verdammt, der hier in seiner Ausnahme- und Außenseiterrolle das Interesse des Lesers im gleichen Maße fesselt, wie dieses an seinen hellblonden und stahlblauäugigen Schulkameraden sinkt. Der Antiheld als Held, der Außenseiter als Mittelpunkt, der Schwache als der eigentlich Interessante: darin zeichnet sich weniger die Fernwirkung und Ausstrahlung der Frühromantik als vielmehr der Protest gegen den traditionellen Romanhelden und das Selbstverständnis des schreibenden Erzählers ab, der sich ebenso fraglos mit Hanno identifiziert, wie er die Hagenströms und Konsorten verachtet, mögen diese auch "vierzehn- und zwölfjährig, zwei Prachtkerle" sein, "dick, stark und übermütig".[2] Die Epitheta sagen alles: auch hier also ein kontrastiver Erzählstil, der schon aus den Gegenpositionen heraus die Wertungen mitliefert, die hier, den erzählerischen Intentionen nach, mit ins Spiel gehören. Die Hagenströms sind, später wie schon jetzt in juvenilem Alter, "gefürchtet, beliebt und respektiert" - Hanno ein Weichling, der scheu allem aus dem Weg geht, "wozu ein wenig Mut, Kraft, Gewandtheit und Munterkeit gehörte". An die devoten, ehrgeizigen, stillen und bienenfleißigen Musterschüler kommt er freilich auch nicht heran; und er zeigt "Widerwillen" gegen alle gesunde Normalität.[3] Eben deswegen aber interessiert er den Erzähler, der damit nicht nur gegen den Stachel einer großen erzählerischen Tradition löckt, indem er den Schwachen zum Helden macht, sondern der zugleich damit dessen Dasein schärfer umschreibt, als es jede Darstellung, die sich auf die Charakteristik des kleinen Hanno allein verlegt hätte, je vermocht haben würde. Das alles schält sich erst allmählich heraus; Hanno ist im Roman eine späte Figur, weil der Erzähler es für nötig befunden hat, ihn auch in diesem Sinne mit der Vorgeschichte zu kontrastieren, mit jenen lebenstüchtigen Gestalten, wie es die ersten Buddenbrooks noch sind; er, der bereits als Lebender vom Tode Bedrohte und Gezeichnete, schiebt sich

erst allmählich und nur langsam in den Vordergrund, und auch
dann wird er uns eigentlich nur in seiner Zurückhaltung und Scheu
vorgestellt, in seinem Abwarten und seiner Resignation. Ist es
Zufall oder Absicht, daß er gelegentlich, "die zarten Beine gekreuzt, Kopf und Oberkörper ein wenig abgewandt, in einer Haltung voll scheuer und unbewußter Grazie" dasteht[4] und eben darin
ein Todessymbol figuriert, wie Lessing es in seiner Schrift "Wie
die Alten den Tod gebildet" beschrieben hat? Daß Hanno zu Weih-
nachten schließlich das von ihm lange erwünschte Buch der griechischen Mythologie geschenkt bekommt, zeigt immerhin, wie
stark diese offenbar Denken und Vorstellungswelt des kleinen
Hanno bestimmt; und wir dürfen wohl annehmen, daß sie auch
den Autor mitbestimmt hat. Man muß in Hanno nicht Euphorion
sehen und in Gerda nicht die schöne Helena, um diesen Anteil
an Mythologie in den Buddenbrooks zu beschreiben. Daß die ge-
kreuzten Füße, das alte Todes- und Totensymbol, und das griechische Lehrbuch der Mythologie nicht aufeinander bezogen sind,
mag glauben, wer ohnehin hier einen naturalistischen Roman sieht
und nicht mehr. Daß andererseits im "Tod in Venedig" die Kunst
der mythologischen Darstellung auf einen Höhepunkt gekommen
sein soll, in den zehn Jahre zuvor veröffentlichten "Buddenbrooks"
hingegen nicht ein einziger mythologischer Hinweis enthalten
sei, klingt gänzlich unglaubwürdig - so wie es von dorther gesehen
denn auch nicht nach Zufall aussieht, daß Hanno sich eine griechische Götterlehre wünscht. Wäre es nur seine Freude an phantasti-
schen Geschichten - ein anderes Buch hätte ihn mindestens gleichermaßen befriedigen können. Hanno fängt noch am Weihnachts-
abend mit der Lektüre an und liest von einer Gegenwelt zu der
seinigen: "von den Kämpfen, die Zeus zu bestehen hatte, um zur
Herrschaft zu gelangen"[5].

Hanno agiert aus einer Position der Schwäche; eine höchst
angreifbare Existenz ist hier verliebt in das göttliche Gegenbild.
Sein Vater freilich ist blind dergleichen Schwächen gegenüber,
und der Satz "Auf irgend eine Weise muß ein Knabe sich das Ver-
trauen und den Respekt seiner Umgebung, die mit ihm aufwächst
und auf deren Schätzung er sein ganzes Leben angewiesen ist,
von Anfang an zu gewinnen wissen"[6] bezeichnet eben das, wozu
Hanno in jeder Hinsicht absolut unfähig ist. Die Frage des Vaters,
warum er "so gar keine Fühlung mit seinen Klassen- und Alters-
genossen" habe, "mit denen er später zu leben und zu wirken haben
würde", bezeugt noch einmal das völlige Unverständnis sogar der
nächsten Umwelt gegenüber dem Einzigartigen. Umso vertrauter
ist ihm, der dem Leben "nichts als Widerwillen, einen stummen,
reservierten, beinahe hochmütigen Widerwillen" entgegenbringt,
jener andere Bereich: der des Todes. Er verabscheut die diversen
Lebenselixiere, die ihm ein unverständiger Landarzt verschreibt,
aber er liebt beinahe zärtlich jene "kleinen, süßen, beglückenden
Pillen", die Arsenik, den Tod in wohlabgewogener, als Antidot

gedachter Dosierung enthalten. An der Leiche der Großmutter
erwartet er "den Duft, jenen fremden und doch so seltsam ver-
trauten Duft"[7], den er von früheren Toten her kennt und der an-
deutet, wo Hanno eigentlich zu Hause ist. Ist es Zufall, daß er
angesichts des Todes in einer Haltung posiert, die auffällig Her-
mes-Darstellungen gleicht? "Er stand, auf dem linken Beine ru-
hend, das rechte Knie so gebogen, daß der Fuß leicht auf der Spit-
ze balancierte, und hielt mit einer Hand den Schifferknoten auf
seiner Brust umfaßt, während die andere schlaff hinabhing. Sein
Kopf mit dem lockig in die Schläfen fallenden hellbraunen Haar
war zur Seite geneigt (...)."[8] Gewiß wird mit keinem Wort gesagt,
daß hier Psychopompos den Tod betrachtet. Aber die Assoziation,
die sich angesichts der Haltung des kleinen Hanno einstellt, ist
auch kaum zu widerlegen. Jedenfalls ist deutlich genug, daß Hanno
mit dem Tode zu tun hat, schon von früh an; er ist mit ihm vertraut, so wie die Sterbeszenen in der eigenen Familie ihm vertraut
sind, und daß er sich vom Leben abgewandt hat, wird nicht nur
im Typhus-Kapitel deutlich, als er "vor Furcht und Abneigung
bei der Stimme des Lebens" zusammenzuckt, sondern vorher
schon, spätestens vom "ich glaube ... es käme nichts mehr"[9] an.
Das Buch, das derart vom progressiven Verfall handelt, führt nicht
nur auf den Untergang dieser Familie zu, sondern auf den Tod,
und es ist nur zu folgerichtig, daß Hanno in ihn einbezogen ist:
hatten sich die älteren noch gegen ihn mit der ganzen Kraft ihres
Lebenswillens gewehrt, so folgt Hanno der Stimme des Todes
fast willenlos und jedenfalls ohne jede innere Auflehnung; er prak-
tiziert die Lehre Schopenhauers, um die sein Vater sich so intensiv
bemüht hatte, beinahe bewußtlos, da er mit dem Tode eben in
seine eigentliche Heimat zurückkehrt. Hanno ist mit seinem Tode
einverstanden, da er nicht mehr bereit ist, der Stimme des Lebens
zu folgen. Und so erscheint er stets in unmittelbarer Nachbarschaft des Todes; er ist ihm von Anfang an verhaftet, mit ihm
vertraut; er hat nichts Schreckliches und Abstoßendes für ihn,
und wenn Hanno hier auch nicht als Verkörperung des Todes auftritt, so ist er doch sein Vorbote und Emissär. Wir dürfen sicher
sein, daß Thomas Mann hier eigene Jugenderfahrungen und Befürchtungen beschrieben hat, so wie wir andererseits sicher sein
dürfen, daß er sich von diesen gerade dadurch befreit hat, daß
er sie in aller Radikalität darstellte und in seinem Gegen- und
Ebenbild personifizierte.

*

Das Thema war damit freilich noch nicht abgetan; daß es weiter-
lebt, zeigt sich nicht zuletzt daran, daß sich die Grundkonstella-
tion der "Buddenbrooks" wenig später ebenso deutlich wiederholt
wie Erscheinung und Beschreibung des scheuen Menschen, der
mit Zagen und ablehnenden Augen abwärts blickt, lebensabge-

wandt, einsam und in sich gekehrt. Daß Hans Hansen in "Tonio Kröger" scharfblickende stahlblaue Augen hat, mag auf den ersten Blick nur als ethnische Selbstverständlichkeit erscheinen – oder doch solange, bis dem Leser bewußt geworden ist, daß es diese stahlblauen Augen schon einmal gab, nämlich bei den Kameraden Hanno Buddenbrooks, unter denen Hanno sich so fremdartig ausnimmt wie Tonio Kröger unter seinen Mitschülern. Aber die Verwandtschaft geht noch weiter. Nicht weniger fremdartig als bei Hanno Buddenbrook blicken auch aus Tonio Krögers Gesicht "dunkle und zart umschattete Augen mit zu schweren Lidern träumerisch und ein wenig zaghaft hervor". Umschattet, wir erinnern uns, waren auch Hannos dunkle Augen, und sie kontrastieren mit den stahlblauen ebenso wie seine dunklen Haare mit den hellblonden seiner Schulkameraden – so, wie es dort Tonios Augen mit denen Hans Hansens, seine brünette Erscheinung mit der hellen des anderen und dessen blonden Haaren tun. Die Parallelität ist zu auffällig, um übergangen zu werden.

Es sind identische Figuren, von denen hier die Rede ist – soweit jedenfalls, wie das ihre unterschiedliche erzählerische Position erlaubt. In Tonio Kröger wiederholt sich Hanno Buddenbrook, und er tut das auf so deutliche Weise, daß darüber gar kein Zweifel entstehen kann. Zum wichtigsten Unterschied gehört freilich, daß Hanno stirbt und Tonio überlebt: jener scheitert an der bürgerlichen Welt und eigentlicher noch am "Leben" selbst, dessen Stimme er schließlich nur noch mit "Furcht und Abneigung" vernimmt, während dieser seinen Pakt und Frieden mit der ihn umgebenden Welt macht und sich in eine Bürgerlichkeit integriert, die hier wieder identisch mit "Leben" geworden ist. Aber ein Hauch von der Todesproblematik des kleinen Hanno ist auch Tonio Kröger noch geblieben: in seiner Künstlermoral. Er hat begriffen, "daß, wer lebt, nicht arbeitet, und daß man gestorben sein muß, um ganz ein Schaffender zu sein."[10] Spiegelt sich hier nicht noch, in eine Künstlerethik übertragen, ein wenig von der Untergangsmetaphysik der "Buddenbrooks", vom Tode des Helden dort, der in den "Buddenbrooks" ein physischer Tod war und hier nur mehr ein geistiger ist, Erfüllung einer moralischen Verpflichtung gewissermaßen, ohne die es aber eine wahrhaft künstlerische Existenzform nicht geben kann? Aus der Lebensverachtung Hannos ist hier Lebensliebe geworden, aber von Gesundheit und Krankheit und davon, daß der, der nur ein Blättchen vom Lorbeerbaume der Kunst pflücken wolle, mit dem Leben dafür zu bezahlen habe, ist noch zu häufig die Rede, als daß sich das überlesen ließe. Die Thematik von Leben und Tod ist noch nicht ausgestanden, und die Vorstellung vom Weiterleben in der Kunst nach dem Ende des wirklichen Lebens zieht sich, banal wie sie sein mag, in einigen Variationen doch von den "Buddenbrooks" bis zum "Tonio Kröger" durch.

Die Parallelen sind offenkundig, so offenkundig, daß sie eigentlich keiner weiteren Fixierung bedürfen. Hier läuft e i n Thema durch, das des früh gestorbenen Jünglings. Er hat in "Tonio Kröger" eine merkwürdige Resurrektion erfahren, und das offenbar nicht nur, weil sich Thomas Mann, der sich so deutlich in der Geschichte des sensitiven Spätlings spiegelt, sich auch hier noch einmal abbildet; das wird er bis in den "Felix Krull" hinein tun. Viel auffälliger ist, daß das Todesthema so deutlich noch einmal wiederaufgenommen wird, nicht als Thema an sich, sondern in Verbindung mit Tonio Kröger, der als Hanno Buddenbrook redivivus erscheint. Und wenn es auch so aussieht, als habe sich Thomas Mann im "Tonio Kröger" bei günstiger Gelegenheit, als von Krögers Künstlermoral die Rede ist, zugleich über sein Artistencredo geäußert, so kann das doch alles nicht den Verdacht beiseiteschieben, daß es hier eigentlich um etwas anderes geht, nämlich um das Weiterleben eines viel bedrängenderen, wenn auch unterschwelligen Themas, das immer noch da war und das Thomas Mann im gleichen Maße, in dem er sich mit Hanno Buddenbrook als sensitivem Spätling identifiziert hatte, immer noch auf den Nägeln zu brennen schien: den Tod des schönen Knaben, von dem er im Typhus-Kapitel so distanziert berichtet hatte, und das gewiß nicht zuletzt deswegen, weil es ja um etwas ging, was ihm selbst, dem späten Erben, hätte geschehen können – rechnet man Thomas Manns gelegentliche Selbstmordabsichten und seine eigene Schopenhauerlektüre hinzu, bekommt alles noch mehr Gewicht. Eigentliches Thema dieser Vorstellungen, daß man gestorben sein müsse, um ganz ein Schaffender zu sein, scheint weniger eine fast pathetisch wirkende Kunstmetaphysik zu sein als vielmehr eben das Weiterleben des toten Hanno im Vorstellungsbereich Thomas Manns, der hier an ein Thema geraten war, das nicht damit abgetan war, daß Hanno dem Typhus erlag. Der tote Hanno, der so früh gestorbene schöne Knabe, war von Thomas Mann gleichsam fälschlich totgesagt worden, da er in Tonio Kröger so sichtbar weiterlebte. Er verschwand so wenig aus Thomas Manns Vorstellungwelt, wie dieser aufhörte, sich mit sich selbst zu beschäftigen. Mit der Figur des zu früh gestorbenen Jünglings aber verbindet sich fortan für Thomas Mann offenbar die Frage nach Sinn und Unsinn eines derartigen Todes und zugleich die Frage, wie dieser überwunden werden könne.

*

Ähnlichkeiten, wie sie zwischen den "Buddenbrooks" und "Tonio Kröger" zu beobachten sind, wären vielleicht noch nicht auffällig, wenn sie sich nicht fortsetzten. Die thematische Reihe ist dabei deutlich erkennbar: auch der "Tod in Venedig" variiert nicht nur das Todesthema, sondern bringt die Epiphanie des schönen Knaben aufs neue, in Wiederholung dessen, was Thomas Mann schon einmal dargestellt hatte, ja in Steigerung alles dessen, was bislang in

Erscheinung getreten war. Als Tadzio zum erstenmal vorgestellt wird, ist es wieder einmal die Erscheinung eines fast vollkommen schönen Menschen: "Sein Antlitz, bleich und anmutig verschlossen, von honigfarbenem Haar umringelt, mit der gerade abfallenden Nase, dem lieblichen Munde, dem Ausdruck von holdem und göttlichem Ernste, erinnerte an griechische Bildwerke aus edelster Zeit, und bei reinster Vollendung der Form war es von so einmalig persönlichem Reiz, daß der Schauende weder in Natur noch bildender Kunst etwas ähnlich Geglücktes angetroffen zu haben glaubte."[11] Von Hanno Buddenbrook unterscheidet ihn zwar manches. Aber er hat mehr noch mit ihm gemeinsam: bleich und anmutig verschlossen, mit ungewöhnlich langem Haar, dürfen wir uns auch das Senatorenkind aus Lübeck denken, das gerade an dem Geburtstag des Vaters, der, so wird oftmals beteuert, "ein schöner Tag" ist, "die zarten Beine gekreuzt, Kopf und Oberkörper ein wenig abgewandt, in einer Haltung voll scheuer und unbewußter Grazie" dasteht, Thanatos unbewußt imitierend. Er ist wohl nie lieblicher und schöner als in eben dieser Stellung. Gerade darin aber ist er keinem näher verwandt als dem polnischen Knaben des "Tod in Venedig". Schon das erste Auftreten Tadzios erinnert Aschenbach an Götterbilder, auch wenn nicht ausdrücklich von dem "holden und göttlichen Ernst" die Rede wäre, der das Antlitz des Schönen prägt. Mit Hanno Buddenbrook ist er ungefähr eines Alters. Auch hier dienen Kontraste der besseren, so überhaupt erst möglichen Charakteristik des Unvergleichlichen: "Was ferner auffiel, war ein offenbar grundsätzlicher Kontrast zwischen den erzieherischen Gesichtspunkten, nach denen die Geschwister gekleidet und allgemein gehalten schienen. Die Herrichtung der drei Mädchen, von denen die älteste für erwachsen gelten konnte, war bis zum Entstellenden herb und keusch (...)."[12] Tadzios Haar lockt sich wie bei Hanno tief in den Nacken. Hannos Arme sind schmal und weich wie die eines Mädchens: Weichheit und Zärtlichkeit bestimmen zugleich das Dasein Tadzios. Auch seine Hände sind kindlich und schmal, und dem wehmütigen Blick Hannos entspricht nur zu sehr das Leidende in Tadzios Erscheinung. Daß beide Matrosenanzüge tragen, war Kleidungsstil der Zeit. Aber daß Tadzios Zähne nicht recht erfreulich sind, verbindet ihn zumindest in dieser Äußerlichkeit eindeutig mit seinem Gegenbild Hanno. Und Aschenbachs Bemerkung "Er ist sehr zart, er ist kränklich. Er wird wahrscheinlich nicht alt werden"[13] ist ein Satz, den jedermann über Hanno gesagt haben könnte, der ihn genau beobachtete. Und schließlich das Meer: für Hanno bedeutet es Glück und Heimat; Tadzio entsteigt dem Meer, "herkommend aus den Tiefen von Himmel und Meer", wie ein Gott seinem Element; und er kehrt, so sieht es Aschenbach mit einem letzten Blick, schließlich dorthin, ins "Verheißungsvoll-Ungeheure" zurück. Kann es noch Zweifel geben an der engen Wahlverwandtschaft von Hanno und Tadzio? Tadzio ist Hanno redivivus, beides Selbstdarstellung, wie sie dem späteren 19. Jahrhundert und insbesondere der Literatur des poetischen Realismus so fremd war. In Hanno Buddenbrook hat Thomas Mann sich offenbar aus einem tiefen Mißtrauen sich selbst gegenüber beschrieben und sein Schicksal als das des zum Untergang bestimmten späten Erben begriffen: ein Menetekel seiner selbst und eine düstere Vision seines eigenen Schicksals – die Beschreibung des Untergangs eines angehenden Künstlers, der sich dem Leben so verschloß, wie dieses es ihm gegenüber tat. Daß Thomas Mann in Briefen aus dieser Zeit von der eigenen problematischen Existenz spricht[14], ist so symptomatisch wie die Beschäftigung mit Todesgedanken, wie sie im Verein mit "Depressionen wirklich arger Art mit vollkommen ernst gemeinten Selbstabschaffungsplänen" aufkamen[15]. Und nichts lag näher als die Selbststilisierung der eigenen leidensvollen Existenz im Abbild des kleinen Hanno Buddenbrook, der eben, als idealisiertes Abbild, alles das war, was Thomas Mann in extremis ebenfalls zu sein vermeinte.

Daß alles das nicht der Wirklichkeit entsprach, mag Thomas Mann spätestens um 1903 bewußt geworden sein, als er in eine nur kurzzeitig verlassene Bürgerlichkeit zurückgefunden hatte, die dergleichen Selbstskrupel nicht kannte: Tonio Kröger gab eben davon Zeugnis, und wenn auch bei ihm eine fast hypertrophe Sensibilisierung geblieben ist, so weiß er doch sehr genau um seine Lebensbezogenheit. Aber um 1910 melden sich Skepsis und Selbstzweifel erneut – auch hierüber geben Briefe zureichende Auskunft. Nur war diesmal ein Selbstporträt im Stile der "Buddenbrooks" und insbesondere Hannos kaum mehr möglich, und es kann kein Zweifel sein, daß vor allem Gustav Aschenbach das Selbstporträt ist – daß seine Werke die Werke Thomas Manns sind, ist der vielleicht deutlichste, aber gewiß nicht der einzige Hinweis darauf. Aber zugleich war jetzt etwas anderes da: ein Gegenbild, halb und halb eine Emanation eigener Idealerscheinungen. Das eigene Ich, in Hanno Buddenbrook verherrlicht und zugleich aus Lebensskepsis zum Tode verurteilt, war nur scheinbar gestorben: in Tadzio entstand es neu, freilich in nun fast ins Unendliche vergrößerter Distanz zur tatsächlichen eigenen Existenz. Es ist ein literarisches Über-Ich Thomas Manns, was uns in Tadzio begegnet, und eben darin jenes Stück Unsterblichkeit, das in den "Buddenbrooks" in Schopenhauers Philosophie anwesend war – dort ein angelesener Glaube, hier eine dichterische Figur.

Es geht bei alledem nicht um eine psychoanalytische Problemstellung, sondern allein um die Frage, wie es zur Mythisierung einer Figur kommen konnte, die im Werk Thomas Manns längst von den "Buddenbrooks" an vorgegeben war. Thomas Mann hat später[16] das Mythische aus dem Typischen gedeutet, mehr beiläufig allerdings als wohlbegründet. Das erklärt aber allenfalls die Hälfte. Gewiß ist auch Tadzio allein durch die literarische Existenz des kleinen Hanno schon eine typische Figur. Aber die Mythisierung leitet sich gleichermaßen aus diesem Versuch einer erneuten Darstellung dessen ab, was in Hanno Buddenbrook Person geworden war. Tadzio ist, kurz gesagt, die Mythisierung Hannos und damit nichts Geringeres als die Mythisierung der eigenen Jugend. Ihr sieht sich Thomas Mann jetzt konfrontiert, und es ist der gealterte Aschenbach, in den sich diesmal der Autor versteckt hat: wir verstehen von hierher die Lebenskrise, in die Thomas Mann um 1911 geraten war, ausgelöst als Erkenntnis und Bewußtsein des nahenden Alterns; daß die Novelle ursprünglich von der Liebe des greisen Goethe zur jungen, idealisch schönen Ulrike von Levetzow handeln sollte, kann eine derartige Exegese nur bestätigen.

So erklärt sich uns letztlich also die Mythisierung der Tadzio-Figur, die eigentlich eine Mythisierung des kleinen Hanno Buddenbrook ist, als Selbststilisierung und als Versuch, eigene Vergangenheit als etwas Unveräußerbares zu bewahren. Und fortan wird Hanno Buddenbrook in mancherlei Variation und Erscheinungsform noch häufiger wiederkehren: im jungen Joseph ebenso wie in der Retrospektive des alten Goethe auf Wetzlar, in der idealisierten Jugend des Erwählten ebenso wie im hochstilisierten Dasein des jungen Krull, der noch einmal eine Wiederholung des kleinen Hanno und deutlicher noch eine solche Tadzios ist: auch er ist Hermes und gleichermaßen Hermes das erhöhte Selbst des Autors, und so erscheinen denn die mythischen Figuren, wie sie seit Hanno Buddenbrook quasi im Verborgenen schon angelegt und von Tadzio an als Hermesfigurationen manifest geworden sind, als das, was sie bei Thomas Mann immer sind: als Mythisierung der eigenen Jugend, die eben nicht, wie bei Hanno Buddenbrook, im erzählerisch dargestellten Tode endete, sondern retrospektiv hochstilisiert wurde. Es sieht so aus, als hätte Thomas Mann sich seiner selbst kaum nachhaltiger vergewissern können. Daß diese Mythisierungen aber nicht nur Veräußerlichungen einer bereits überlebten Daseinsform blieben, sondern als Kunstfiguren ihr dichterisches Eigenleben gewannen, sichert ihnen unser Interesse über alle Künstlerpsychologie einerseits und autobiographische Neigung andererseits hinaus. Und so erscheint Tadzio als Inkarnation nicht nur Hanno Buddenbrooks, sondern auch der schönen und eleganten Gottheit schließlich quasi als Personifikation der Kunst Thomas Manns schlechthin: die Mythisierung hat den autobiographischen Anteil daran gleichsam aufgewogen und in Fiktion verwandelt. Es ist der vielleicht bedeutsamste Schritt in der literarischen Entwicklung Thomas Manns gewesen.

DIE ZEIT DER WEIMARER REPUBLIK –
MÖGLICHKEITEN, GEFÄHRDUNGEN

ÜBER DEN ASIATISCHEN UMGANG MIT DER
ZEIT IN THOMAS MANNS "ZAUBERBERG"

Als Hans Castorp am ersten Tage seines Daseins auf dem Zauberberg, nach einer wilddurchträumten Nacht mit ständigem Wechsel
verschiedener Gemütsbewegungen, am nächsten Morgen, Schreckhaftes befürchtend, den Frühstückssaal betritt, bietet sich ihm
der Anblick scheinbar normaler, gesunder Natürlichkeit; und der
Held des Romans scheint sich, das nächtliche Durcheinander entschlossen hinwegwischend, rasch in die Gewöhnlichkeit der Ortes
zu finden, an den er verschlagen wurde. Aber eine achtlos zuge-
schlagene Tür läßt ihn, der sonst wohl weniger sensibel reagiert
hätte, verärgert und beleidigt zusammenzucken: der Schock trifft
ihn empfindlich, Ärger über die "verdammte Schlamperei", die
Disziplinlosigkeit und Gleichgültigkeit dessen, der das auslöste,
kommt rasch auf. Es ist, wie jeder Leser sich rückschauend erinnert, Hans Castorp aber zunächst gar nicht in Erfahrung zu bringen vermag, Madame Chauchat, deren liederliches Türenschlagen
ihn am gleichen Tage noch einmal stört. Erst beim dritten Mal
schaut Castorp nach dem Übeltäter auf: er bemerkt auch beim
flüchtigen Hinsehen ihre noch beinahe mädchenhafte Erscheinung
und vor allem ihre breiten Backenknochen und schmalen Augen,
als sie zum "guten Russentisch" geht, und Castorps Tischnachbarin
liefert, nach dem Namen gefragt, die kürzeste und zugleich tref-
fendste Charakteristik, die sich denken läßt: "Sie ist so lässig.
Eine entzückende Frau". Zur Lässigkeit gehört aber nicht nur
die unbekümmerte Begegnung mit Hoteltüren, sondern auch ihr
großzügiger Umgang mit der Zeit: sie ist die Nachzüglerin der
Tischgesellschaft, die sich dort längst schon versammelt hat,
offenbar erhaben auch über die zeitlichen Regelmäßigkeiten und
Zwänge des Tagesablaufs. Hans Castorp ärgert sich über ihre
"Unmanier". Zunächst ist von ihr auch nicht weiter die Rede.
Aber mit ihr hat Asien den Speiseraum betreten, und wenn hier,
am Tisch, ihr Kommen nur flüchtig registriert wird, so wird im
folgenden von ihr, ihrem asiatischen Wesen nur umso mehr die
Rede sein. Denn sie ist die anmutigste und zugleich abgründigste
Vertreterin eines Prinzips, das auf dem Zauberberg zunehmend
in Erscheinung treten wird und dem Hans Castorp in gewissem
Sinne am Schluß selbst verfällt, als er, nach seiner Reise durch
die verschiedenen Tischgesellschaften hindurch, beim "schlechten
Russentisch" landen wird: es ist das asiatische Prinzip[1], das Öst-
liche, nicht mehr ganz Geheure, das plötzlich präsentiert ist;
Auflösung, Unform, Lässigkeit, Gleichgültigkeit, ein verschwen-
derisch freier Gebrauch der Zeit kennzeichnet ihre Vertreter,
und es gibt ihrer viele auf dem Zauberberg, auch wenn sie von
Settembrini, dem Vertreter des europäischen Prinzips, dem An-
walt der Aufklärung, der Kritik und der "umgestaltenden Tätig-

keit", aufs schärfste angegriffen werden. Der Osten ist anwesend gerade dort, wo ein allzu freigiebiger Umgang mit der Zeit herrscht, also dem Element, um das sich "dort oben" alles dreht: Naphta ist sein dubios-beredter Vertreter, der nicht zufällig aus einem kleinen Ort in der Nähe der galizisch-wolhynischen Grenze entstammt. Das Asiatische: das ist im Roman und in den intellektuellen Streithanseleien der Naphta und Settembrini "die Unbeweglichkeit, die untätige Ruhe"[2], das fast schon Antizivilisatorische, das Formlose und Amorphe, die grobe Nachlässigkeit im Umgang mit der Zeit, die skrupellose Untätigkeit und Passivität, Verhaltensformen also, die der Hochgebirgsexistenz und dieser kranken Welt gewissermaßen von sich aus nahegelegt werden. Es ist das Antieuropäische, das Unkulturelle und Vorkulturelle, das Wilde und Ungezähmte, das Barbarische einer umgekehrten Welt und eines beinahe schon verantwortungslosen Dahinlebens, das sich dort oben auf dem Zauberberg zunehmend breitmacht, Asien in seiner ganzen Gegensätzlichkeit zu Europa, zum Abendland. Der lotterhafte Umgang mit der Zeit bringt dieses asiatische Element immer wieder zum Bewußtsein, und es ist Settembrini, der, stets zu sinnvoller Tätigkeit und zur Ordnung der temporalen Verhältnisse auffordernd, den schärfsten Blick für die Verführung durch diese asiatische Unzeitigkeit auf dem Zauberberg hat. Settembrini spricht Warnungen aus, nicht zufällig zu einem Zeitpunkt, als Castorp sich als "über beide Ohren in Clawdia Chauchat verliebt" erweist, verliebt in ihre lässige Gegenwart, die ihn Zeit und Raum vollständig vergessen läßt. Die beginnende moralische Auflösung, die Entgleisung ins Formlose, der sich anbahnende Verlust der gewohnten Orientierungspunkte zeigt sich zunächst und vor allem im Durcheinandergeraten des Zeitsinns, im plötzlich allzu großzügigen Umgang mit den Tagen und Wochen, und es ist Settembrini, der auf das derart verführerisch Asiatische an dem Leben dort oben am deutlichsten aufmerksam macht, wenn er seinen pädagogischen Schützling fragt: "Wissen Sie nicht, daß es grauenhaft ist, wie Sie mit den Monaten herumwerfen? Grauenhaft, weil unnatürlich und Ihrem Wesen fremd"[3]. Und dann nennt er beim Namen, was den eigentlichen Kern des Asiatischen ausmacht: die wilde Großzügigkeit und Lässigkeit im Umgang mit der Göttergabe der Zeit. Settembrini erteilt ihm die entscheidende Lektion, die zugleich eine Warnung vor dem Sich-Vergessen in der aufflammenden Liebesbeziehung zur asiatischen Clawdia Chauchat ist:

'Reden Sie nicht, wie es in der Luft liegt, junger Mensch, sondern wie es Ihrer europäischen Lebensform angemessen ist! Hier liegt vor allem viel Asien in der Luft, - nicht umsonst wimmelt es von Typen aus der moskowitischen Mongolei! Diese Leute' - und Herr Settembrini deutete mit dem Kinn über die Schulter hinter sich - , 'richten Sie sich innerlich nicht nach ihnen, lassen Sie sich von ihren Begriffen nicht infizieren, setzen Sie vielmehr Ihr Wesen, Ihr h ö h e r e s Wesen gegen das ihre, und halten Sie heilig, was Ihnen, dem Sohn des Westens, des göttlichen Westens, – dem Sohn der Zivilisation, nach Natur und Herkunft heilig ist, zum Beispiel die Zeit! Diese Freigebigkeit, diese barbarische Großartigkeit im Zeitverbrauch ist asiatischer Stil, – das mag ein Grund sein, weshalb es den Kindern des Ostens an diesem Orte behagt. Haben Sie nie bemerkt, daß, wenn ein Russe 'vier Stunden' sagt, es nicht mehr ist, als wenn unsereins 'eine' sagt? Leicht zu denken, daß die Nonchalance dieser Menschen im Verhältnis zur Zeit mit der wilden Weiträumigkeit ihres Landes zusammenhängt. Wo viel Raum ist, da ist viel Zeit, – man sagt ja, daß sie das Volk sind, das Zeit hat und warten kann'.[4]

Settembrini hat damit auf einen asiatischen Beziehungskomplex hingewiesen, der innerhalb des Romans eine bedeutende Rolle spielt. Clavdia Chauchat ist nur die liebenswerte Vertreterin eines Lebens- und Weltprinzips, das im Roman vielfach noch in Erscheinung tritt: in der Saloppheit des russischen Ehepaares ebenso wie in Castorp selbst, der zum Asiatischen eine Neigung und, im früheren Verhältnis zu Hippe, sogar eine eigene persönliche Beziehung hat. Zum asiatischen Bereich gehört letztlich auch eine gewisse Art von Musik, gehören ebenfalls aber auch die eigentümlich schläfrigen Zustände der Halbbewußtheit bei Hans Castorp selbst, und einen Höhepunkt findet das Asiatische in der "Walpurgisnacht", dessen Pendant der mythologische Traum Castorps im Schneekapitel ist. Im Walpurgisnacht-Kapitel nähert sich Castorp dem asiatischen Bereich am stärksten an, im Schneekapitel gewinnt er den größten Abstand zu ihm. Nicht zufällig warnt ihn Settembrini mit einigen beschwörenden Rufen – aber Castorp ist entschlossen, sich dem Asiatischen hinzugeben, und als "ein slawischer Jüngling" Musik macht, kommt es zu dem Gespräch zwischen Clavdia Chauchat und Castorp, das er selbst zeitweise wie im Traume führt, und wie ein Traum ist alles, das er dort erlebt.[5] Das Gespräch zwischen beiden dauert, solange die Musik spielt – als es zu Ende ist, hört auch der Pianist auf und verläßt das Zimmer. Aber in dem eigentümlichen Traumzustand der "Walpurgisnacht" wird das Asiatische für ihn Wirklichkeit, Raum und Zeit scheinen nicht mehr zu existieren: es ist kein Zufall, daß das folgende 6. Kapitel mit Zeitüberlegungen einsetzt, und es sind gewissermaßen asiatische Überlegungen, die der Erzähler anstellt; sie enthalten Absagen an die endliche Zeit und den begrenzten Raum, Einsichten in das Unendlich-Weitschweifige der Zeit und die Unbegrenztheit des Raumes, und gerade in diesen seinen Zeitüberlegungen zeigt sich das Ausmaß der Annäherung an den asiatischen Beziehungskomplex im Roman. War Hans Castorp dem Asiatischen gegenüber zu Beginn des Romans von größter Skepsis, ja Feindlichkeit, so ist er doch – und das charakterisiert das Ausmaß des Verlustes aller flachländischen Kategorial-Systeme – dem Asiatischen auf eine Weise nahegekommen, die die Bemühungen Settembrinis um ihn scheinbar völlig haben zuschanden werden lassen. Hans Castorps Realitätssinn ist verdunkelt, die Nachtseiten seiner Existenz sind dafür deutlicher sichtbar geworden, das Asiatische als Wunsch nach Auflösung, als Ende aller bürgerlichen Ordnungsvorstellungen, als orgiastische Freiheit, als das eigentlich Abenteuerliche, ist hier auf seinen Höhepunkt gekommen. Eine Welt des Scheins hat sich damit vor die Welt der Wirklichkeit geschoben, die Realität ist vordergründig und durchsichtig geworden, der Traum ist wichtiger als der Tag. Die Macht des Träumerischen ist groß in diesem asiatischen Beziehungskomplex, und auch das Wiedererinnern der alten Hippe-Geschichte gehört noch mit in diesen Bereich des immer stärker Realität werdenden Traumes. Es ist unschwer zu erkennen, daß Thomas Mann hier Freuds Trauminterpretationen herangezogen hat, wobei die Träume gewissermaßen Ausdruck einer unzensierten Trieb- und Wunschwirklichkeit sind. Aber nicht nur Freud hat, was die Traumszene angeht, in dem Roman mitgeschrieben. Daß vor allem der Umgang mit der Zeit gewissermaßen Ausdruck asiatischer Großzügigkeit überhaupt sei, könnte zwar noch als nichts weiter bedeutende Charakteristik gelesen werden, aber da Thomas Mann bei größeren Deutungszusammenhängen in der Regel seine Muster und Vorbilder hat, liegt es nahe, auch hinter dem so weitläufigen und verzweigten Beziehungskomplex des Asiatischen mehr als nur einen passablen literarischen Einfall zu vermuten.

Die Thomas-Mann-Forschung hat auch auf Hintergründe aufmerksam zu machen versucht, und der bislang plausibelste Vorschlag zur Interpretation des asiatischen Beziehungskomplexes findet sich in der überaus gründlichen und erkenntnisreichen Arbeit von Børge Kristiansen. Kristiansen setzt den asiatischen Bereich in Verbindung mit Schopenhauers Philosophie, und er sieht weniger die Traumtheorie Freuds als vielmehr die Schopenhauers verantwortlich für die Herstellung der Beziehungen zwischen Castorp und dem asiatischen Bedeutungsgefüge. Das Asiatische vertritt, so meint Kristiansen, eine "Wirklichkeitssphäre", die nicht identisch ist mit der "der Sprache und der Gesellschaft";[6] vielmehr stelle sich gerade in der Walpurgisnacht eine Verbindung zwischen asiatischer Liebe und der Verneinung der lebensgesegneten Form her, die auf Hans Castorps angeborene Neigung zum "Tode als Unform", also mit seiner "Sehnsucht nach Auslöschung" des "Ich-Bewußtseins" in einem "metaphysischen Bereich jenseits der Grenzen der Individuation" hinein zusammenhänge[7]. Zwei Welten also, die vordergründige Wirklichkeit als Schein, die Traum- und Nachtwelt des schwankenden Bewußtseins Castorps aber als das Eigentliche, als Wunsch nach Auflösung der Einzelexistenz, als Versuch eines Eingehens in einen größeren Zusammenhang, in dem die Liebe zu Clawdia Chauchat ebenso wie die eigene Entgrenzungstendenz eine sonderbare Symbiose bilden: Schopenhauer scheint auch hier aufs deutlichste präsent zu sein.

Aber es fragt sich doch, ob Thomas Mann hier in Tiefendimensionen dachte, als er den Osten dem Westen gegenüberstellte, das Asiatische also als eigentümlich hintergründige und dennoch wahre Welt verstand, den Westen aber nur als vordergründige Realität, deren tatsächlicher Scheincharakter hier jedermann offenbar werden muß. An der Dualität von Osten und Westen und an die tiefreichende Kontraposition dieser beiden Welt- und Lebensbereiche im Roman kann nicht der geringste Zweifel herrschen. Aber Zweifel darüber, ob Schopenhauers in die Tiefe gestaffeltes Weltbild in Verbindung zu bringen ist mit dem geographisch zunächst so eindeutig fixierten Gegensatz von Asien und Europa, Rußland und dem Westen, der östlichen Barbarei und der westlichen Zivilisation, scheinen doch erlaubt. Denn Thomas Mann hat sich bei der Konstruktion der asiatischen Welt offenbar Einsichten und Vorstellungen zunutze gemacht, die nicht bei Schopenhauer, sondern bei dessen Meisterschüler Nietzsche sehr viel deutlicher formuliert sind. Es gibt auch bei Nietzsche einen Beziehungskomplex des Asiatischen, einen Vorstellungsbereich, der zwar nicht so deutlich ausgeprägt ist wie der Gegensatz von Norden und Süden, der aber dennoch an den verschiedensten Stellen seines Werkes erkennbar wird. Er wird zuweilen zwar überlagert von den Buddhismusvorstellungen Nietzsches, ist aber doch als Gegensatz zwischen Ost und West deutlich aus den jeweils umliegenden Texten herauszusondern. Die charakteristischsten Vorstellungen vom Osten bei Nietzsche sind identisch mit den Überlegungen, die Thomas Mann mit dem Begriff des Östlich-Asiatischen verknüpft: es ist zunächst einmal der ungeheuer lässige Gebrauch im Umgang mit der Zeit, der bei Nietzsche immer wieder die Leitidee für seine Asien-Vorstellungen ist. Das russische Reich mache seine Eroberungen, so schreibt er in "Jenseits von Gut und Böse", immer "als ein Reich, das Zeit hat und nicht von gestern ist – : nämlich nach dem Grundsatze 'so langsam als möglich!' "[8]: Asien hat Zeit, der Westen eine ängstliche Geschäftigkeit im Umgang mit dieser im Osten beinahe ungegliederten Fülle. Rußland, so heißt es in der "Götzen-Dämmerung", sei "die e i n z i g e Macht, die heute Dauer im Leibe hat, die warten kann, die etwas noch versprechen kann – Rußland, der Gegensatz-Begriff zu der erbärmlichen europäischen Kleinstaaterei und Nervosität, die mit der Gründung des deutschen Reichs in einen kritischen Zustand eingetreten ist..."[9] Nietzsche hat darin immer einen unschätzbaren Vorteil gesehen; Rußland war für ihn eines der Länder, mit denen man in Zukunft rechnen müsse, und er sah die Russen "in der Handhabung des Lebens gegen uns Westländer im Vorteil".[10] Die eigentümliche Metaphysik des Ostens, die sich bei Nietzsche findet, gewinnt noch durch die Kritik am Westen, und man muß seine im Werk verstreuten Überlegungen zum Osten, zum "uralten, geheimnisreichen Asien und seiner Kontemplation"[11] im Konnex mit seiner Zivilisationskritik sehen, um die Bedeutung zu ahnen, die der Osten, der unhistorische, unzivilisatorische, ja barbarische, im Umgang mit Zeit und Raum mehr als großzügige Osten für Nietzsche hat. Sicherlich hat Thomas Mann russische Autoren direkt auf diesen so höchst freigiebigen Gebrauch im Umgang mit Zeit und Wirklichkeit hin befragen können. Aber sie liefern in diesem philosophischen Roman kaum das Verständnisgerüst, das ihm unterlegt ist. Und von dorther gesehen ist der asiatische Beziehungskomplex nur indirekt der Schopenhauerschen Philosophie zuzuordnen, direkter aber der kulturkritischen Gegenposition, wie Nietzsche sie ausgebildet hat, und es dürfte Nietzsche gewesen sein, der ihn zumindest hier – aber hier nicht allein – stärker noch beeinflußt hat als Schopenhauer. Es bleibt auch nicht nur beim großzügig-barbarischen Umgang mit der Zeit. Mindestens ebenso gut wie bei Schopenhauer konnte Thomas Mann bei Nietzsche lernen, daß Zeit und Raum angesichts dieses grundsätzlich verschiedenen Umganges im Gebrauch mit diesen Größen nicht Ordnungssysteme an sich darstellen, sondern Bewußtseinskorrelate sind, und bei Nietzsche steht, was Thomas Mann in seinem Roman exemplifiziert: "Aber an sich gibt es nicht Raum noch Zeit. 'Veränderungen' sind nur Erscheinungen (oder Sinnes-Vorgänge für uns); wenn wir zwischen diesen noch so regelmäßige Wiederkehr ansetzen, so ist damit nichts b e g r ü n - d e t als eben diese Tatsache, daß es immer so geschehen ist."[12] Zeit und Raum – das sind in Wirklichkeit nur unsere Zeit- und Raumempfindungen, es sind nicht an sich existente Größen, auch dort nicht, wo sie als solche konstant erscheinen[13]. Unmittelbar auf die dem Asiatischen huldigende "Walpurgisnacht" folgt in Thomas Manns Roman das 6. Kapitel mit der ersten Überschrift: "Veränderungen". "Veränderung" aber ist ebenfalls ein Leitbegriff Nietzsches, im Nachlaß der achtziger Jahre finden sich verschiedene Äußerungen darüber, in welchem Ausmaß "Veränderungen" in die Zeitlichkeit hineingehören[14]. Das aber legt nahe, im ganzen asiatischen Komplex nicht so sehr die Traumdeutung und Realitätsmetaphysik Schopenhauers zu sehen, sondern dahinter Thomas Manns Orientierung an der geistigen Topographie Nietzsches, in der Osten und Westen eine bedeutende Rolle spielen, nicht nur im Hinblick auf Vergangenes, sondern mehr noch in bezug auf Zukünftiges. Das Asiatische als das nicht Westliche, das ja auch von den Krankheiten des Westens Freie – es bekommt bei Nietzsche eigentümlich utopische Vorstellungen. Der Osten gehört zu den topographischen Realisationen einer antihistorischen, antizivilisatorischen Weltsicht, wie Nietzsche sie immerhin als Möglichkeit beschreibt. Damit aber ist aus der Tiefenstaffelung Schopenhauerscher Wirklichkeitsbereiche ein Nebeneinander, Gegen-

einander verschiedener gleichwertiger Lebensformen geworden,
und Hans Castorp ist nicht vor die Entscheidungsfrage nach der
vordergründigen oder eigentlichen Realität gestellt, sondern muß
zwischen der Zivilisation und der euphorischen Barbarei wählen
– sein Erziehungsprozeß führt nicht von der Realität in eine dahin-
terliegende Sphäre, sondern bewegt sich im Spannungsfeld von
Humanität und Zivilisation einerseits und dem Wunsch nach Befreiung und Selbstaufgabe andererseits, also zwischen Westen
und Osten, wobei beide Bereiche an sich gleichwertig sind, vertreten durch Settembrini und Naphta, dem Verfechter von Humanität
und Aufklärung und dem der alchimistischen Initiationsriten, der
schließlich das Grab, die Stätte der Verwesung, als Symbol aller
Initiation und als Ziel der alchimistischen Steigerung interpretiert.
Dazwischen sich zu entscheiden, ist Castorps Aufgabe, und Thomas Mann, dem diese Aufgabe erzählerisch ja ebenfalls zufällt,
entscheidet sich nicht für das Durchdringen der Realität und das
Eingehen in eine individuationslose, scheinbar wirklichere Wirklichkeit, sondern für die Absage an die Welt der Unform und das
Asiatische, für ein Bekenntnis zum Westlichen und zur Vernunft-
realität – ohne das Andere dabei freilich völlig aus dem Auge
zu verlieren. Aber das Schneekapitel zeigt am deutlichsten, daß
Castorp nicht eindeutig dem asiatischen Beziehungskomplex erliegt, sondern daß er sich ihm angenähert hat, um ihn dann wieder
zu verlassen, ohne das Wissen darum freilich aufzugeben. Würde
er dem Lockruf Asiens besinnungslos folgen, hätte er sich damit
auch zur Schopenhauerschen Philosophie bekannt, allen partiellen
Mißverständnissen dieser Philosophie zum Trotze. Eben das aber
geschieht nicht: vielmehr werden Schopenhauer und seine Lehre
in ihrer Relativität gezeigt – und es ist Thomas Mann, der Schopenhauer hier nicht blind folgt, sondern ihn mit Hilfe Nietzsche-
scher Vorstellungen auf eine Bildungsmacht unter anderen relativiert, nicht zuletzt deswegen, weil er selbst Schopenhauers Lehre
als das bedeutungsvollste Jugenderlebnis, das er kannte, abgetan
hat, ohne dies allerdings zu vergessen. Mit dem "Zauberberg"
und der Absage an die verführerische Verlockung durch das Asiatische beginnt eine Phase Thomas Manns, in der er sich von Schopenhauers Philosophie kritisch distanziert, indem er nicht ihre
Unbedingtheit, sondern ihre Bedingtheit zeigt: der "Zauberberg"
ist der deutlichste Ausdruck dieser Distanzierung, und dieser Vor-
gang ist nicht auf Thomas Mann allein beschränkt. Heinrich Mann,
gewiß nicht in dem Ausmaß von Schopenhauers Philosophie faszi-
niert, wie Thomas Mann das in den "Buddenbrooks" war, hat Schopenhauer auf seine Weise rezipiert – "Die kleine Stadt" ist vielleicht der deutlichste Hinweis darauf, daß Schopenhauer auch
bei Heinrich Mann seine Wirkung hatte. Aber in den zwanziger
Jahren bleibt nichts davon, und so wie Thomas Mann erst spät,
im "Felix Krull", auf Schopenhauers Lehre von der Scheinhaftig-
keit der Wirklichkeit zurückkam, so auch Heinrich Mann, wenn

er im "Empfang bei der Welt" Schopenhauers Lehre ausdrücklich ins Erzählerische umsetzt und im "Atem" eine mehrschichtige, multi-reale Welt beschreibt, in der sich die Spuren Schopenhauers, ähnlich wie bei seinem Bruder Thomas, noch einmal tief eingedrückt haben, aller Realität zum Trotze – da sie eben mehr war als bloße Realität.

PHILOSOPHISCHER ROMAN ODER ROMANHAFTE PHILOSOPHIE?
ZU THOMAS MANNS LEBENSPHILOSOPHISCHER ORIENTIERUNG IN DEN ZWANZIGER JAHREN

Thomas Manns Verhältnis zur Philosophie ist, wie jedermann weiß, eklektisch, widerspruchsvoll, von einigen Jugenderlebnissen bestimmt, mehr aber noch von leserischen Zufälligkeiten; und so wenig er jemals den Anspruch erhoben hat, philosophische Orientierungen geben zu wollen, so wenig hat er sich je zusammenhängend über philosophische Probleme geäußert. Darin drückt sich ein Widerwille gegen bloß abstrakte Erörterungen aus, der nicht nur den Bereich der Philosophie betrifft, sondern Theoretisches schlechthin. Wo immer gedankliche Probleme angegangen werden, werden sie höchst subjektiv abgehandelt, bewußt aus einer Perspektive des Betroffenen, der sich und sein Werk zu verteidigen oder zu erklären sucht. Über den außerordentlichen Anteil des Autobiographischen gibt es heute weniger Zweifel denn je[1], und es ist das "problematische Ich", als welches Thomas Mann sich einmal bezeichnet hat[2], das auch im Verhältnis zur Philosophie, zu philosophischen Ereignissen und Wortführern sichtbar wird. Schopenhauer und Nietzsche sind, wie man ebenfalls weiß, die Philosophen gewesen, die ihn ein Leben lang beeindruckt und mitbestimmt haben – aber bezeichnenderweise gibt es kaum Wandlungen in den beiderseitigen Verhältnissen, keine Zunahme an Erkenntnis oder einen Wechsel der eigenen Position: das Schopenhauer-Erlebnis des jungen Thomas Mann hat sich perpetuiert, die Begegnung mit Nietzsche ist schließlich ins Romanhafte abgewandelt worden, und wer nach philosophischen Grundsatzerklärungen suchen würde und nach theoretischen Fixierungen, der würde eine lange und ergebnislose Reise antreten. Wo wir in seinem Werk dennoch Grundsätzliches zu finden meinen, etwa dort, wo er über "den Künstler und die Gesellschaft" schreibt, da stoßen wir bestenfalls auf denkerische Abbreviaturen, Einfälle, Beispiele, Geschichten aus dem Riesenreich der Literatur, und das gilt für alle ähnlichen Unternehmungen. Den Adeligen des Geistes ist, was die Philosophie angeht, nur Schopenhauer zugerechnet; Lessing figuriert nicht als Philosoph, sondern als Aufklärer schlechthin, Freud als Psychoanalytiker. So bleibt alles Philosophische bei Thomas Mann ein immer wieder angegangener, aber am Ende doch merkwürdig ausgesparter Bereich, Äußerungen dazu sind nicht sehr viel zahlreicher als zum Bereich der Religion; das eigentliche Terrain, wie sollte es auch anders sein, ist immer das Literarische im engeren Sinne, Nietzsche am Ende in seiner Wirkungsgeschichte und "im Lichte unserer Erfahrung"[3] interessanter denn als Verkünder philosophischer Einsichten – und wiederum mag dort noch so etwas wie Wahlverwandtschaft sichtbar werden, wo Thomas Mann sich immer wieder in den Strahlungsbereich eines Philosophen begibt, der ebenso unsystematisch philosophiert hat, wie Thomas Mann schrieb. Alles das gilt für die großen Essays wie für die kleineren Abhandlungen. Selbst die "Betrachtungen eines Unpolitischen" sind in diesem Sinne Zeugnis philosophischer Inkonsistenz, denkerischer Inkonsequenz – wenn man davon ausgeht, daß das Thema oder vielmehr die Themen, die Thomas Mann behandelt, durchaus gradlinige philosophische Erörterungen ermöglicht hätten. Die gedanklichen Leitbegriffe, auf die Thomas Manns Erörterungen vor allem seit den zwanziger Jahren immer wieder hinauslaufen, sind denn auch in ihrer Großräumigkeit und begrifflichen Unschärfe so wenig faßbar, daß sie überall, bei jeder passenden und manchmal auch unpassenden Gelegenheit, vorgebracht werden können. Es sind Vorstellungskomplexe wie "Bürgerlichkeit", "Mitte", "Humanität", "Leben", "Ironie", "Wahrheit" – die Kapitelüberschriften der "Betrachtungen eines Unpolitischen" illustrierten bereits den Umkreis dieser zentralen Ideen, die sich mühelos um weitere angegliederte Vorstellungen vermehren lassen würden: "Konservativismus" etwa, "das Geistige", "das Deutsche", "Bildung", "Künstlertum", "Maß", "Freiheit". Die Gegenbegriffe wären unschwer zu formulieren: es sind in der Regel nur die Umkehrungen dieser positiven Werte.

Was hier deutlich wird, ist dennoch nicht philosophische Unfähigkeit, Mangel an Systematik oder an Kontinuität des Denkens. Sieht man das Hin und Her in den Gedankengängen, die Brüche in der Perspektive und Darstellungsstrategie, das rhetorische Drumherum, die denkerischen Turbulenzen etwa der "Betrachtungen eines Unpolitischen", das eigentümlich Unlogische der Darstellung, das Jonglieren mit Vorstellungen ad libitum aus der Sicht der strengen und systematischen Philosophie, dann muß das zwar alles wie ein hoffnungslos dilettantisches Unternehmen erscheinen, das eingängig war gerade wegen dieses Dilettantismus, das aber über einen gewissen belletristischen Essayismus nicht hinauszukommen vermochte. Aber man kann in den vielen eklektischen Äußerungen, in den von überall her zusammengeklaubten Bekenntnissen und Feststellungen, in der Gedankenmixtur aus Schopenhauer und Nietzsche, aus einiger angelesener Romantik und einiger abgelehnter Kulturphilosophie auch anderes sehen, nämlich die nur marginalen Äußerungen einer Lebens- und Verhaltensphilosophie, die zwar immer wieder hier und da in den Essays undeutlich in Erscheinung tritt, die ihre Mitte aber gar nicht dort hat, wo man es vermuten würde; also nicht in den Betrachtungen, Aufsätzen, Reden und Stellungnahmen. In der Tat liegt das Zentrum dieser Überlegungen, die bewußt nicht systematische Philosophie sein wollen, sondern im eigentlichen Sinne Existenzanschauung, Verhaltensphilosophie, ethisches Grundsatzbekenntnis, ganz anderswo. Jeder Versuch, Thomas Mann zum gescheiterten Philoso-

phen erklären zu wollen, wäre absurd – aber nicht weniger auch
jeder Versuch, es bei der Feststellung von Eklektizismen zu belassen. Denn es sind die Romane selbst, die seine Lebensphilosophie
enthalten, wie unscharf dieser Begriff auch dort gefaßt sein mag,
und wenn wir Lebenslehren und Verhaltensnormen aufspüren wollen, also das, was unter dem weitläufigen und mißverständlichen
Begriff der Weltanschauung zusammenzufassen ist, so können
allein die Romane und Erzählungen, kann also das dichterische
Werk im engeren Sinne darüber Auskunft geben. Daß die erste
denkerische Begegnung mit Schopenhauer in einem Roman beschrieben wird, ist kein Zufall, sondern macht indirekt bereits
darauf aufmerksam, daß der Roman es wert sei, daß dort auch
philosophische Erfahrungen besprochen und dargestellt werden
und daß der Roman fähig sei, eine Auseinandersetzung mit derartigen Überlegungen zu führen, die freilich völlig unsystematisch
ist – so unsystematisch, wie ein Roman eben in der Behandlung
derartiger Fragen verfahren muß. Daß der Roman als philosophischer Roman im weitesten Sinne lebensphilosophischer Roman
ist, daß dort etwas über die Existenz, ihre Bedingungen und Möglichkeiten ausgesagt wird, daß die begleitenden Essays nur ferne
Ausstrahlungen dessen sind, was im Roman in romanhafter Form
vorgebracht ist, wäre freilich zunächst eine pure Annahme, gäbe
es nicht zwei gewichtige Argumente, die diese entscheidend stütz-
ten. Das eine liefert Thomas Mann selbst: nämlich überall dort,
wo er auf den Roman, seine Aufgaben und Möglichkeiten zu sprechen kommt. Dieses geschieht an vielen Stellen, zusammenfassend
(auch hier freilich auf eklektische Weise) aber wohl am nachdrück-
lichsten in dem Vortrag über "Die Kunst des Romans". Daß Thomas Mann sich dort zunächst mit dem "Schulästhetiker" Friedrich
Theodor Vischer, seiner Ästhetik und der langen Tradition der
Mißachtung der Romanform auseinandersetzt[4], mag noch eine
Verteidigung des eigenen Darstellungsverfahrens sein, aber wichtiger ist die Sache selbst: die Aufwertung des Romans, die Thomas
Mann dort versucht. Sie fällt in das Jahr 1939 – eine späte, nachträgliche Rechtfertigung des eigenen Tuns offenbar, aber das
mindert nicht ihre Bedeutung, sondern erhöht sie eher. Thomas
Manns Verteidigung ist freilich traditionell, aber sie will das auch
bewußt sein: er singt das Loblied auf den "epischen Kunstgeist
selber", und seine Rechtfertigung des Romans ist zunächst einmal
die, daß er "das Ganze" will, "die Welt mit unzähligen Episoden
und Einzelheiten": wo immer sich also Welt im Roman darstellt,
stellt sie sich in ihrer Totalität dar. Etwas Zweites kommt hinzu:
der moderne Roman ist für ihn nicht eine Verfallserscheinung
des früheren Epos, sondern seine höhere, entwickeltere Stufe
(Thomas Manns Verfallsmetaphysik, die den Niedergang des Lebens zu seiner Steigerung umzuwerten versucht, spielt hier mit
hinein), und der Roman repräsentiert für ihn "als modernes Kunstwerk die Stufe der 'Kritik' nach derjenigen der 'Poesie' "[5]. Das

ist ohne Zweifel frühromantisches Gedankengut, aber Thomas
Mann übernimmt es hier, um damit nichts Geringeres zu kennzeichnen als den philosophischen Anspruch des Romans. Die Stufe
der Kritik: das ist die Stufe des Bewußtseins, und damit ist für
ihn die philosophische Dimension des Romans bestimmt.

Nun kommt auch das nicht von ungefähr. Thomas Manns Aufwertung des Romans als eines quasi philosophischen Gefäßes ist
Teil einer mächtigen Bewegung, die zu Beginn des 20. Jahrhunderts sichtbar wird: und für die Homogenität und Gewalt dieser
Bewegung spricht, daß es an verschiedenen Orten und offenbar
weitgehend unabhängig voneinander überhaupt generell zur Reha-
bilitation des Romans aufgrund seiner existenzphilosophischen
Möglichkeiten und Dimensionen kam. Alfred Döblin etwa, früh
für den Tatsachenroman plädierend und damit ein Gegner der
alten fabulösen Erzählmanier, hat dem Roman damals die Fähigkeit zugesprochen, die "Sphäre einer neuen Wahrheit und einer
ganz besonderen Realität" zu vergegenwärtigen, das Vermögen,
"zu den einfachen großen elementaren Grundsituationen und Figuren des menschlichen Daseins" durchstoßen zu können[6]. Der Roman als "Existenzlehre": damit war dem Roman ebenfalls eine
geradezu philosophische Dimension zugewiesen. Ähnliche Erkenntnismöglichkeiten hat Georg Lukács in seiner "Theorie des Romans"
dem Roman zugebilligt, wenn er als die innere Form des Romans
"die Wanderung des problematischen Individuums zu sich selbst"[7]
charakterisiert. Der Roman bietet nicht mehr eine bunte Reihe
von Abenteuern, sondern "sein Inhalt ist die Geschichte der Seele,
die da auszieht, um sich kennenzulernen, die die Abenteuer auf-
sucht, um an ihnen geprüft zu werden, um an ihnen sich bewährend
ihre eigene Wesenheit zu finden"[8]. Der Roman also auch hier
als Erkenntnisinstrument ersten Ranges – wenn irgendwo Lebens-
prozesse verdeutlicht werden können, dann mit seiner Hilfe, und
es spricht für die analytischen Fähigkeiten des Romans, durch
die Darstellung des Individuums hindurch überhaupt Daseinszu-
sammenhänge, "die verborgene Totalität des Lebens", sichtbar
machen zu können: es sind Erkenntnisakte, die im modernen Roman möglich werden, und zwar besser als irgendwo anders. Auch
für Hermann Broch ist der Roman ein einzigartiges Instrument,
um philosophische Einsichten zu gewinnen. Die "Schlafwandler"
enthalten seine Kulturphilosophie, und es ist bezeichnend, daß
er sie auf romanhafte Weise besser, ausdrücklicher und deutlicher
vorträgt als in seinen Essays, ja daß die Essays ihrer letztlich
limitierten erkenntnistheoretischen Qualitäten wegen in den Roman als das umfassendere Erkenntniswerk integriert werden. Das
alte traditionelle kritische Mißtrauen, ob der Roman tragfähig
genug sei, über die dargestellte Individualgeschichte hinaus All-
gemeineres auszusagen, ist einer Romaneuphorie gewichen, die
den Roman zum idealen Gefäß der existenzphilosophischen Ideen
Brochs macht. Der Roman ist als polyhistorischer Roman, wie

er sich ihm in Joyce' "Ulysses" präsentiert, Spiegel aller anderen Weltbilder[9], als mythologischer Roman hingegen für Broch noch ungleich mehr, der Roman der Zukunft, Kosmogonie, Weltschöpfung in dichterischer Form, und damit befriedigt er nicht so sehr ein historisches oder traditionelles erkenntnistheoretisches, sondern darüber hinaus auch ein metaphysisches Bedürfnis[10]. Der Roman als "eine Art Religionsstiftung": stärker konnte er kaum aufgewertet werden. Er umfaßt in seiner höchsten Form, im mythischen Roman, für Broch nichts Geringeres als "die Totalität der menschlichen Wesenheit"; in ihm verbinden sich Mythos und Logos zu einer letzten Einheit. Der Roman, so hat er an anderer Stelle gesagt, erhelle wie nichts anderes die anonyme dunkle Seinsfülle des Menschen; Tod und Angst können durch den Roman und seine Erkenntnismöglichkeiten überwunden werden[11]. Wie verbreitet die Ansicht ist, zeigen andere Beispiele. Auch in Musils "Mann ohne Eigenschaften" ist die Welttheorie des Verfassers in einem solchen Ausmaß eingegangen, daß Ulrich, der Held des Romans, ironisch bekennt, ihm fehle das "primitive Epische"; die wichtigeren Seiten, nämlich die existenz- und lebensphilosophischen Aspekte des Romans vom Mann ohne Eigenschaften, werden dort expressis verbis zum Ausdruck gebracht, wo davon die Rede ist, "daß nur eine Frage das Denken wirklich lohne, und das sei die des rechten Lebens". Das bedeutet nun freilich nicht, daß ethische Komponenten die Erkenntnisfunktionen überwucherten. Vielmehr fällt beides zusammen: Erkenntnis ist immer auch mit Ethik verbunden, die Analyse des Lebens hat ihre unmittelbaren Folgen für den Helden, da er zu demonstrieren hat, was, sehr vereinfacht gesagt, gut und böse ist.

Thomas Mann macht da keine Ausnahme. Was bedeutsamer ist: er hat nicht erst 1939 die Kunst des Romans verteidigt, sondern sehr viel früher, und früher noch als Lukács, Döblin oder Broch. Bereits 1908, kurz vor Döblins Berliner Programm und ein Jahrzehnt vor Lukács' "Theorie des Romans", gibt es bei ihm in der Form der Auseinandersetzung mit dem Drama, nämlich in seinem "Versuch über das Theater", ein Bekenntnis zur modernen Epik, und es ist als Kampfansage an eine Poetik gedacht, die seit Vischers Zeiten das Drama so unendlich überbewertete und dem Roman allenfalls ein nur geduldetes Schattendasein zubilligte. Thomas Mann wehrte damals schon den Vorwurf der "rohen Simplifikation und willkürlichen Abbreviatur" ebenso ab wie den der "mangelhaften Erkenntnis" im Roman. Der Roman sei "genauer, vollständiger, wissender, gewissenhafter, tiefer als das Drama, in allem, was die Erkenntnis der Menschen als Leib und Charakter betrifft"[12]: Erkenntnis also schon hier, auch wenn es sich nur um Menschenerkenntnis handelt. Thomas Mann kämpfte zwar vor allem gegen die poetologische Erniedrigung des Romans an, aber das Plädoyer für den Roman ging dennoch über die Abwehr inadäquater Urteile erheblich hinaus. Das zeigt die

Rangskala der Romane am Schluß seines Theateressays[13]: über dem mondänen sozialkritisch-psychologischen Roman steht der bekennende, autobiographische Roman mit seiner "individualistischen Moral-Problematik, Erziehung, Entwicklung, Bildung" (Thomas Mann hat ihn ja schließlich selbst am überzeugendsten geschrieben), über allem der Roman, der "zum Mythos und zur Volksbibel" werden kann. In jedem Fall aber ist der Roman ein einzigartiges Aufklärungsinstrument, auf existentiell bedeutsame Aussagen aus, auch dort, wo er nicht zum Mythos wird: die Parallelen zu Brochs Romankonzeption sind unverkennbar, der Anspruch beidemale der gleiche. Damit nun war der Roman in den Stand gesetzt, etwas Wesentliches und Eigentliches auszudrücken. Thomas Mann ist dieser frühen Manifestation des Romans zeit seines Lebens treu geblieben; später hat er noch wiederholt vom Objektivismus der Epik gesprochen, vom Apollinischen des Romans, von der "Steigerung, Erhöhung, Vervollkommnung des Lebens" im spätzeitlichen Erzählen[14]: auch bei Thomas Mann wird dem Leser eine universale Welterklärung und Lebensauslegung im Romangeschehen angeboten, und wenn diese Dimension der Exegese, die dem modernen Roman überhaupt eignet, sich gelegentlich als aufklärerisches Element bereits im Roman der Goethe-Zeit findet, so hat im Roman der klassischen Moderne das philosophische Substrat in einem vorher unbekannten Ausmaß zugenommen.

Man muß sich Derartiges vor Augen halten, um dem Roman Thomas Manns in seinem philosophischen Anspruch gerecht zu werden. Das mag für die "Buddenbrooks" noch nicht unmittelbar gelten, zählt aber vom "Zauberberg" an definitiv für Thomas Mann zur Kunst des Romans, und es sind sogar eher die Romane und nicht so sehr die begleitenden essayistischen Schriften, die diesem philosophischen Anspruch zu genügen suchen. Thomas Manns Philosophie ist dabei wie in seinen Essays eklektisch, synthetisiert, unsystematisch zusammengefügt, gelegenheitsorientiert. Aber über das Ausmaß einer philosophischen Fundamentierung seiner Romane kann, was sein Werk der zwanziger und dreißiger Jahre angeht, kein Zweifel herrschen. Es ist der "Zauberberg" und es sind die Schriften der zwanziger und frühen dreißiger Jahre, in denen sich Thomas Manns Philosophie, wenn man sie nun einmal so bezeichnen will, nach den stärker autobiographisch orientierten Romanen der Frühzeit erstmals deutlicher ausbildet, in denen er als Respons auf die Ereignisse der Zeit zu einer Art Lebensphilosophie findet, die in gewisser Weise zwar eine Absage an sein vorheriges Werk enthält, die auf der anderen Seite aber auch dessen Überwindung bedeutet und die sich bis weit in seine späten Romane und Aufsätze hinein verfolgen läßt. Von dieser Lebensphilosophie soll im folgenden die Rede sein.

Es bedarf dazu der Abwehr zweier Ansichten, die zwar wiederholt geäußert worden sind, die aber dazu verleiten können, den

Zugang zur Lebensphilosophie Thomas Manns zu verbauen. Die eine ist die, daß Thomas Mann mit dem wichtigsten Buch seiner zwanziger Jahre, dem "Zauberberg", vor allem in literarischen Traditionen geschrieben habe und mit seinem Roman mehr oder weniger deutlich dem Modell des Bildungsromans gefolgt sei. Zwar kann sich diese in der Thomas-Mann-Forschung wiederholt geäußerte Ansicht[15] auf Hinweise Thomas Manns stützen, die zu verstehen geben, daß er sich jener Tradition durchaus bewußt war. Derartige Bemerkungen finden sich bereits in seinem "Versuch über das Theater", sie lassen sich über die "Betrachtungen eines Unpolitischen" bis zu "Goethe und Tolstoi", ja noch darüber hinaus verfolgen. Aber die Vorstellung, Thomas Mann habe hier vor allem so etwas wie eine Erneuerung des Bildungsromans versucht oder diese Romanform zumindest ironisch travestiert, führt dennoch in die Irre. Denn der Roman will weder in erster Linie die so traditionellen Bildungsgespräche parodieren, noch will er den Bildungsgang ad absurdum führen – es spricht für die außerordentliche Überschätzung des Einflusses des Goetheschen Romans in der deutschen Literaturgeschichte, wenn dem "Zauberberg" dennoch immer wieder das Muster des Bildungsromans unterlegt worden ist. Es ist das Verdienst von Børge Kristiansen, auf die Unhaltbarkeit dieser These vom Bildungsroman nachdrücklich und überzeugend hingewiesen[16], und es ist das Hermann Weigands, schon 1933 auf das wirkliche Grundmuster aufmerksam gemacht zu haben[17], das dem Roman unterliegt, nämlich die Initiationsgeschichte – und Thomas Mann selbst hat das in seiner späteren Einführung in den "Zauberberg" ja auch ausdrücklich bestätigt, wenn er vom "Initiationsroman" sprach und sich außer auf Weigands Buch auch noch auf eine Arbeit von Howard Nemerov bezog, der im Helden des "Zauberbergs" einen "quester hero" erkannt hatte[18]. Seine Selbstinterpretation geht dahin, daß die im Roman dargelegte Auffassung von Krankheit und Tod ein notwendiger Durchgang "zum Wissen, zur Gesundheit und zum Leben" sei; das mache den "Zauberberg" eben zur Initiationsstory. So kann über den Typus des Romans eigentlich kein Zweifel mehr bestehen, allenfalls darüber, was das Ziel der Suche des "quester hero" sei; und offenbar ist es der Roman selbst, der über die in ihm geschilderte Suche nach dem aurum potabile, über "Erkenntnis", "Einweihung" und das Ziel der Illumination allein Auskunft geben kann.

Ein zweiter Vorbehalt, sowohl auf Thomas Manns Roman wie auf seine politische oder auch philosophische Position bezogen, bedarf ebenfalls der Korrektur. Das ist die Ansicht, daß Thomas Mann in seinem "Zauberberg" auf eigentümliche Weise standpunktlos gewesen sei, zweideutig, letztlich unbestimmbar. Diese Vorstellung gründet sich häufig auf den unexakten Ironiebegriff Thomas Manns, gelegentlich ist sie verbunden mit der Kritik an Thomas Manns nie scharf definiertem Begriff der Mitte. Zuweilen hat sich der Vorwurf der Standpunktlosigkeit auch mit der Kritik

an seiner parodistischen, damit letztlich schwankenden Einstellung
zur Tradition verbunden. Man hat sogar in der Romanform, genauer in der Mehrschichtigkeit des modernen Romans als eines
frühromantischen Erbes das ästhetische Korrelat einer inhaltlichen Mehrdeutigkeit erkennen wollen[19]. Aber derartige Überlegungen sind ebenso wie jene, die die Bildungsromantradition über-
betonen, abwegig. Sie sind es schon deswegen, weil auch sie die
Selbsterklärung Thomas Manns zu seinem Roman in einem Ausmaß
außer acht lassen, das philologisch nicht mehr vertretbar ist. Po-
lyperspektivisch ist der Roman Thomas Manns und mit ihm der
der klassischen Moderne vor allem in dem Sinne, daß einem erzählten Geschehen, einem Vordergrund als Substrat eine exegeti-
sche Schicht zugrunde liegt; er enthält eine Lebenslehre, die
ernstgenommen werden will. Sein wichtigster Roman der zwanziger Jahre liefert weder eine Dokumentation des Nihilismus, noch
ist er in erster Linie Zeugnis einer parodistisch weitergeführten
literarischen Tradition. Nicht weniger fragwürdig ist es aber auch,
den Roman ausschließlich als Zeitroman, also als Panorama der
kontemporären europäischen Vorkriegsära zu lesen; schon der
völlige Mangel an ökonomischen Überlegungen hätte, wie bereits
Hermann Weigand richtig gesehen hat, davor warnen müssen[20].
Am wenigstens haltbar ist jedoch wohl die These, daß Thomas
Mann hier seinem eigenen Alexandrinismus gehuldigt und nur ein
gelehrtes Spiel getrieben habe, in dem sich sein synkretistisches
Goethe-Wissen mit seiner Wagner-Begeisterung gemischt hätten[21]. Läse man den Roman so, dann käme man nicht umhin, in
Thomas Mann nur den Artisten zu sehen, der in einer sich bereits
auflösenden Welt mit allen ihm von der Tradition zur Verfügung
gestellten Formen und Formeln jongliert und darin am Ende nur
der Epigone einer klassizistischen Kunstauffasung ist, deren Vertreter freilich mit größerem Ernst zu spielen gedachten, als Thomas Mann das je beabsichtigte.

Wer also in dem Roman ein alexandrinisches Spätwerk sieht,
verkennt dabei das philosophische Substrat wohl am gründlichsten.
Wo aber ist es zu orten? Bestimmte Kapitel des Romans könnten
es nahelegen, es vor allem dort zu suchen, wo Thomas Mann über
die Zeit meditiert, zumal in den drei letzten Kapiteln tatsächlich
so etwas wie eine metaphysische Bestimmung der Zeit versucht
zu werden scheint. Aber mit Proustschen Zeiterfahrungen haben
sie nichts zu tun – Thomas Mann selbst hat überdies auf den romantischen Kern dieser Meditationen hingewiesen[22]. Man darf
diese mehr assoziativen und diskursiven Reflexionen ohnehin nicht
überbewerten, vor allem: man darf sie nicht aus dem Gesamtzu-
sammenhang des Romans isolieren. Der aber hat mit der Zeit
in einem zunächst sehr profanen und vordergründigen Sinn zu
tun: Zeitroman ist der "Zauberberg" vor allem darin, daß die Ereignisse der Gegenwart ein zwingender Anlaß waren, über diese
erzählerisch nachzudenken, um auf die außerordentlichen Turbu-

lenzen, die sich innerhalb des beschriebenen Zeitraums ereigneten, eine zureichende Antwort zu geben. Mit anderen Worten: die Ereignisse des Ersten Weltkrieges, äußerlich behutsam bis auf den Schluß des Romans aus diesem ausgeblendet, haben offenbar zu einer geradezu metaphysischen Verunsicherung geführt, die nach Antworten verlangte – Thomas Manns Roman ist, wie das schon sein oft nicht genug beachteter Vorsatz im Grunde genommen zwingend deutlich macht, eine Antwort auf eine Zeit, in der die bisherigen Orientierungssysteme des Lebens durcheinander geraten, wodurch Fragen nach der conditio humana aber nur umso zwingender aufgekommen waren und beantwortet werden wollten. Nicht weniger notwendig war die Antwort auf das, was der Roman auf seinen letzten Seiten beschreibt, was aber bereits, in den sieben Jahren der dargestellten Zeit vorausgespiegelt, den Roman von vornherein beunruhigend durchtränkte: auf die Frage nach dem Tod und dem Verhalten des Menschen in der Welt angesichts dieser Erfahrung. Angst und Tod sind Urerlebnisse Thomas Manns – die "Buddenbrooks" künden bereits davon. Aber es sind gleichermaßen beunruhigende Erlebnisse in Kafkas Romanen, in Brochs "Schlafwandlern", in Döblins "Berlin Alexanderplatz", und es ist offenbar die metaphysische Verunsicherung einer ganzen Generation, die zu diesen Romanen geführt und zu Antworten Anlaß gegeben hat, von denen her sich der Roman legitimiert. Zwar hat sich die Problematik, von der der "Zauberberg" handelt, schon in der Vorkriegszeit aufgebaut; Thomas Mann hatte sich am 17. April 1919 in sein Tagebuch notiert, daß die "neue Konzeption des Menschen" das Neue des Romans sei, "einer übrigens auch schon vorkriegerischen Konzeption". Das hatte sich damals offenbar als "Konflikt von Reaktion (Mittelalter-Freundlichkeit) und humanistischer Aufklärung" ausgestaltet – ein altes literarisches Thema, zuletzt ausführlich von Heinrich Heine abgehandelt. Wie sehr diese generelle Thematik tatsächlich den Roman bestimmte, zeigen briefliche Hinweise, die ebenfalls vom allgemeinen Gegensatz "von Humanität und Romantik, Fortschritt und Reaktion, Gesundheit und Krankheit" sprechen[23]. Erst unter dem Eindruck des Ersten Weltkrieges hat sich diese großräumige, beinahe abendländisch-universalistische Konzeption, die ein nur zu generelles Thema, nämlich "die Erneuerung des christlichen Gottesstaats ins Humanistische" abhandeln sollte, aktualisiert, auf ein Zeitthema zugespitzt. Zwar ist die neue Konzeption des Menschen geblieben, aber die kontrastiven Begriffe "Reaktion" und "Aufklärung" haben ihren bloß bildungsmäßigen, religionsgeschichtlich-kulturkritischen Aspekt verloren zugunsten jener neueren Existenzlehre, um die es im "Zauberberg" geht: jetzt ist, unter dem Eindruck des Untergangs der abendländischen Kultur, daraus der Gegensatz von "Romantik und Aufklärung" geworden[24], also von Todesproblematik und dem Versuch ihrer Überwindung. Daß der Krieg ihn zu einer Generalrevision seiner Grundlagen gebracht

habe, hat Thomas Mann in seinem Lebensabriß[25] nachdrücklich
betont. Von ihr zeugt der Roman. Daß er daher nur die Vorkriegszeit beschreibt, also quasi bewußt anachronistisch verfährt, indem
er Erfahrungen und Einsichten verkündet, die eigentlich ja erst
nach dem Kriege möglich waren, das ist dabei kein innerer Widerspruch, eher schon Zeichen einer inneren Umorientierung während
der Zeit der Niederschrift. Kompositorisch aber hat Thomas Mann
diese Umorientierung aufs geschickteste umgesetzt, da der Held
des Romans denkerisch und mehr noch in seinen inneren Erfahrungen, also existentiell, das Kommende vorwegnimmt, und Thomas
Mann hat diesen so komplizierten Prozeß in das einfache Bekenntnis gebracht: "Ich schreibe von einem jungen Deutschen, der vorm
Kriege schon über den Krieg hinauskommt"[26]. Er ist "am Ende
ein Vortypus und Vorläufer, ein Vorwegnehmer, ein kleiner Vor-
kriegsdeutscher, der durch 'Steigerung' zum Anticipieren gebracht
wird". Die dieser vorzeitigen Erfahrung adäquate Erkenntnisform
aber ist eben die der Initiation.

Gehen wir davon aus, daß es sich also beim "Zauberberg" primär
nicht um einen Bildungsroman, erst recht nicht um einen bloßen
Zeit- oder Reiseroman, aber auch nicht um ein rein gelehrtes
Spielwerk handelt, sondern um einen Inititationsroman, so muß
das Ziel der Initiation, die Lehre, die der Neophyt empfängt, auch
klar auszumachen sein. Sie wird dort sichtbar, wo der langwierige
Initiationsritus, der mit völliger Desorientierung, einem drasti-
schen Abschied vom Alten beginnt und über versuchsweise Neube-
stimmungen durch die Konfrontation mit dem Tod als einem wirklichen Angst- und Schreckenserlebnis hindurchführt, in einer tatsächlichen Illumination endet. Es ist das Schneekapitel des Romans, das wie kein anderer Teil symbolisch zu interpretieren ist.
Der Held ist in eine existentielle Extremsituation geraten, in
eine Grenzlandschaft; Hans Castorp, schon vielmals mit dem Tode
konfrontiert, erfährt hier noch einmal gesteigert den Todesschrek-
ken, der der Initiation vorauszugehen pflegt. Der Schnee als Todessymbol, das schlechthin Lebensfeindliche, in das er hinein-
gerät, "das Nichts, das weiße, wirbelnde Nichts, worein er blickte,
wenn er sich zwang, zu sehen": darin kulminiert die "Zauberberg"-
Erfahrung. Aber der Held des Romans erwacht aus seinem Todes-
schlaf, und das ist ein wiederum symbolisch zu interpretierendes
Aufwachen zur Erkenntnis nach einem spirituellen Untergang,
Erkenntnis zugleich die letzte Stufe der Initiation. Zu Castorps
wichtigsten Einsichten gehört, daß die beiden pädagogischen Führer, die ihn einem Bildungsprozeß unterziehen, nichts anderes als
"verworrenen Schlachtenlärm" veranstaltet hatten, "wovon sich
niemand betäuben läßt, der nur ein bißchen frei im Kopf ist".
Die zentrale Erkenntnis aber lautet, daß alles Interesse "für Tod
und Krankheit" nichts anderes sei "als eine Art von Ausdruck für
das am Leben"[27]. Die Lebensphilosophie, die eben hier im Roman
als einzig angemessene erkannt wird, mündet in jenen oft zitierten

Satz, der gewissermaßen als deren Inbegriff gelten darf: "In der Mitte ist des Homo Dei Stand – inmitten zwischen Durchgängerei und windigem Einzeltum". Er wird flankiert von der weiteren Erkenntnis: "Der Mensch soll um der Güte und Liebe willen dem Tode keine Herrschaft einräumen über seine Gedanken". Noch einmal wird hier deutlich, daß der pädagogische Prozeß, der vor allem die Parallele zum Bildungsroman ziehen ließ, hoffnungslos zum Scheitern verurteilt war. Denn mystische Gemeinschaft und windiges Einzeltum: das sind Naphta und Settembrini, die beiden Bildungsmänner, denen hier eine endgültige Abfuhr erteilt wird.

Man hat gelegentlich die Bedeutsamkeit dieser Feststellung dadurch zu widerlegen versucht, daß man auf die Begleitumstände dieser Schneesturmerkenntnis hinwies, nämlich darauf, daß der Held des Romans bereits am gleichen Abend vergessen zu haben schien, was ihm am Nachmittag noch so unmittelbar eingeleuchtet hatte. Aber aus mehreren Hinweisen im Verlauf des Romans geht hervor, daß der Erzähler sich dessen nur zu gut bewußt bleibt, und dem Leser wird ebenfalls immer wieder nahegelegt, sich dieser Erkenntnissituation und ihrer Einsichten zu erinnern. Was sich in diesem Roman ereignet, ist in gewisser Hinsicht allerdings nur die Wiederholung einer Urerfahrung des 20. Jahrhunderts, wie sie eigentlich seit der Jahrhundertwende immer wieder begegnet. Es ist die Erfahrung des "Ich sehe", wie sie sich etwa schon zu Beginn des Rilkeschen "Malte Laurids Brigge" findet, und dieses Motiv des Sehenlernens, der Erkenntnisfähigkeit und Erkenntnismöglichkeit gehört eben zur Möglichkeit des Romans, Erkenntnisprozesse zu inaugurieren, die eine quasi existenzbezogene Wirkung haben. Es handelt sich um ein Durchschauen im eigentlichen Sinne, und mit der Vermittlung eines neuen Wissens geht in der Regel die Idee eines neuen Lebens Hand in Hand. Von Rilkes "Malte Laurids Brigge" an ist der Roman in seinen anspruchsvollen Erscheinungen erzählte Existenzphilosophie[28], nichts weniger, und Thomas Manns "Zauberberg" fügt sich nur zu deutlich in die Linie gleichartiger Romane ein. Aufwachsituationen gehören zum stereotypen Arsenal derartiger initiatorischer Prozesse: wie in wörtlicher Wiederholung finden wir eine gleiche Szenerie auf den letzten Seiten von Döblins "Berlin Alexanderplatz", wo Franz Biberkopf am Ende seines langen dunklen Weges im eigentlichen und zugleich im spirituellen Sinne erleuchtet wird, und Aufwachsituationen durchziehen auch die "Schlafwandler" von Broch, dort allerdings, wie es Schlafwandlern angemessen ist, nicht realiter, sondern nur als Ahnungen und erträumte Erlösungen[29].

Nun scheint es nicht sehr für Thomas Manns existenzphilosophische Durchdringung der Lebensprobleme zu sprechen, daß er imstande ist, seine neue Lebens- und Wertlehre in zwei oder drei Sätzen zu formulieren. Wie mißverständlich sie gewirkt haben, zeigt sich eben schon an der Tatsache, daß man hieraus gelegentlich auf die innere Fragwürdigkeit seiner Lehre von der "Mitte" schließen zu können glaubte; aber die Verfechter einer solchen These haben es sich zu leicht gemacht, da sie das Umfeld, also das episch vermittelte und wohl auch nur so vermittelbare Terrain unterbewertet haben, in das die wenigen entscheidenden Sätze eingelagert sind. Es sei dahingestellt, ob sich in der Tatsache, daß philosophische Erkenntnisse jetzt erzählerisch vorgetragen werden und nicht mehr abstrakt, nicht eine indirekte Mißachtung der traditionellen Philosophie auf seiten Thomas Manns ausspricht, zumindest eine Skepsis ihren Aussagemodalitäten gegenüber. Aber wie dem auch sei: Hans Castorps Erkenntnisse sind eingelagert in den Erzählzusammenhang, und dieser muß mitgeprüft werden, wenn es um die Frage geht, wie diese Lebensphilosophie beschaffen ist, wogegen sie sich richtet und wofür sie sich ausspricht.

Vom Gesamtkontext des Romans her sind Angst, Sterben und Tod zweifellos zentrale Faktoren. Nun hat Thomas Mann diese Erfahrungen aber sicherlich nicht um ihrer selbst willen beschrieben, erst recht nicht, um einen Bildungsroman damit auszustatten, dessen bildende Kräfte so sehr im Verlaufe des Romans diskreditiert werden. Geht man davon aus, daß der Roman die letzten sieben Jahre der europäischen Vorkriegszeit beschreibt, also nicht irgendeinen Zeitraum, sondern eben den, der zur Katastrophe des Ersten Weltkrieges geführt hat, so kann der Roman nur in diesem Sinne als Zeitroman gewertet werden; also nicht so, daß hier ein mehr oder weniger unverbindliches Panorama der europäischen Vorkriegszeit ausgeleuchtet worden sei, sondern allein so, daß der Roman erklärt und zu erkennen geben will, warum es zu dem Schlüsseldatum von 1914 gekommen ist. Billigen wir dem Roman initiatorische Qualitäten zu, so muß die Erkenntnis wichtiger Lebenszusammenhänge eine bedeutende Rolle spielen, und unter diesem Aspekt kann es sich nicht darum handeln, den Romanhelden als einen beliebigen Menschen mit generellen Erfahrungen des Todes und der Angst vertraut zu machen, da gerade das Durchschnittshafte des Helden von vornherein nahelegt, ihn bei aller Mediokrität, ja wegen seiner Mediokrität als Prototyp einer bestimmten Anschauung und Haltung zu verstehen. Im übrigen sind wir zumindest über die Absichten Thomas Manns, eben hier einen Repräsentanten sprechen zu lassen, durch die Bemerkungen im "Lebensabriß" zureichend unterrichtet. Mochte zu Beginn des Schreibens auch noch "die Faszination durch den Tod, den Sieg höchster Unordnung über ein auf Ordnung gegründetes und der Ordnung geweihtes Leben" Thema des Romans gewesen sein, so verschob sich durch den Kriegsausbruch dieses Generalthema, das ursprünglich wohl eher in humoristisches Kolorit gebracht werden sollte, zur Beschreibung einer Nationalerfahrung, "die der Autor mit seiner Nation gemeinsam hatte". Und der Hinweis darauf, daß die Probleme des "Zauberbergs" der gebildeten Masse so sehr auf den Nägeln gebrannt hätten, daß das breite Publikum genau jene alchimistische Steigerung erfahren habe, ist nicht nur ein erneuter Fingerzeig auf die zentrale Bedeutung des Schneekapitels, in dem von eben jener Steigerung die Rede ist, sondern mehr noch darauf, daß das Problem des "Zauberbergs", also Angst, Krankheit und Tod, zum dringlichsten Zeitproblem geworden war und auch so im Roman abgehandelt wurde. Das muß nicht ausschließen, daß es sich zugleich um Thomas Manns ureigenste persönliche Erfahrungen handelte. Darüber hat er in jenem außerordentlich wichtigen "Fragment über das Religiöse" gesprochen, und dort ist auch noch einmal der Ergebnissatz seines letzten Romans zitiert: "Der Mensch soll um der Liebe und Güte willen dem Tode keine Herrschaft einräumen über seine Gedanken"[30]. Aber das bedeutet nicht, daß hier nur persönliche Erfahrungen verbalisiert worden seien. Jener Satz dieses Romans, so setzte Thomas Mann damals hinzu, habe für ihn "eine wirkliche Überwindung" bedeutet, und diese habe "für sein Denken und Handeln allerlei wenig verstandene Folgen" gehabt. Und an anderer Stelle hat er noch einmal von einer "Wende" gesprochen, "wo die geistige Neigung zum Kranken sich als Beginn höherer Gesundheit erweist"[31].

Was ist damit gemeint? Der Roman ist danach Ausdruck einer größeren spirituellen Umorientierung, und wenn der Roman eine dringliche Warnung vor einer Todesmetaphysik enthält, deren Realität nach 1914 so ganz anders aussah, und zugleich ein Bekenntnis zum Leben, so scheint sich dahinter eine Opposition gegen zwei Geistesströmungen zu verbergen, deren Problematik, ja Fragwürdigkeit Thomas Mann in seinem Roman offenbar aufzuzeigen gewillt war. Dechiffrieren wir die so vielgestaltig auf dem Zauberberg in Erscheinung tretende Krankheit und den Tod auf sein philosophisches Substrat hin, transferieren wir die Todeseuphorie auf ihr geistesgeschichtliches Äquivalent, so ist unschwer erkennbar, daß Thomas Mann mit dem "Zauberberg" offenbar eine Geisteshaltung verabschiedet hat, die Krankheit und Tod als positive Seinsweisen verstand und der er selbst früher gehuldigt hatte – wobei hinzukommt, daß er, wie jenes "Fragment über das Religiöse" aufschlußreich zu erkennen gibt, den Tod durchaus persönlich durchmeditiert hat. Der Gedanke an den Tod, so gibt er dort zu verstehen, sei ihm der vertrauteste gewesen. ("Er steht hinter allem, was ich denke und schreibe (...). Keinen Tag, seitdem ich wach bin, habe ich nicht an den Tod und an das Rätsel gedacht.") Aber darüber hinaus stellt sich die Todeseuphorie als eine romantische Erbschaft dar, und es ist im philosophischen Sinne todeslüsterne Romantik, die er im "Zauberberg" beschreibt. Sie ist überall dort dargestellt, wo der Tod halbwegs oder vollkommen bejaht wird, wo er als eine andere Form des Lebens bezeichnet ist, wo er das Bewußtsein der Kranken euphorisch okkupiert[32]. Über die eigenen romantischen Wurzeln der Thomas Mannschen Existenz, über die Bedeutung des Romantischen in seinem Werk kann kein Zweifel bestehen. Denn nicht zufällig hat er (in den "Betrachtungen eines Unpolitischen") Tonio Kröger einen "Spätling der Romantik, und zwar einer sehr deutschen Romantik" genannt[33]. Von der deutschen romantischen Philosophie her, von Novalis vor allem, der nicht zufällig auch in jenem Fragment über das Religiöse erwähnt ist, kannte Thomas Mann offenbar die romantische Uminterpretation des Todes in das wahre Leben, die Verwischung der Grenzen zwischen Krankheit und Gesundheit, das Verständnis der Krankheit als einer höheren Form von Gesundheit. Daß hier auch der Nietzsche-Einfluß gleichermaßen eine Rolle spielte, versteht sich von selbst, aber Thomas Manns Nietzsche-Lektüre hat nicht etwa die Bedeutung des Romantischen für ihn herabgesetzt, sondern eher noch intensiviert, war Nietzsche doch für ihn nichts anderes als "ein später Sohn der Romantik"[34]. Daß die Krankheit unter Umständen eine gesteigerte Form des Lebens sein kann, demonstriert der "Zauberberg" über viele Seiten hinweg, freilich nur in seinem ersten Teil, vor jenem Schneekapitel, das die Ergebnissätze seiner neuen, dort verkündeten Anschauung enthält. Die gleichzeitigen "Betrachtungen eines Unpolitischen" machen wiederum deutlich, daß die Auseinandersetzung mit der Romantik zugleich eine solche mit der nationalen Vorgeschichte ist. Todesbereitschaft und Todessehnsucht sind Thomas Mann auf den Spuren der Frühromantiker, insbesondere Novalis', als Kennzeichen einer romantischen, spezifisch deutschen Seelenlage erschienen, deren Gefährdungen er erst erkannte, als der Erste Weltkrieg die Todeseuphorie in ihrer absoluten Lebensfeindlichkeit entlarvt hatte. Eben davon handelt dieser Roman. Das Buch wollte, so hat Thomas Mann nach dem Erscheinen des Zauberbergs gesagt, "eine antiromantische Desillusionierung und ein europäischer Ruf zum Leben" sein[35], und er hat damals wohl nicht ohne Grund hinzugesetzt: "Es wird vielfach falsch gelesen".

Mit der Absage also an eine falsch verstandene Romantik verbindet sich aber auch noch eine zweite: die an die Schopenhauersche Philosophie. In welchem Ausmaß diese Philosophie die Erzählstruktur des Romans mitbestimmt hat, darüber kann nach Børge Kristiansens ausgezeichneter Darstellung ebensowenig Zweifel herrschen wie über die vielen Schopenhauer-Reminiszenzen, von der Bezeichnung der Sterbeanstalt des Berghofs als "Heimat" bis zu den Diskursen über Tod, Schlaf und Vergänglichkeit. Doch weil die Absage an die Todesmetaphysik genauso scharf formuliert ist wie die an die Romantik, enthält der Roman möglicherweise nicht nur eine Auseinandersetzung mit einer schon lange angelegten seelengeschichtlichen Entwicklung, die in ihrer fatalen Wirklichkeit während des Ersten Weltkrieges zutage trat, sondern auch eine solche mit der von Thomas Mann so intensiv erfahrenen Philosophie Schopenhauers: er lehnt eine Lehre ab, die darin gipfelt, daß der Tod, in den Worten der "Buddenbrooks", "Befreiung" und "Entbürdung" bedeutete. Thomas Mann hat damit aber keine Leerstelle in seinem quasi philosophischen Gefüge hinterlassen. Denn es kann kein Zweifel sein, daß neue Werte an die Stelle der Todesmetaphysik getreten sind, die im 'Lehrsatz' des "Zauberberg" als Güte, Liebe, Humanität und Mitte erscheinen. Das Aufwachen aus dem Traum ist nicht ein solches zu einer ätherischen Nichtexistenz im Sinne der Schopenhauerschen Philosophie, sondern ein solches zum Leben, und nirgendwo läßt sich die Initiation als eigentliches Ziel des pädagogischen Prozesses deutlicher ablesen als in jenem Schneekapitel, wo wortwörtlich vom Aufwachen, von der Aufklärung und Erleuchtung, von Zu-sich-Selbst-Kommen die Rede ist. Was Thomas Mann, ideengeschichtlich gesehen, gegen das 19. Jahrhundert, gegen die Romantik heraufruft, sind Werte der Aufklärung, also "Mitte", "Liebe" und "Güte", "Humanität". Das ist nicht so zu verstehen, daß damit die Aufklärung die Romantik endgültig widerlegt, sondern vielmehr so, daß in einem historisch gesehen gewissermaßen retrograden Prozeß der Tod nicht verdrängt, jedoch durch Aufklärung überwunden werden soll. Die Situation Hans Castorps, der sich aus "Schlaf und Traum" reißt, von denen er sehr wohl weiß, daß sie seinem jungen Leben in höchstem Grade gefährlich sind, hat hier offenbar sogar autobiographische Entsprechungen: denn eben so könnte man Thomas Manns Bekenntnis zu einer von ihm freilich nur unscharf formulierten Aufklärung in den zwanziger Jahren und seine Absage an eine Romantik verstehen, die in aller ihrer Faszination seine Jugend mitbestimmt hatte.

Die Frage, wie die neue aufklärerische Lebensphilosophie Thomas Manns ausgesehen hat, ist nur in Umrissen zu beantworten. Festzuhalten ist, daß diese neue Lehre eine existenzphilosophische Lebenslehre ist, die sich auf den Menschen bezieht und nicht auf den Tod oder eine abstrakte Idee, und außerdem, daß diese Entscheidung zur Aufklärung, zum Leben und zur Humanität eine Entscheidung auch zur Individualität ist, fast im Sinne des aufklärerischen "Bestimme Dich aus Dir selbst". In welchem Ausmaß in den zwanziger Jahren Romantik und Aufklärung für Thomas Mann zu Gegenpositionen wurden, die einander ausschlossen, macht der 1929 entstandene Aufsatz "Die Stellung Freuds in der modernen Geistesgeschichte" schlagartig deutlich. Thomas Mann empfiehlt dort Vorsicht im Gebrauch der Begriffe von Romantik und Aufklärung, und er schickt voran: "Über Romantik und Aufklärung, Reaktion und Fortschritt nachzudenken, haben wir Heutigen allen Grund"[36]. Offenbar hat die nach 1924 aufkommende deutschtümelnde Romantikverherrlichung diesen Gegensatz von Aufklärung und Romantik, der im "Zauberberg" schon ausgetragen wird, nur noch verschärft. Nicht zufällig ist in diesem Essay auch von einem Schopenhauer die Rede, der "den Intellekt tief unter den Willen gedemütigt" habe[37], und Thomas Mann beschreibt nur zu deutlich, wohin die Romantikverherrlichung in Deutschland geführt hat: zur "Ohnmacht des Geistes und der Vernunft im Ver-

gleich mit den Mächten des Seelenuntersten, der Leidenschafts-
dynamik, dem Irrationalen, dem Unbewußten", aber auch zu Klages, Spengler, zu "Geistesunglauben und Geisteshaß". Es ist hier
allerdings weniger die Romantik selbst als vielmehr die Wirkungsgeschichte der Romantik, die Thomas Mann dazu brachte, seine
Aufklärungsphilosophie weiterzuentwickeln, zumal er durchaus
gesehen hat, daß Romantik und Irrationalismus sich insofern in
gewisser Weise ausschließen, als die Romantik selbst philoso-
phisch-analytisch orientiert war. Und er hat auch gewußt, daß
das Romantische in seiner Zeit das eigentlich Revolutionäre, auf
das Zukünftige hin Ausgerichtete gewesen war, während sich die
Nachfahren der Romantik ausschließlich in die Vergangenheit
hineinorientierten und damit ihre reaktionäre Haltung zur Schau
stellten. Aber das betrifft schon die späten zwanziger Jahre.
Thomas Manns dezidiertes Bekenntnis zur Aufklärung in jener
Zeit wäre jedenfalls nicht möglich gewesen ohne die Entscheidungen des "Zauberbergs". So haben wir festzuhalten, daß der
"Zauberberg" nicht nur eine Absage an die Romantik enthielt,
sofern sie eine positiv verstandene Todesphilosophie war, sondern
zugleich das zukunftsorientierte Bekenntnis zu einer Aufklärung,
die sich bei ihm 1924 auf die Grundwerte Humanität, Menschlichkeit, Liebe, Güte, Mitte konzentrierte[38], die in den Jahren danach
zu einer militanten Aufklärungsphilosophie wurde, mit deren Hilfe
er ebenso der neuromantischen Bewegung seiner Gegenwart zu
Leibe zu rücken gedachte wie der Endzeitgläubigkeit Spenglers
und der Mutterkultideologie Baeumlers. Damit wurden Ansichten mobilisiert und aktiviert, die sich in der Mitte der zwanziger
Jahre mit dem "Zauberberg" bereits fest ausgebildet hatten.

Ziel seines existenzphilosophischen Romans ist also nicht etwa
die Erkenntnis der Dualität der Welt, was der flüchtige Leser
vielleicht als Essenz herauslesen könnte, sondern die Widerlegung
einer Todesmetaphysik, Todeseuphorie und Todesbereitschaft,
deren katastrophale Realität Thomas Mann während des Ersten
Weltkriegs gesehen hatte. Ebenso enthält der Roman eine Warnung
vor einem Kollektivismus, wie er sich in der Gesellschaft "dort
oben" zwangsläufig abzeichnet, da alle dem Tod als Gegenüber
gleichermaßen ausgeliefert sind. Doch Thomas Mann hat es nicht
dabei belassen. Die Handlung des "Zauberberg" läßt erkennen,
daß zu den genannten Leitbegriffen des Schneekapitels eine gewissermaßen existentielle Grundbedingung noch hinzukommt: die
Anerkennung der eigenen Individualität. Nirgendwo bei Thomas
Mann ist dieses "Bestimme Dich aus Dir selbst" deutlicher ausgesprochen als im "Zauberberg", nämlich dort, wo er seine pädagogischen Führer verabschiedet, und die Idee der Mitte, dort proklamiert, bedeutet auch eine Mitte zwischen den Extremen der
pädagogischen Exerzitien, denen er unterworfen werden sollte.
Es ist eine aufklärerische Existenzphilosophie des Ich, die dort
verkündet wird, was aber nicht bedeutet, daß diese Existenzphi-

losophie etwa auf eine Verherrlichung des bloßen Vitalismus hin-
ausliefe – wie man nach der Ablehnung der romantischen Todesmetaphysik annehmen könnte. Dem Vitalismus hat Thomas Mann
in der Gestalt Peeperkorns, dieser undeutlichen Persönlichkeit,
eine gründliche Absage erteilt, so wie er in dieser Figur wohl
auch bestimmte christologische Tendenzen der zwanziger Jahre
kritisiert hat, die damals aufkamen und von Thomas Mann erzählerisch ebenfalls durch Peeperkorn widerlegt worden sind. Übrig
bleibt eine Existenzphilosophie, in deren Zentrum das Bekenntnis
zur Individualität und damit zu sich selbst steht. Es scheint kein
Zufall zu sein, daß Döblin am Schluß seines "Berlin Alexanderplatz" ein ähnliches Bekenntnis zu sich abgibt, verbunden mit
einer Warnung, den betörenden Rufen der Parteien zu folgen.

Wie die Kommunikationsfähigkeit des zu sich selbst gekomme-
nen Individuums nicht zu verstehen sei, daß sie nämlich nichts
mit Massenwahn und der aufkommenden Kollektivideologie des
Nationalsozialismus zu tun haben könne, hat Thomas Mann im
Verlauf der weiteren zwanziger Jahre nur zu deutlich zu verstehen
gegeben. Das aufklärerische Bekenntnis zu sich und zur Humanität
wurde sogar zur alleinigen ideologischen Basis einer Auseinandersetzung mit dem Nationalsozialismus, wie Thomas Mann sie bereits gegen Ende der zwanziger Jahre zunehmend schärfer geführt
hat. In großer Folgerichtigkeit schließt sich an die Philosophie
des "Zauberberg" 1929 Thomas Manns Rede über Lessing an, die
er seinen Versuchen zu dem Problem der Humanität, "Adel des
Geistes" voransetzte, und dort findet sich nicht nur einer der
schärfsten Angriffe auf die Irrationalismen der Zeit, sondern wieder jenes Bekenntnis zur Aufklärung, zur Rationalität, das wie
eine Wiederholung jener Aufwachsituation des jungen Hans Castorp wirkt. Im Zentrum der Thomas Mannschen Lebensphilosophie
steht auch hier das aufgeklärte Individuum, das seine Problematik
überwunden, aber die romantischen Erfahrungen dabei nicht vergessen hat. Die Notwendigkeit der Aufklärung wird gerade von
den Gefahren der Romantik her immer wieder begründet. Insofern
nimmt der "Zauberberg" vorweg, was die Essays entwickeln. Thomas Mann hat davon gesprochen, daß der Roman "die Konzeption
einer zukünftigen, durch tiefstes Wissen um Krankheit und Tod
hindurchgegangenen Humanität" enthalte.[39] Damit aber ist er
als ganzes zum Aufklärungsinstrument geworden, sind ihm jene
philosophischen Erkenntnisqualitäten zugesprochen, die er auch
bei Broch, Musil, Kafka bekommen hat. Eine Lebensphilosophie,
das hat Thomas Mann zumindest indirekt damit ebenfalls angedeu-
tet, kann nicht nur auch durch den Roman, sondern überzeugend
nur durch den Roman vermittelt werden.

DER UNTERGANG DES ABENLANDES UND DER
AUFGANG DES MORGENLANDES.
THOMAS MANN, DIE JOSEPHSROMANE UND
SPENGLER

Die Frage, was Thomas Mann eigentlich bewogen hat, die Josephsromane zu schreiben, ist alles andere als eine positivistische Frage
an eine Werkchronologie. Denn sie führt in diesem Fall tief hinein
in eine Beziehung und Auseinandersetzung, von der freilich nicht
allzuviel nach außen gedrungen ist: Von Thomas Mann ist in der
Regel, was sein Verhältnis zu Oswald Spengler angeht, nur der
Essay "Über die Lehre Spenglers"[1] bekannt und dazu noch allenfalls einiges an Nebenäußerungen; von Spengler gibt es keine direkten öffentlichen Stellungnahmen zu Thomas Mann – und so
könnte es also aussehen, als sei das Verhältnis Manns zu Spengler
auf jeden Fall ein einseitiges, sicherlich nicht unkritisches und
mit einigen Animositäten belastetes gewesen, aber bei alledem
von seiten Manns eben doch eine Bekanntschaft peripheren Charakters, aus den Zeiten resultierend, da Thomas Mann über alles
und jeden schrieb, der irgendwie größere Öffentlichkeit bean-
spruchte. Von einem Verhältnis Spenglers zu Thomas Mann kann
man hingegen kaum sprechen, da es so gut wie nichts von seiten
Spenglers gibt, was diese Bezeichnung, und sei sie selbst negativ
auszulegen, rechtfertigen könnte, sieht man von einigen privaten
Bemerkungen Spenglers einmal ab. Daß Thomas Mann über Spengler schrieb, war also, so möchte man vermuten, Ausdruck eines
zwar öffentlichen, aber in jedem Fall unpersönlichen Interes-
ses, das bald wieder verloschen schien. Spengler war nach dem
Erscheinen des ersten Bandes des "Untergang des Abendlandes"
halt in aller Munde – davon zeugt die lebhafte, fast immer kritische Diskussion, meist von Philosophen und Historikern mit einem
Außenseiter geführt,[2] der aber, auch wenn er einige Vorläufer
im 19. Jahrhundert gehabt hatte,[3] die literarische Welt in einem
Ausmaß aufgerührt hatte, wie es weder diesen seinen Vorläufern
noch den ordinierten Vertretern der akademischen Fächer gelungen war. Und Thomas Mann scheint mit seinem Essay über Spenglers Lehre einfach nur mitdiskutiert zu haben, wie man es von
ihm beinahe schon gewohnt war – es wäre fast verwunderlich gewesen, hätte er sich angesichts einer so intensiven Diskussion
um Spenglers Werk nicht zu Worte gemeldet. Das tat er, halb
aus selbstauferlegter schriftstellerischer Verpflichtung heraus,
halb wohl auch aus Interesse, so scheint es, für den Untergangs-
philosophen. Jedermann kennt die Resultate.

Doch die Auseinandersetzung reicht tiefer, wie so oft bei Thomas Mann, und man tut gut daran, sich nicht mit dem zufrie-
denzugeben, was er öffentlich zu Spengler zu sagen hatte. Zweier-
lei spricht dafür, daß er von Spengler stärker berührt und betrof-

fen war, als das nach außen hin an der Zahl seiner Veröffentlichungen und Äußerungen über ihn sichtbar wurde. Da ist einmal der außerordentliche Rang, den er Spenglers Buch als literarisch-philosophischer Leistung zugesteht: der "Untergang des Abendlandes" ist für ihn einer der großen "intellektualen Romane"; er rangiert für Thomas Mann gleichwertig neben Ernst Bertrams Nietzsche-Buch oder Gundolfs Goethe-Biographie, und da wir wissen, wie hoch Thomas Mann Bertram in diesen Jahren schätzte, kommt dieser Nachbarschaft doch eine erhebliche Bedeutung zu. Zum anderen fällt auf, wie außerordentlich reizbar und irritiert Thomas Mann auf Spenglers Erscheinung und Auftreten reagiert hat. Daß er nach Mann zu den modernen Figuren gehört, die zugegebenerweise lehren, was ihnen nicht zukommt, mag noch dahingehen; aber daß er als "Snob" erscheint und "fatal", als "eiserner Gelehrter" als "Herr Spengler", daß seine Lehre für Thomas Mann völlig " 'vieux jeu, bourgeois' durch und durch" ist, von herrisch-apodiktischer Lieblosigkeit durchtränkt, gegen die die Lehre "eines Marx nur idealistische Himmelsbläue" ist – das alles zeugt von einer auch persönlichen Betroffenheit, die bei Thomas Mann, der immer eher etwas Freundliches als etwas Feindseliges zu sagen geneigt war, auffällig ist.

So empfiehlt es sich, will man der Sache auf den Grund gehen, auch den Umkreis des Spengler-Essays zu durchforschen – und das sind die Josephsromane. Wer sich mit ihnen beschäftigt, kommt bald auf die Frage, was Thomas Mann eigentlich auf den Stoff und das langjährige Ausarbeiten dieses Stoffes gebracht hat. Und da wir wissen, daß die Romane sehr oft ihre essayistischen Begleiter in seinem Werk haben, liegt der Verdacht nahe, daß die Josephsromane möglicherweise etwas mit dem Spengler-Essay zu tun haben oder vielmehr dieser mit den Josephsromanen: gerade für die Zeit des Ersten Weltkrieges und die zwanziger Jahre gilt diese "Regel" von den essayistischen Begleitern der großen Romane. Und so empfiehlt es sich schon deshalb, die Josephsromane nicht von vornherein beiseitezuschieben, wenn von Thomas Mann und Spengler die Rede ist – obwohl die Romanchronologie zunächst nichts von Beziehungen dieser Art erkennen läßt. Denn Thomas Manns Vorstudien zur Josephs-Tetralogie, das wissen wir seit langem, begannen im Winter 1923, aus ganz anderem Anlaß heraus, als er nämlich eine Bildermappe mit Darstellungen aus der Josephsgeschichte mehr oder weniger zufällig sah. Der Münchener Maler, der Thomas Mann damals besuchte, bat ihn um einen "einleitenden Schriftsatz" zu seiner Bilder-Kollektion, und im "Lebensabriß" hat Thomas Mann selbst bezeugt, daß er damals in der alten Familienbibel die Josephsgeschichte nachgelesen habe und durchaus gewillt war, den Wunsch des Malers zu erfüllen.[4] Er schrieb ihm, daß eben diese Bilder die "reizende Geschichte" nur zu lebendig erhielten und viel von ihrer "Liebenswürdigkeit" wiedergäben. Allerdings deutete damals nichts darauf hin, daß Thomas Mann mit der Josephsgeschichte weiteres im Sinne gehabt haben könnte. Bitten um Vorworte und Einführungen sind zeit seines Lebens an ihn herangetragen worden, und wir kennen seine Willfährigkeit und freundliche, aber letztlich oft nichtssagende Nachgiebigkeit, wenn derartiges an ihn kam. Gerade die Epitheta Thomas Manns sprechen auch hier für eine solche anfängliche Ungerührtheit, für ein inneres Desinteresse an diesem Stoff. Denn ist die Josephsgeschichte mit der unglaublichen Historie vom prämeditierten Brudermord, von der Grubenfahrt und Rettung in letzter Minute, vom ägyptischen Dasein, das nicht nur Höhen kannte, wirklich nur eine "reizende Geschichte"? Ist sie, die rührend sein mag, sicherlich aber auch grausam und in jedem Fall einzigartig, tatsächlich "liebenswürdig"? Thomas Mann konnte sich zwar auf Goethe berufen, der die Josepherzählung auch "höchst anmutig" gefunden hatte. Aber das degradiert die Geschichte auch wieder zur nur gutartig-harmlosen Legende, die allenfalls interessant war, weil sie etwas Menschenfreundliches an sich hatte. Und bezeichnend ist auch, wie Thomas Mann die Bilder des Malers sah, die die Geschichte Josephs illustrierten: "in hübscher graphischer Darstellung". Was immer er damals zur Josephsgeschichte und ihrer künstlerischen Präsentation zu sagen hatte, war passendes Allerweltslob, und alles das bestätigt eigentlich den Eindruck, daß Thomas Mann sich damals in jedem Fall um des bekannten Malers willen noch einmal mit der Josephsgeschichte beschäftigte und auf keinen Fall mit dieser Geschichte aus eigenem Antrieb. Aber dann folgte als sonderbarer Zufall die Einladung zu einer Mittelmeerfahrt, und wir haben ein Bekenntnis Thomas Manns aus dem Februar 1925, das deutlich macht, daß es mit dem Vorwort zur reizenden Josephsgeschichte doch nicht getan war. Es gehe ihm hauptsächlich um Ägypten, heißt es da:[5] "Ich werde einen Blick auf die Wüste, die Pyramiden, die Sphinx werfen, dazu habe ich die Einladung angenommen, denn das kann bestimmten, wenn auch noch etwas schattenhaften Plänen, die ich im Geheimen hege, nützlich sein." Wir wissen, daß das der eigentliche Anfang der Josephsromane ist oder vielmehr der Josephs-Novelle, denn mehr sollte daraus ja ursprünglich gar nicht werden, und Thomas Mann setzte geradezu abwehrend sofort hinzu, daß er vorerst noch viel zu tun habe – und es folgten Pläne über alles Mögliche. Aber schon sehr bald wurde es dann doch ein Roman, an dem er schrieb, und am 1. August 1926 konnte er bereits berichten: "Ich sitze tief in den Vorarbeiten zu einem kleinen, schwierigen, aber durchaus reizvollen Roman 'Joseph in Ägypten'. Es ist die biblische Geschichte selbst, die ich real und humoristisch wiedererzählen will."[6] Was folgt, sind weitere Erläuterungen zur Thematik.

Über mehr als schattenhafte Skizzierungen ist Thomas Mann damals nicht hinausgekommen, und es ist schwer, in dieser Zeit durchgängige Grundstrukturen zu erkennen. Gelegentlich ist auch nur davon die Rede, daß er "Historien" machen wolle, und Joseph figuriert darin neben "Erasmus" und "Philipp".[7] Aber etwas ist von Anfang an auffällig, nämlich die mehrfachen Äußerungen zum humoristischen Grundgehalt des entstehenden Romans. "Eine Art von essayistischer oder humoristisch-pseudowissenschaftlicher Fundamentlegung", hieß es im Dezember 1926,[8] und Thomas Mann betonte, daß ihm die Sache "Spaß" mache, "mehr, als je etwas anderes", und daß er sich durchaus dabei amüsiere. Und kurz darauf heißt es ähnlich, daß alles "auf leichte, humoristisch-intellektuelle Art" gemacht werden müsse.[9] 1928 gab es schon ausführlichere Kommentare. "Es ist ein Roman mit essayistischen Hindernissen, ein Neben- und Ineinander von Epik und Untersuchung, Szene und verspielter Wissenschaftlichkeit, das mich höchlichst amüsiert [...] Gegenstand des Buches ist die Fleischwerdung des Mythos; [...] seine Aufgabe: zu beweisen, daß man auf humoristische Weise mythisch sein kann."[10] Die Beteuerungen, daß das Ganze eine höchst heitere Geschichte sei, reißen auch in den folgenden Monaten und Jahren nicht ab. "Die sehr lustige Schwierigkeit besteht", heißt es ebenfalls 1928 als Einleitung zu einer Wiener Lesung aus dem "Joseph", "daß ich von Menschen erzähle, die nicht ganz genau wissen, wer sie sind, das heißt, deren Ich-Bewußtsein viel weniger auf der klaren Unterscheidung ihres Existenzpunktes zwischen Vergangenheit und Zukunft beruht als auf der Identität mit ihrem mythischen Typus..."[11]. Der rote Faden der Feststellung, daß der Roman extrem humoristisch sei, läßt sich noch lange weiterverfolgen. Zwanzig Jahre hernach ist noch einmal und wiederum vom "humoristischen Menschheitslied" die Rede.[12] Und dort ebenso: "Es ist wahr, meine Art, den Mythos zu traktieren, stand im Grunde der Humoristik von Goethe's 'Klassischer Walpurgisnacht' näher als Wagner'schem Pathos [...]".[13] Und diese Bemerkung zur humoristischen Atmosphäre noch übersteigernd, heißt es zum 4. Band der Tetralogie, daß der Roman in der Stimmung der "hellste und heiterste von allen" sei.[14] Zwei Jahre vor seinem Tod erklärt Thomas Mann noch, daß die Jaakobs-Figur "zweifellos für das Gefühl jedes Lesers von einem eigentümlichen Humor umwittert" sei.[15] Nun hat Thomas Mann zwar häufiger und so auch hier grundsätzlich von seinem "Humoristentum" gesprochen und Beispiele auch aus anderen Romanen gegeben. Aber es muß im Grunde genommen doch jedermann verwundern, daß der Josephsroman, was immer man auch unter Humor verstehen möge, für Thomas Mann ein humoristischer Roman war. Das kann gewiß nicht allein am guten Ausgang der Josephsgeschichte gelegen haben, denn der tragischen oder fast tragischen Momente gibt es in ihr genug. Schließlich hat Thomas Mann in seiner späten Äußerung über "Humor und Ironie" selbst festgestellt, daß die Gestalt Jaakobs "eine hochpathetische Figur" sei. Er war sich der düsteren Konstellation im Leben seines Jaakob nur zu bewußt - aber er hat sie alle humoristisch überspielt, selbst die Szene, "die an und für sich durchaus tragisch sein müßte", nämlich die Beschreibung der Klage Jaakobs um den vermeintlich zerrissenen Lieblingssohn.

Soviel Thomas Mann aber auch zur humoristischen Atmosphäre der Josephsromane gesagt hat – es bleibt die Frage, wie er dazu kam. Ist das Ganze humoristische Bibelkritik oder eben doch nur "lustige Exaktheit", wie Thomas Mann das selbst in der Einleitung zu seiner Wiener Vorlesung nannte? Humoristisches hat es zwar immer schon bei ihm gegeben, in den "Buddenbrooks" so gut wie im "Zauberberg", wenngleich manche dieser humoristischen Einlagen, etwa die Beschreibung des Schultages aus dem Leben des kleinen Hanno, alles andere als bloß humoristisch sind, nämlich in diesem Falle schärfste Zeit-, Kultur- und Staatskritik am Wilhelminismus. Aus Thomas Manns eigenen Äußerungen ist nicht viel Kapital zu schlagen. Gelegentlich hat er zwar den epischen Kunstgeist als "Geist der Ironie" angesprochen,[16] andererseits freilich auch in aller Deutlichkeit gesagt, daß er die humoristischen Wirkungen seiner Kunst noch höher einschätze als das intellektuelle Lächeln der Ironie. Aber das alles ist nicht sonderlich stringent und kann im Grunde nicht erklären, wieso der Josephsroman ihm von vornherein zum humoristischen Roman geriet oder jedenfalls doch als solcher konzipiert war. Gewiß gibt es komische Szenen in jedem Roman Thomas Manns. Doch sie machen ja noch nicht den eigentlichen Gehalt eines Werkes aus. Und so stellt sich gerade beim Josephsroman die Frage, wie sich humoristische Grundstruktur und Atmosphäre begründen. Die "Buddenbrooks", allenfalls ein Buch "pessimistischen Humors",[17] handeln von Verfall, Tod und Untergang, und im "Zauberberg" ist aller Situationskomik zum Trotze das Konflikt- und Todesthema ins Extreme gebracht. Daß Thomas Mann von Haus aus ein Humorist gewesen sei, wird man entgegen allen seinen eigenen Behauptungen nur mit sehr großen Einschränkungen sagen können.

Wir wollen die Frage, was den humoristischen Grundton der Josephsromane mitbestimmt oder mitbegründet haben könnte, noch ein wenig vor uns herschieben und nach anderen Auffälligkeiten der Entstehungsgeschichte Ausschau halten, nach den Mannschen Orientierungspunkten, denen er folgte. Denn natürlich kann man nicht die Zufallsbegegnung mit dem Münchner Maler der Josephsgeschichte allein für die innere Orientierung der Romane verantwortlich machen und noch weniger die nicht minder zufällige Schiffsreise durchs Mittelmeer und den Nil hinauf. Schöpferische Langeweile war es gewiß auch nicht, die ihn zum "Joseph" brachte – so etwas hat Thomas Mann eigentlich nie gekannt, und die Jahre von 1924 an sind mit öffentlichen Auftritten prall gefüllt. Einer der früheren Essay-Bände Thomas Manns hieß "Die Forderung des Tages", und der kam er in diesen Jahren nur allzugern und allzuoft nach. Von dorther führen keine Brücken zum Josephsstoff und keine von diesem zum Tage hin. Aber es

gibt einige Äußerungen aus diesen Jahren, die uns etwas näher
an die Antwort auf die Frage heranbringen, warum Thomas Mann
eigentlich die Josephsromane geschrieben hat. Am deutlichsten
hat er vielleicht damals sein Wiener Auditorium, dem er 1928
aus dem "Joseph" vorlas, von seinen Absichten und Neigungen
unterrichtet, die allerdings weitab von jeder Forderung des Tages
lagen. Er gestand dort, daß er sich mit seinen Romanen nicht
an großen Mustern, sondern an Gegenbildern orientiert habe. Seinen Wiener Zuhörern sagte er:

> Bevor ich zu schreiben begann, habe ich 'Salammbô' wiederge-
> lesen, um zu sehen, wie man es heute nicht machen kann. Nur
> keinen archäologischen Brokat! Nur nichts Gelehrt-Artisti-
> sches und keinen gewollt gegenbürgerlichen Kult krasser Exo-
> tik! Das Archäologische ist ein Reiz unter anderen, – der we-
> nigst wirksamen, wenigst ausschlaggebenden einer, entschie-
> den. Der antike Osten zieht mich an, ich hege vor allem für
> das alte Ägypten und seine Kultur eine schon aus Knabenzeiten
> stammende Sympathie und Vorliebe. Wirklich, ich weiß nach-
> gerade gar nicht wenig davon, ich bin ein wenig Orientalist
> geworden, wie ich zur Zeit des 'Zauberbergs' Mediziner war.[18]

Das klingt nach sehr persönlicher Anteilnahme, und es sieht auf
den ersten Blick so aus, als sei es also eine alte Kindheitsliebe
fürs Morgenland, die ihn auf den Josephsstoff gebracht habe. Aber
wer sich mit dieser Antwort zufriedengeben würde, hätte sich
die Frage nach der Entstehung der Josephsromane zwar schnell,
aber doch höchst unzureichend beantwortet. Denn man wird trotz
dieses Bekenntnisses nicht sagen können, daß Thomas Mann immer
schon Orientalist gewesen sei. Im Grunde erfahren wir bei ihm
denn auch nichts Positives, sondern etwas Negatives. Eigentlich
sagt er uns nicht, was ihn jetzt wieder zu den Ägyptern gebracht
habe, aber er sagt uns wohl, was er eigentlich n i c h t gewollt
hat: Flaubert war kein Muster, sondern eher ein abschreckendes
Beispiel, und wichtiger als das positive Bekenntnis zum Ägypter-
tum ist die Abwehr einer akademisch verfahrenden Archäologie.
Zwar war auch Flaubert 1858 an den Ort seiner Darstellung gefahren wie Thomas Mann nach Ägypten, aber "Salammbô" zog andere
Folgerungen. Denn Flauberts Roman macht die Absurdität des
historischen Geschehens deutlich, das eigentlich Sinnlose und
Zerstörerische der Geschichte; Thomas Mann aber setzt diesem
negativen Roman wiederum etwas Gegenteiliges entgegen, einen
optimistischen Roman, heiter und menschenfreundlich: die Geschichte erscheint als erfüllte Geschichte, nicht als destruktive
Macht.

Flaubert und sein Roman tun eigentlich nichts zur Sache, Thomas Mann hat sich auch nicht weiter damit auseinandergesetzt.
Dennoch sind diese Hinweise außerordentlich wichtig, denn sie

zeigen, daß Thomas Mann seine Josephsromane offenbar von vornherein aus einer anderen, für ihn neuen Erzählmotivation heraus
geschrieben hat: Er sah sich nicht in einer Nachfolge, sondern
konzipierte seinen Roman aus einem Protest heraus – wir haben
eine andere, veränderte Romangenese vor uns. Von den "Buddenbrooks" wird man kaum sagen können, daß sie im Widerspruch
zu einem existierenden Roman geschrieben worden seien. Thomas
Mann hat überdies später aller Öffentlichkeit in seiner Rede über
"Lübeck als geistige Lebensform" mitgeteilt, wie sehr er damals
von Vorbildern und nicht etwa von Gegenbildern abhängig war:
Die artistischen Goncourts seien es gewesen, die ihn in Bewegung
gebracht hätten, und "als weitere Vorbilder boten skandinavische
Familienromane sich an, legten sich als Vorbilder darum nahe,
weil es ja eine Familiengeschichte, und zwar eine handelsstädti-
sche, der skandinavischen Sphäre schon nahe, war, die mir vor-
schwebte".[19] Und was er konzipierte, war in der Tat nach dem
Vorbild der Romane Alexander Kiellands und Jonas Lies geschrieben. Das waren produktive, positive Abhängigkeiten, Thomas Mann
verstand sich aus einer direkten Nachfolge heraus. Auch für den
"Tod in Venedig" gilt ähnliches: von literarischen Vorbildern wissen wir, von Platon abgesehen, zwar eigentlich nichts, aber wir
kennen die Faktentreue der Novelle und die Abhängigkeit Thomas
Manns von der Wirklichkeit selbst und nicht wenig auch von der
eigenen Biographie. Auf jeden Fall ist die Geschichte keine Anti-
Geschichte, ebensowenig wie "Tonio Kröger". Alles sei, so hat
Thomas Mann gesagt, "einfach der Wirklichkeit abgenommen".
Auch für den "Zauberberg" gilt das in etwa noch, denn hier fehlt
ebenfalls ein antinomischer Bezug, und umso deutlicher sind bestimmte Traditionen, in denen der Roman steht: Mann hat selbst
darauf aufmerksam gemacht, in welchem Ausmaß sein Roman,
bewußt oder unbewußt, dem Gralssuchermotiv verpflichtet sei,
und er hat mit einem gewissen Stolz festgestellt, daß die Probleme des Romans die des gebildeten Publikums jener Zeit gewesen
seien. Mag man den Roman nun als Bildungsroman lesen oder auch
als Parodie darauf[20] – er bleibt auch dabei immer noch im Spiel-
raum einer so oder so genutzten Tradition, die eben schon von
sich aus eine erhebliche Variationsbreite mit sich brachte. Aber
das scheint sich jetzt radikal geändert zu haben. Die Konzeption
der Josephsromane ist undenkbar ohne eine Gegensatzhaltung,
und das betrifft nicht Äußerlichkeiten. Die antinomische Struktur
erschöpft sich auch durchaus nicht in der Umkehr der "Salammbô"-Orientierung der Geschichte gegenüber. Die Idee eines anti-
historisch erzählten historischen Romans gehört vielmehr zum
Ursprung des "Joseph", und das war nicht nur gegen Flaubert gerichtet, sondern gegen jegliche Historisierungstendenz überhaupt,
also gegen die Behandlung der Geschichte als Geschichte. Daß
diese krank und lebensunfähig mache, war natürlich nichts Neues;
Nietzsche hatte das schon in seinen "Unzeitgemäßen Betrachtun-

gen" in den Überlegungen zum "Nutzen und Nachteil der Historie"
gesagt. Aber in dieser Zeit ist der Nietzsche-Einfluß auf Thomas
Mann wohl nicht allzu hoch anzusetzen. Hinter Thomas Manns
Enthistorisierung der Historie steckt der zeitgenössische Protest
gegen historische Sehweisen und darüber hinaus auch noch gegen
den historischen Roman überhaupt. "Ich möchte die frommen
Historien", so schrieb er, "so erzählen, wie sie sich w i r k l i c h
zugetragen haben oder wie sie sich zugetragen hätten, wenn...".[21]
Im Nachsatz findet sich quasi die poetologische Rechtfertigung
des eigenen Vorhabens und zugleich das, was den Roman bei allem
Exaktheitsanspruch von der historischen Nacherzählung trennt:
der Realismus ist ein bloß fiktiver, der sich aufs deutlichste vom
Realismus der Historiographen unterscheidet. Eben das aber
machte die optimistische Grundhaltung eigentlich erst möglich.
Denn in der Nacherzählung der biblischen Mythe von Joseph und
seinem Leben übersprang Thomas Mann die Schranken des biblisch
Überlieferten und damit der bloßen Historiographie gerade dort,
wo die Geschichte, die er so ausführlich erzählte, auch nach einer
Exegese verlangte; und diese Exegese war generell lebenszuge-
wandt und zukunftsoptimistisch; das hier Erzählte war, zum erstenmal in Thomas Manns Werk, keine Niedergangs- und Untergangsgeschichte wie die der Buddenbrooks, die Aschenbachs im
"Tod in Venedig", wie "Der Zauberberg", wie "Tonio Kröger" und
viele der frühen Novellen, sondern deren überraschendes Gegenteil: die Geschichte wurde zur Verheißung und euphorischen Of-
fenbarung. Das Religionsgeschichtliche, so hat Thomas Mann noch
während der Arbeit an den Josephsromanen berichtet, habe für
ihn eine der Hauptanziehungskräfte des Gegenstandes gebildet,
und er habe Hoffnung, daß Joseph, "der Sprößling des jungen ebrä-
ischen Monotheismus", sich mit s e i n e m Pharao, "dem religiös
so kühn begabten Echnaton", gut unterhalten werde.[22] Und so
erzählte Thomas Mann denn optimistisch voran, vom Polytheismus
als einer religionsgeschichtlich älteren, wenig menschenfreundli-
chen und eigentlich verachtenswerten Phase in der Geschichte
der Menschheit zum Monotheismus als der Religion der Zukunft.
    Das ging weit über Flaubert hinaus – so weit, daß wir "Salamm-
bô" jedenfalls kaum als punctum saliens in der Entstehungsgeschichte des "Joseph" interpretieren dürfen. "Joseph und seine
Brüder" sind keine Antwort auf Flauberts Roman. Und so bleibt
die Frage, was Thomas Mann zu diesem ahistorischen historischen
Roman bewogen haben mochte. Eine Erklärung ist oft gegeben
worden und konnte sich auf Äußerungen Thomas Manns selbst
stützen: daß er hier den faschistischen Dunkelmännern den Mythos
selbst aus der Hand genommen und ihn umfunktioniert habe, um
so dem finsteren "Mythus des 20. Jahrhunderts" des Alfred Rosenberg einen neueren, besseren und humaneren Mythosbegriff entge-
genzuhalten. Das stimmt sicherlich für die weitere Entstehungszeit der Josephsromane, vor allem für die ägyptischen Teile, be-

trifft aber nicht die Urkonzeption und den ersten Abschnitt, zumal
Rosenbergs Buch ja erst 1930 erschien.

Man kann für den optimistischen, enthistorisierten Grundzug
der Josephsromane natürlich immer auch Persönliches ins Feld
führen: daß Thomas Mann sich irgendwo in seinem Helden, in Joseph also, selbst abkonterfeit hat, liegt zu sehr auf der Hand,
als daß man das übersehen könnte; daß er die persönliche Krise,
von der die Aschenbach-Erzählung noch so deutlich zeugte, hier
überwunden hat und wieder zur Idealisierung eines geheimen
Selbstbildnisses fähig geworden ist, ist allerdings nicht abzuwei-
sen, so wenig es vom Text selbst her eindeutig zu beweisen ist.
Der autobiographische Optimismus, der sich im Werk erzählerisch vielfach verhüllt, ist neu und hängt offenbar mit seinem
nach dem Kriege gewandelten Selbstverständnis zusammen, mit
seiner Sozialisierung als Schriftsteller, seiner Verankerung in
der Gegenwart. Aber viel an Erklärungen liefert das auch nicht.
Denkbar wäre schließlich noch, daß hier der psychoanalytische
Optimismus der Nachjahrhundertwende noch einmal literarisch
zum Zuge kommt und sich die Geschichte erschlossen hat. Einige
Hinweise darauf gibt es. In Thomas Manns "Lebensabriß" war bereits 1930 zu lesen: "Vorstöße der Erkenntnis, sei es ins Dunkel
der Vorzeit oder in die Nacht des Unbewußten, Erkundungen, die
sich an einem gewissen Punkte berühren und zusammenfallen,
haben das anthropologische Wissen in die Tiefen der Zeit zurück,
oder, was eigentlich dasselbe ist, in die Tiefen der Seele hinab,
mächtig erweitert, und die Neugier nach dem menschlich Frühe-
sten und Ältesten, dem Vorvernünftigen, Mythischen, Glaubens-
geschichtlichen ist rege in uns allen."[23] Das ist der Standpunkt
einer aufgeklärten Psychoanalyse, die noch der Meinung war,
daß sich die Seele wirklich ausleuchten lasse – wir haben hier
eine Spätphase der Wirkung Freuds vor uns wie ebenso ein aufge-
klärtes Geschichtsdenken, das an sich noch aus dem Historismus
stammt; Freudianismus und ein psychologisiertes Geschichtsverständnis sind hier eine sonderbare, aber für die zwanziger Jahre
des Jahrhunderts sehr charakteristische Symbiose eingegangen,
bei aller Thomas Mannschen Ablehnung der gelehrten Historien-
krämerei.

Aber im Grunde reicht das alles doch wohl nicht recht aus,
um diesen merkwürdigen Glauben an die Geschichte, an ihre produktive und humanisierende Kraft zu begründen. Denn alles eben
Genannte hat Thomas Mann weder ernsthaft beeinflußt, noch
hat er sich dagegen zur Wehr setzen müssen. Was aber gab dann
den eigentlichen Anstoß zur Niederschrift des Romans, was be-
gründete – von Flaubert als Gegenbild einmal abgesehen – die
beharrliche Konsequenz des Menschheitsoptimismus, den Glauben
an die anthropologische Aufwärtsbewegung des Menschen und
die offenbar unzerstörbare Hoffnung auf moralische und religionsgeschichtliche Fortschritte der Menschheit? Die Bildermappe

dürfte Thomas Mann d a z u ebensowenig angeregt haben wie
die Reise nach Ägypten: Beides schlug vermutlich doch nur deswegen so stark durch, weil die Prädisposition für eine optimistisch
zu lesende Josephsgeschichte schon vorhanden war. Und da wir
wissen, wie sehr sich Thomas Mann früher immer in der Nachfolge
einer Tradition, hier aber wohl mehr im Widerspruch zu einer
Position verstand, dürfen wir hier den Schlüssel zum Verständnis
der Urkonzeption vermuten, die Antwort auf die scheinbar so
einfache Frage, was ihn zum Schreiben des Josephsromans bewogen hat. Im folgenden Spätwerk ist das nicht anders als hier. Thomas Manns Goethe-Roman ist die Umkehr der Lotte-Legende
und zugleich Ausdruck seines Bemühens, eine eigentlichere Überlieferung wieder sichtbar zu machen; der "Faustus"-Roman ist
über das Nietzsche-Modell hinaus der Versuch, gegen gängige
Faust-Vorstellungen anzugehen und Faustus nicht als den fremden
Magier, sondern als das eigene innere Schicksal zu deuten. Liegt
es nicht nahe, schon hinter dem Josephsroman Vergleichbares
zu vermuten?

Wir sind damit an den nervus rerum gekommen. "Nur nichts
Gelehrt-Artistisches", hatte Thomas Mann geschrieben, nichts
Geschichtlich-Negatives und bloß Historisches, nichts allein Anti-
quarisches und vor allem keine Verfallsgeschichten, religionsgeschichtlich Prospektives und nichts Rückwärtsgewandtes – das
steht als Forderung und schriftstellerische Maxime nur zu deutlich
hinter dem ersten Teil des Josephsromans und hinter den Thomas
Mannschen Bekundungen dazu. "Man muß das Negative positiv
zu lesen verstehen", hat Thomas Mann einmal in anderem Zusammenhang gesagt,[24] und wir sind dieser Forderung nun ganz nahe.
Etwas, das Aufschluß gibt über einen entscheidenden Gegenbe-
reich zur Josephs-Welt, ist bislang noch nicht genannt worden,
geht aber aus den Werkdaten des Jahres 1924 deutlich hervor.
Im Winter 1923/24 war Thomas Mann erstmals auf die Josephsgeschichte wieder aufmerksam geworden; am 9. März 1924 erschien
sein Essay über Spengler in der "Allgemeinen Zeitung" in München;
im November wurde der "Zauberberg" veröffentlicht, im März
1925 folgte jene Ägyptenreise, die für die Josephsromane schon
direkte Vermittlungsfunktion hatte.

Die Daten allein haben natürlich noch keine Überzeugungskraft,
und man wird von daher einen Abhängigkeitsbeweis der Josephsromane von Spengler und seinem Hauptwerk nicht allein führen
können. Aber die Bekanntschaft und Auseinandersetzung mit
Spengler währte schon länger, und es lohnt sich, diese Spuren
zu verfolgen, um zu sehen, was Spengler mit Thomas Mann und
seinen Josephsgeschichten zu tun hat. Der erste Hinweis stammt
vom 12. Mai 1919, und der Zufall will es, daß beides, die Josephsgeschichte und Spengler, nebeneinander auftauchen, als Thomas
Mann an den Germanisten Philipp Witkop schreibt und ihm für
einen Hinweis dankt: "Der 'Jaákob' hat auch mir großen Eindruck

gemacht. Den Spengler kenne ich noch nicht, habe ihn aber vor-
gemerkt."[25] Kurz darauf hat Mann dann Spenglers "Untergang
des Abendlandes" gelesen. Eine Lesereminiszenz findet sich in
einem Brief an Gustav Blume vom 5. Juli 1919; sie zeigt, in welchem Ausmaß er sich mit Spengler beschäftigt hat und daß er
Schlußfolgerungen auf seine eigene Zeit hin zieht: "Man muß sich
kontemplativ stimmen, auch fatalistisch-heiter, Spengler lesen
und verstehen, daß der Sieg England-Amerika's die Civilisierung,
Rationalisierung, Utilarisierung des Abendlandes, die das Schicksal
jeder alternden Kultur ist, besiegelt und beendigt."[26] Das ist
durchaus noch ganz im Sinne Spenglers gesagt, charakteristisch
für die Endzeitstimmung Thomas Manns nach dem Weltkrieg -
aber es ist durchaus schon ein allererster Versuch, den Fatalismus
durch Heiterkeit zu überspielen, auch wenn das mehr eine verbale
Willensbekundung war als Ausdruck einer ernsthaften Kritik. 1922
hat sich aber dann die Abkehr Thomas Manns von Spengler schon
verfestigt. Vermutlich hat Mann damals die zweite, neubearbeite-
te Auflage des "Untergang des Abendlandes" in der Hand gehabt.
Für ihn ist er jetzt nur noch der "kluge Affe" Nietzsches[27] - das
bleibt er zehn Jahre lang; noch 1932 ist vom "detestablen Nietz-
sche-Parodisten Spengler" die Rede.[28] 1922 beginnen auch die
öffentlichen Äußerungen Thomas Manns zu Spengler, und hier
wird etwas von der negativen Abhängigkeit deutlich, in die Thomas Mann zu Spengler offenbar geraten war. Die Rede "Von Deutscher Republik" aus diesem Jahr enthält auch die Geschichte der
Spengler-Nähe Thomas Manns, die dann zur Spengler-Feindschaft
wurde, und die Gründe für Manns radikale Abkehr von Spengler.
Sie liegen dort, wo sie auch noch für den Erzähler der Josephsromane liegen: in dem grenzenlosen Pessimismus der Spenglerschen Lehre, gegen den Thomas Mann damals schon revoltierte.
Mann spricht bewundernd über Novalis - "Welch kühnster Gegensatz zu jener Natur- und Geschichtslehre voll falscher Unerbittlichkeit, mit der ein starker Kopf uns neulich erschütterte und
nach welcher 'Menschheit' wieder einmal nur ein leeres Wort und
ein Ungedanke, die Geschichte aber nichts als der restlos-außer-
menschlich vorbestimmte, nach ehernen Gesetzen sich vollzie-
hende Lebensablauf biologischer Einheiten sein sollte, die man
Kulturen nenne."[29] Hier ist der ganze Widerspruch Thomas Manns
bereits enthalten: Er muß Spenglers Buch als anti-humane Kampf-
schrift interpretiert haben, und schon hier wird auch deutlich,
daß vor allem Spenglers Pessimismus ihm nicht behagte - und
im folgenden bestätigt sich das alles. Thomas Manns Urteil "an
sich" ist lobend: Ein "intellektualer Roman", "durch seine musikalische Kompositionsart an Schopenhauers 'Welt als Wille und
Vorstellung' erinnernd". Aber ihm sind die Augen dafür aufgegangen, daß Spenglers kulturgeschichtliche Prophezeiungen kein po-
lemisches Mittel der Abwehr kultureller Entwicklungen gewesen
waren, sondern daß Spengler es ernst und wörtlich gemeint hatte,

und eben das führte bei Thomas Mann zum Bruch mit einer Kulturphilosophie, die er als schlechthin inhuman empfand. Er
schrieb:

> Wirklich kann man eine Sache wie die 'Zivilisation', nach
> Spengler der biologisch-unvermeidliche Endzustand jeder Kul-
> tur und nun auch der 'abendländischen', ja prophezeien – nicht
> damit sie kommt, sondern damit sie n i c h t kommt, vor-
> beugenderweise also, im Sinne geistiger Beschwörung; und
> so, dachte ich, verhalte es sich hier. Als ich aber erfuhr, daß
> dieser Mann seine Verkalkungs-Prophetie stockernst und posi-
> tiv genommen haben wolle und die Jugend in ihrem Sinn unter-
> weise [...], – da wandte ich mich ab von soviel Feindlichkeit
> und habe sein Buch mir aus den Augen getan, um das Schädli-
> che, Tödliche nicht bewundern zu müssen.[30]

Was darauf folgt, ist nur ein Ausarbeiten dieser Stellungnahme:
sie findet sich im ersten der "Briefe aus Deutschland" im "Dial",
in fast wörtlicher Wiederholung dessen, was Thomas Manns Angst
und Abscheu vor allem erweckt hatte. Die Tatsache, daß Thomas
Mann Spenglers Buch an erster Stelle erwähnt, da er "dann und
wann von dem kulturellen Leben" seines Heimatlandes berichten
wolle, spricht schon für sich und signalisiert deutlich sowohl sein
leidenschaftliches Interesse an Spenglers Buch, auch wenn sich
das nach außen hin mehr als Desinteresse gerierte, wie auch seine
ängstliche Abwehr der Spenglerschen Ideen. Spenglers Wirkung,
schreibt Thomas Mann, sei "bei weitem die sensationellste" gewesen[31] – nicht nur an sich, sondern offenbar auf Mann selbst. Von
seiner Betroffenheit zeugt auch, daß er sich nicht eigentlich mit
Spenglers Gedanken auseinandersetzt oder sie, wie er das sonst
zu tun pflegt, einfach nur referiert. Thomas Mann polemisiert
vielmehr gegen Spengler, spricht vom fatalen Spengler, vom "De-
faitisten der Humanität"[32] und von Spenglers eigentümlich vexa-
torischer Erscheinung,[33] vom "Snob" und von der Verhöhnung
des Geistes durch ihn,[34] und er kann doch nicht leugnen, wie sehr
er die Auseinandersetzung mit Spengler als persönliche Verteidigung geführt hat. Er gibt das auch freimütig zu, wenn er am
Schluß schreibt: "Es spricht für die Kräfte eines Buches, an das
ich nicht glaube, daß es mich verführte, den mir freundlich gebo-
tenen Raum mit seiner Besprechung allein schon zu überschreiten." Das ist keine harmlose captatio benevolentiae, sondern bit-
terer Ernst; Thomas Mann muß Spenglers Ideen als eine geradezu
tödliche Bedrohung seiner eigenen Vorstellungen empfunden haben. 1924 folgte dann auch für deutsche Leser "Über die Lehre
Spenglers" – bis in den Wortlaut hinein an vielen Stellen aus dem
amerikanischen "Dial"-Bericht übernommen, in der eigenen Haltung und Einstellung zu Spengler unverändert, festgefahren. Der
abschließende Hinweis auf die eigentümlich fascinativen Kräfte

des Spenglerschen Buches fehlt. Umso starrer ist die Position
dessen, der Spengler "zur großen Zahl der modernen Figuren"
rechnet, "die unangenehmerweise lehren, was ihnen nicht zukommt".[35] Und danach kommt dann eben nur noch der "detestable
Nietzsche-Parodist Spengler" aus dem Jahre 1932 – ein vorläufiges
Schlußwort, noch vernichtender vielleicht als das, was Thomas
Mann zehn Jahre davor über Spengler geschrieben hatte. Das ausführlichere Schlußwort aber waren die Josephsromane, die eben
alles das zu widerlegen suchten, was Mann an Spengler als kultur-
und menschenfeindlich erkennen zu müssen geglaubt hatte.[36]

Für Einzelheiten des Spenglerschen Buches dürfte Thomas Mann
sich damals noch nicht interessiert haben. Umso problematischer
erschien ihm die Generalperspektive als solche. Spengler hielt
den metaphysischen Boden des Abendlandes für erschöpft und
die Zivilisation für das "unausweichliche S c h i c k s a l   einer
Kultur":[37] "Zivilisationen sind die ä u ß e r s t e n und k ü n s t -
l i c h s t e n Zustände, deren eine höhere Art von Menschen fähig
ist. Sie sind ein Abschluß; sie folgen dem Werden als das Gewordene, dem Leben als der Tod, der Entwicklung als die Starrheit
[...]." Derartige Sätze beschäftigten Thomas Mann wohl ebenso
wie Spenglers Feststellung, daß sich dieses Endstadium einer Kultur zwangsläufig vollziehe. An sich waren ihm derartige Gedanken
nicht unvertraut. Denn das kannte er in etwa alles schon aus
Nietzsches "Vom Nutzen und Nachteil der Historie für das Leben".
Aber was dort als Möglichkeit und Forderung erschien, nämlich
ein paganes, unhistorisch begründetes Leben, war bei Spengler
verneint, und so wurde zur Unmöglichkeit, was bei Nietzsche
gerade als Möglichkeit des Lebens seinen Wert hatte. Gegen all
das aber schrieb Thomas Mann seinen "Joseph"; und die Struktur
des Romans läßt durchaus erkennen, in welchem Ausmaß die Josephsgeschichte sich gegen Spengler orientierte. Nicht nur, daß
Thomas Mann sich ebenfalls in die Frühzeiten der Menschheitskul-
tur hineinbegab, wie Spengler; in Manns zentralem Begriff des
"Segens" wurde eben das umgekehrt, was Spengler als Todesurteil
der Kultur dargestellt hatte. "Segen", die zukunftsträchtige Verheißung, wurde im Verlauf des Romans zu nichts Geringerem als
zum Gegenprinzip des Spenglerschen S c h i c k s a l s gedankens;
die Geschichte, für Spengler in der Nachfolge von Ideen des 19.
Jahrhunderts, wie sie etwa Ernst von Lasaulx propagiert hatte,
ein trostloser Kreislauf, wurde in den Josephsromanen zu Fortschritt und Segenserfüllung; das Ich löste sich, wie bei Spengler,
nicht auf, sondern war die Zukunftsverheißung im Stadium des
Nomaden- und Herdendaseins; und gegen das einlinige "Einst"
Spenglers setzte Thomas Mann den Doppelsinn von "Einst", die
"Mischung aus Mär und Verkündigung".[38] Mythos, für Spengler
Vergangenes aus der Frühzeit der Kulturen, war für Thomas Mann
zugleich als Gegenwart möglich; und es ist deutlich zu sehen,
daß es ihm dahinter auch um eine Verteidigung Nietzsches gegen

seinen klugen Affen ging; Thomas Mann nahm Nietzsche in Schutz vor seinem unbotmäßigen Jünger.

Das schließt freilich nicht aus, daß Thomas Mann einiges an Einsichten von Spengler übernommen hat. Am deutlichsten dürfte das bei dem Begriff der "Sorge" geschehen sein. Spengler hatte die Hochkultur der Ägypter als Inkarnation der Sorge um die Zukunft gekennzeichnet[39] und geradezu von "sorgenvollen Staatsbildungen" gesprochen; ägyptisch war für Spengler die "umfassende Sorge für dauerhafte wirtschaftliche Zusammenhänge"[40] und damit auch die Überwindung eines leichtsinnigen Individualismus. Ähnliches findet sich auch bei Thomas Mann in den ägyptischen Teilen seines Romans, in der Sorge um das Nachleben der Toten ebenso wie in der Wirtschaftsvorsorge. Im Roman erscheint Joseph als "Mann der Vorsorge und der Austeilung", als "Herr des Überblicks",[41] und Josephs Inauguration als oberster Wirtschaftsadministrator wirkt wie eine Illustration dessen, was Spengler zum ägyptischen Vorsorgedienst geschrieben hatte. Doch Thomas Mann hat hier schon Spenglers Feststellungen umfunktioniert: Bereits Jaakob erscheint als der Sorgende und Vorwärtsdenkende, und es ist Joseph, der die neue Wirtschaftsordnung entwirft, kein Ägypter also; auch hier hat Thomas Mann das nach Spengler den Ägyptern Eigentümliche in die für ihn eigentlichere Menschheitsgeschichte transferiert und damit aus der bloßen Zukunftssorge nach den Erfolgen Josephs so etwas wie eine Segenserfüllung gemacht, und er hält sich am Ende eben nicht an Spenglers Charakteristik, sondern an die Bibel als Menschheitsbuch. Daß Spengler dennoch Thomas Mann in gewissem Sinne vorgearbeitet hatte, indem er die Sorge als einen gemeinsamen "Grundzug Ägyptens und des Abendlandes" herausstellte und damit nicht als Charakteristikum allein der ägyptischen Kultur, gehört zu den Paradoxien dieser Beziehung. Thomas Mann wurde der Transfer der Vorsorgehaltung von den Ägyptern auf die Israeliten zweifellos erleichtert, wenngleich am Ende Spenglers Feststellungen dadurch ins Gegenteil verkehrt wurden, da die Ägypter in Manns Roman zu eben dem unfähig waren, was Spengler ihnen zugeschrieben hatte.

*

Was Thomas Mann so sehr gegen Spengler aufbrachte, da er sich zunehmend als Antipoden Spenglers sah, da er mit seinem Josephsroman eine Art Aufgang des Morgenlandes gegen Spenglers "Untergang des Abendlandes" schrieb, das läßt sich nur vermuten. An sich hätte ihm die Niedergangsstimmung und Verfallsphilosophie sehr willkommen und verwandt sein müssen; in seinen frühen Novellen und Romanen hat er schließlich selbst nichts anderes als Untergangsgeschichten geschrieben und im Sinne Spenglers Zivilisatorisches erzählt, und was ihn mit Spengler ebenfalls ver-

band, war die gemeinsame kritische Haltung allem Zivilisatorischen gegenüber. Vor allem aber war beiden ein autobiographisches Moment im Schreiben und Darstellen gemeinsam. Spengler
hat sich in seinem Vorwort zur Auflage von 1922 deutlich genug
ausgesprochen, wenn er vom "Denker" und damit von sich schrieb:
"Er hat keine Wahl. Er denkt wie er denken muß, und wahr ist
zuletzt für ihn, was als Bild seiner Welt mit ihm geboren wurde.
Es ist das, was er nicht erfindet, sondern in sich entdeckt. Es
ist er selbst noch einmal, sein Wesen in Worte gefaßt, der Sinn
seiner Persönlichkeit als Lehre geformt, unveränderlich für sein
Leben, weil es mit seinem Leben i d e n t i s c h ist."[42] Das hätte
Thomas Mann auch von sich sagen können und hat das auch so
oder so ähnlich gesagt. Es gibt geheime Identitäten zwischen
Spengler und Thomas Mann, und es mag das Verwandte gewesen
sein, was Mann 1924 gesehen und auch gefürchtet hat. Daß diese
Verwandtschaft noch weitergeht, zeigt sich an weiterem. Spengler
hat sein Werk schon 1917 wie Thomas Mann seine Bücher und
vor allem den "Zauberberg", an dem er ja noch schrieb, als "einen
Kommentar zu der großen Epoche" verstanden, "unter deren Vor-
zeichen die leitenden Ideen sich gestaltet haben".[43] Und von Thomas Mann könnte zumindest dem Sinne nach auch stammen, was
Spengler abschließend in sein Vorwort zur Ausgabe von 1922 über
seinen Hauptgedanken schrieb: "Er gehört der ganzen Zeit; er
ist im Denken aller unbewußt wirksam und allein die zufällige
private Fassung, ohne die es keine Philosophie gibt, ist mit ihren
Schwächen und Vorzügen das Schicksal – und das Glück – eines
Einzelnen."[44] Wenn Thomas Mann in dieser Zeit von sich sagte,
daß er nur von sich zu sprechen brauche, um auch der Zeit, der
Allgemeinheit die Zunge zu lösen, so ist das eben das gleiche als
schriftstellerische Erfahrung, was Spengler als Forderung und
Feststellung formulierte. Darüber hinaus haben beide einige geistige Ahnherren gemeinsam. Spengler hatte daraus kein Hehl gemacht und sich im Vorwort zum "Untergang des Abendlandes"
in aller Deutlichkeit zu zweien bekannt: "Zum Schlusse drängt
es mich, noch einmal die Namen zu nennen, denen ich so gut wie
alles verdanke: Goethe und Nietzsche. Von Goethe habe ich die
Methode, von Nietzsche die Fragestellungen, und wenn ich mein
Verhältnis zu diesem in eine Formel bringen soll, so darf ich sagen: ich habe aus seinem Ausblick einen Überblick gemacht."[45]
Goethe und Nietzsche gehörten ebenfalls zum Fixsternhimmel
Thomas Manns, und er hat das auch klar gesehen und sich gegen
die so unangenehme Nachbarschaft später, 1936, noch einmal
ausdrücklich verwahrt, wenn auch nur privatim: "Was ihn mir
(nach einem Getroffensein durch sein Hauptwerk) so widerwärtig
machte, war gerade eine gewisse Verwandtschaft der Herkunft
und der geistigen Neigungen zwischen uns: Auch er hatte von
Nietzsche hauptsächlich den Sinn für 'Verfall' übernommen – sein
Interesse gilt tatsächlich vor allem dem Verfall seiner Kultur-

Pflanzen – , und ich erinnere mich wohl, daß man den 'Unterg. d. Abendl.' bei seinem Erscheinen gelegentlich mit 'Buddenbrooks' in Beziehung gebracht hat."[46] Gegen seine eigenen Wurzeln konnte Thomas Mann bei aller Aversion gegen Bruder Spengler nicht gut angehen, aber er hat später eben doch aufs Bestimmteste sein Nietzsche-Verständnis gegen das seines fatalen Nebenbuhlers im Bereich der Dekadenz-Darstellungen abgehoben, und was ihn bei Spengler besonders störte, war dessen "falsche Mißachtung der menschlichen Freiheit". Das hatte Thomas Mann schon 1924 in seinem Spengler-Essay zum deutlichsten Ausdruck gebracht, voller Protest gegen die Lieblosigkeit der Spenglerschen Darstellung und die "Nichtachtung des Menschlichen". Aber die eigentümliche Verwandtschaft blieb allen diesen Protesten zum Trotze bestehen und zumindest für Thomas Mann selbst auch sichtbar. Von dorther erklärt sich vielleicht nicht nur die so langdauernde Auseinandersetzung mit dieser Geschichtsphilosophie sub specie mortis, sondern auch die Reizbarkeit und Schärfe, mit der sie geführt wurde – wie später auch noch die mit einem anderen "Bruder", nämlich mit "Bruder Hitler". – Die Identität geht noch einen letzten Schritt weiter, bis zur Antwort auf die Frage nach dem Sinn des eigenen Tuns. Thomas Mann hatte seine "Betrachtungen eines Unpolitischen" als Kriegsdienstersatz verstanden; Spengler schließt sein Vorwort mit dem Satz: "Ich habe nur den Wunsch beizufügen, daß dies Buch neben den militärischen Leistungen Deutschlands nicht ganz unwürdig dastehen möge."[47] Im gleichen Jahr 1917 waren die "Betrachtungen eines Unpolitischen" im wesentlichen abgeschlossen. Zivilisation, im Fahrwasser Nietzsches, bei Spengler als Endstadium der Kultur einerseits, Thomas Manns Attacken auf den Zivilisationsliteraten andererseits: die Unterschiede sind graduell, nicht grundsätzlicher Art.

Von dorther gesehen ist zumindest auf den ersten Blick hin nicht recht verständlich, was Thomas Mann so sehr von Spengler trennte. Die Erklärung liegt jedoch bei Mann selbst und ist etwa von der in den "Betrachtungen eines Unpolitischen" beschriebenen Wandlung Thomas Manns aus schließlich doch einsichtig. Es ist seine Wandlung zur Sozialität, zur Repräsentativität, zum Schriftstellerischen und vom bloß Künstlerischen weg; 1922 war sie schon beendet, und damit wird deutlich, was Mann an Spengler eigentlich mitbekämpfte: einen eigenen, überwundenen Standpunkt. Thomas Mann hatte sich auch mit dem "Zauberberg" als Zeitschriftsteller verstanden, und der Schluß des Romans deutet zumindest die Möglichkeit zur Überwindung der Todessehnsucht und Untergangsstimmung an; 1922, in seiner Rede "Von Deutscher Republik", hat er seinen Roman, nur wenig verschleiert, selbst so interpretiert, wenn er schrieb: "Es könnte Gegenstand eines Bildungsromans sein, zu zeigen, daß das Erlebnis des Todes zuletzt ein Erlebnis des Lebens ist, daß es zum M e n s c h e n führt."[48] Zwei Jahre später war dieser Bildungsroman erschienen, und damals, im Sommer 1922, war bereits der Kurs des "Zauberberg" festgelegt; Thomas Mann hatte sich bis zum vorletzten Kapitel in den Roman hineingeschrieben, und 1922 stand für ihn schon fest, daß er eine Metamorphose des Geistes durchgemacht hatte, "an deren Anfang die Sympathie mit dem Tode, an deren Ende der Entschluß zum Lebensdienste steht".[49] Das war für ihn der Durchbruch zum "Positiven", zur Humanität, zur Staatlichkeit, zur positiven Rechtsform der Republik, zu einem neuen Sinn des politischen und nationalen Lebens und das Gegenteil eines "würdelosen Unterganges des Individuums im Allgemeinen". Und von dorther mußte Spenglers Botschaft nur zu fatal klingen und ihm das ganze Untergangsgeläute einer überwundenen Phase noch einmal vor die Ohren bringen, die er jetzt anders zu verstehen gelernt hatte. Für einen Schriftsteller, der geschrieben hatte: "In mir lebt der Glaube, daß ich nur von mir zu erzählen brauche, um auch der Zeit, der Allgemeinheit die Zunge zu lösen, und ohne diesen Glauben könnte ich mich der Mühen des Produzierens entschlagen",[50] mußte es höchst unangenehm sein, wenn er bei Spengler las: "Allgemeingültigkeit ist immer der Fehlschluß von sich auf andere". Das traf Entscheidendes in Thomas Manns neuem oder jedenfalls neu und sichtbar formuliertem Selbstverständnis, und von daher ist die fast feindselige Auseinandersetzung mit Spengler nur zu verständlich.

So ist es zumindest partiell eine frühere eigene Haltung, die Thomas Mann in Spengler attackiert und mit der ganzen Hartnäckigkeit dessen angreift, der sich gewandelt hat. Spengler war 1922 für Thomas Mann, das hat Grützmacher schon 1926 gesehen,[51] in manchem ein ego redivivus, und das machte ihn über alle seine mißtrauische Kulturphilosophie hinaus auch persönlich außerordentlich bedrohlich. Zum neuen schriftstellerischen Selbstverständnis gehörte für Thomas Mann ein gewisser kämpferischer aufgeklärter Optimismus, der auf eine Überwindung der alten Verfallsgedanken und Untergangsstimmung hinauslief: Auch darin war ihm Spenglers Werk fatal, weil es ihm gleichsam ein Bild aus früheren Zeiten vorhielt, in denen er selbst einer unscharfen Verfallsphilosophie in extenso gehuldigt hatte, von den ersten Erzählungen an und mindestens bis zum "Tod in Venedig". Einige spätere Äußerungen Thomas Manns zu Spengler sprechen ebenfalls für eine eigentümliche Irascibilität seinem geistigen Widersacher gegenüber. Aber Mann hatte nicht nur persönliche Gründe, sich von ihm ausdrücklich zu distanzieren; die sachlichen sind ungleich wichtiger.

Spengler war ein erbitterter Feind der Weimarer Republik; daß er sie in seinen "Jahren der Entscheidung"[52] als "den Verrat des minderwertigen Teils unseres Volkes an dem starken, unverbrauchten, der 1914 aufgestanden war", sah und zur Republik selbst schrieb: "Jede Zeile sollte zu ihrem Sturz beitragen",[53] konnte Thomas Mann 1922 freilich noch nicht wissen, denn Spengler hat das ja erst 1933 veröffentlicht. Aber er hat das eigentümlich Unrepublikanische an Spenglers Haltung wohl schon 1922 aus dem "Untergang des Abendlandes" herausgelesen. Thomas Mann aber war ein ebenso erbitterter Verteidiger der Weimarer Republik wie Spengler ihr Kritiker, und er war zweifellos, vor allem im Verhältnis zu Frankreich, geradezu so etwas wie einer ihrer intellektuellen Botschafter. Sein erster deutlicher Angriff auf Spengler findet sich nicht zufällig in der Rede "Von Deutscher Republik" von 1922. Es kam hinzu, daß Spenglers kulturmorphologische Betrachtungsweise ihm als inhuman und antiaufklärerisch erscheinen mußte; nichts aber hat Thomas Mann in den zwanziger Jahren bis hin zur Lessing-Rede glühender verteidigt als eben die Aufklärung, die er gegen das "chthonische Gelichter" der Nazis beschwor.[54] Das war um 1924 noch nicht aktuell – aber Thomas Mann hat dann 1929, in seinem Spengler-Aufsatz, hinter dem Boshaft-Apodiktischen der Untergangslehre und hinter der wissenschaftsfeindlichen Unerbittlichkeit das Wiederaufkommen des Cäsarismus vorhergesehen, angeregt durch Spenglers Voraussagen. "Ein Cäsar kann und wird wiederkommen, ein Goethe niemals", schrieb Thomas Mann damals,[55] und er gab schon in diesem Essay Spengler zumindest indirekt die Schuld daran, daß der das wußte, aber nichts dagegen zu unternehmen gewillt war – und von dorther wird nur zu verständlich, daß er dann bald darauf in Spengler vor allem den gedanklich militanten Propheten des faschistischen Herrenmenschen sah. Von Fichtes und des Turnvater Jahns Teutomanismus führe ein Weg in wachsender Verwilderung zu "Oswald Spengler, dem klugen Affen Nietzsche's, zu Carl Schmidt [!], dem Theoretiker des deutschen Faschismus und zu Rosenbergs 'Mythus des zwanzigsten Jahrhunderts,'" hieß es später[56] – das Epitheton vom klugen Affen war geblieben, die fatale Wirkungsgeschichte Spenglers aber kam für Thomas Mann höchst folgerichtig noch hinzu. Noch schärfer ist die Abrechnung dann 1947 in dem späten Aufsatz "Nietzsches Philosophie im Lichte unserer Erfahrung"; dort wird Spengler nicht nur zum klugen, sondern vor allem zum malignen Affen Nietzsches:

Bei Spengler, seinem klugen Affen, ist der Herrenmensch seines Traumes zum modernen 'Tatsachenmenschen großen Stils', zu dem über Leichen gehenden Raub- und Profitmenschen, zum Geldmagnaten, Rüstungsindustriellen, zum deutschen Generaldirektor geworden, der den Fascismus finanziert, – kurz, Nietzsche wird bei ihm in stupider Eindeutigkeit zum philosophischen Patron des Imperialismus, – von dem er in Wahrheit nichts verstanden hat. Wie hätte er sonst dem Händler-, dem Krämergeist, den er für pazifistisch hält, auf Schritt und Tritt seine Verachtung erweisen und ihm den heldischen, den Geist des Soldatentums rühmend entgegenstellen können? Das Bündnis von Industrialismus und Militarismus, ihre politi-

sche Einheit, in welcher der Imperialismus besteht, und daß
es der Geist des Verdienens ist, der die Kriege macht, das
hat sein 'aristokratischer Radikalismus' überhaupt nicht gesehen.[57]

Das zeigt, daß die Spengler-Feindschaft nicht auf die Anfänge
des Josephsromans beschränkt geblieben war. Thomas Manns Satz,
daß er mit seinen Romanen den faschistischen Dunkelmännern
den Mythos aus der Hand habe nehmen wollen, ist nicht nur auf
Rosenberg zu beziehen, sondern zweifellos auch auf Spengler
als Rosenbergs geistigem Ahnherrn – und so verschärft sich eigentlich noch die Abwehrhaltung Thomas Manns seinem ihm so
unangenehm gewordenen Zeitgenossen gegenüber. Er dachte immer in Geschichtslinien, klaren Abhängigkeiten und direkten
Nachfolgen, und Spenglers Art stand für ihn fest. Daß er bei
Spengler nicht nur eine politische Fehlleistung sah, geht schon
aus Thomas Manns Rede über "Die Stellung Freuds in der modernen Geistesgeschichte" von 1929 hervor, aus dem gleichen Jahr,
in dem er öffentlich den Faschismus in aller Schärfe angriff. Dort
wird Spenglers Geschichtspessimismus verantwortlich gemacht
für "gegenwärtigste Stimmungen und Denkformen" und für das
"eigentümliche psychologische Zusammenfallen von Geistesunglauben und Geisteshaß".[58] Nach Spenglers Tod hat Thomas Mann
in einer Tagebuchnotiz Spengler schließlich eine "Geschichtshyäne" genannt – "wirklich hat seine tier-geistige Person mehr
Ähnlichkeit mit einer Hyäne als mit einem Löwen. Die umgekehrte [...] Romantik seiner Raubtier-Anthropologie".[59] Eben das
hat Thomas Mann auch an den Nazis bekämpft, und er sah in
Spengler und seinen Jüngern auch 1936 noch einen fundamentalen
Angriff auf seine eigene geistige Existenz. So schrieb er die Geschichte vom Aufgang des Morgenlandes gegen den Untergang
des Abendlandes, den Spengler vorbereitet hatte und der sich
1936 zu erfüllen begann, erst recht weiter.

*

Es sieht so aus, als sei die Geschichte der Auseinandersetzung
Thomas Manns mit Spengler eigentlich schon um 1930 an ein Ende
gekommen, sieht man von der Bemerkung über Spengler im Nietzsche-Aufsatz von 1947 einmal ab. Aber es gibt darüber hinaus
eine subtilere und dennoch schärfere, radikalere und vernichtendere Abrechnung mit Spenglers Geist, der für Thomas Mann
zum Ungeist geworden war, und diese vollzieht sich in dem Roman, der von der Nachfolge Nietzsches handelt, also im "Doktor
Faustus"; der zieht einen endgültigen Schlußstrich unter die negative Beziehung zu Spengler, die nach außen hin mit dem großen
Spengler-Essay abgeschlossen schien, die subkutan aber weitergeführt wurde. Natürlich ist nicht jener Maler Baptist Spengler aus

dem "Doktor Faustus" gemeint, der in der Münchener Gesellschaft
eine bescheidene Rolle gespielt hatte. Baptist Scherer hieß der
Maler eigentlich, der im Hause der Mutter Thomas Manns verkehrt
hatte und der im Roman als Baptist Spengler wiederkehrt. Baptist
Spengler hat sein literarisches Eigenleben schon in einer Notiz
aus den Vorstudien - aber dort ist er eben nur mit seinem Namen
vertreten, und nichts signalisiert irgendeine Bedeutsamkeit, zumal er eine Münchener Salonfigur ist und damit letztlich ein an-
thropomorphes Füllsel, nicht mehr. Im Roman selbst bleibt die
Person Spenglers unauffällig bis zur Harmlosigkeit, trotz "allge-
meiner Sympathie für das Unalltägliche, ja Ausgefallene" auf
seiner Seite.[60] Spengler hat auch als Maler Nietzsche allerdings
gelesen, und er kennt, wenn möglicherweise auch gar nicht immer
aus erster Hand, die Kontradiktion von Leben und Krankheit, von
starken und schwachen Naturen, und über einen ästhetisierenden
Privatdozenten der Kunstgeschichte vermag er sich treffend auszudrücken, da er ihn jenem Typus zurechnet, der, " 'während ihm
die Schwindsucht auf den Wangenknochen glüht, beständig schreit:
Wie ist das Leben so stark und schön!' "[61] Aber das ist eine ziemlich harmlose Nietzsche-Reminiszenz, eine Salongeistreichelei,
und mit Spengler, dem anderen und eigentlichen Spengler, hat
das alles nichts zu tun.

Aber es gibt ihn, Oswald Spengler, dennoch in diesem Roman,
wenn auch unter falschem Namen. Es ist der Privatgelehrte Dr.
Chaim Breisacher, dem wir im gleichen Salon wie dem anderen,
harmlosen Spengler begegnen, aber Breisacher ist alles andere
als harmlos, und wir erfahren auch sofort, warum. Die Person
des Chaim Breisacher ist die

eines hochgradig rassigen und geistig fortgeschrittenen, ja
waghalsigen Typs von faszinierender Häßlichkeit, der hier,
offenbar mit einem gewissen boshaften Vergnügen, die Rolle
des fermentösen Fremdkörpers spielte. Die Hausfrau schätzte
seine dialektische Redefertigkeit, die übrigens stark pfälze-
risch getönt war, und seine Paradoxalität, die die Damen mit
einer Art von prüdem Jubel die Hände über dem Kopf zusam-
menschlagen ließ. Ihn selbst angehend, so war es wohl Snobismus, der ihn sich in diesem Kreise gefallen ließ, nebst dem
Bedürfnis, die elegante Einfalt mit Ideen in Erstaunen zu setzen, die am Literaten-Stammtisch wahrscheinlich weniger
Sensation gemacht hätten. Ich [ist das Zeitblom, ist das Thomas Mann?] mochte ihn nicht im mindesten, sah immer einen
intellektuellen Quertreiber in ihm und hielt mich überzeugt,
daß er auch Adrianen widerwärtig war, obgleich es aus mir
nicht ganz klaren Gründen niemals zu einem näheren Austausch zwischen uns über Breisacher kam. Aber seine witternde
de Fühlung mit der geistigen Bewegung der Zeit, seine Nase
für ihre neuesten Willensmeinungen habe ich nie geleugnet,

und manches davon trat mir in seiner Person und seinem Salongespräch zuallererst entgegen.[62]

Über die Identität kann nicht der geringste Zweifel sein, auch wenn nicht vom Snobismus die Rede wäre; ebensowenig bleibt zweifelhaft, was Zeitblom von ihm hält. Thomas Mann denkt nicht besser über ihn als sein erzählendes und erzählerisches Gegenbild, das ja eigentlich ein gewesenes Ebenbild ist. Wir wissen das aus seinen Notizen, in denen neben dem gutmütig-nichtssagenden Baptist Spengler der gefährlichere Spengler figuriert, und zwar nicht bloß als Snob: "Der jüdische Gelehrte Dr. Chaim Breisacher [ursprünglich Schalom Mainzer] oder Rüdesheimer oder Mondstein, Karfunkelstein. M y s t i k e r u n d F a s c h i s t."[63] Deutlicher hätte Thomas Mann den klugen Affen Nietzsches kaum apostrophieren können. Daß er Privatgelehrter war, wußte damals jedermann, ebenso kannte man seine zurückgezogene Rolle, seine Häßlichkeit: Daß es zu keinem Austausch zwischen Zeitblom und Leverkühn über Breisacher kam, entspricht vollkommen der nicht vorhandenen Kommunikation zwischen Thomas Mann und Spengler.

Aber im Roman kommt es noch deutlicher, und Thomas Mann zögert nicht, nach der Person des Breisacher auch noch sein Werk zu denunzieren. Es heißt weiter:

> Er war ein Polyhistor, der über alles und jedes zu reden wußte, ein Kulturphilosoph, dessen Gesinnung aber insofern g e g e n die Kultur gerichtet war, als er in ihrer ganzen Geschichte nichts als einen Verfallsprozeß zu sehen vorgab. Die verächtlichste Vokabel in seinem Munde war das Wort 'Fortschritt'; er hatte eine vernichtende Art, es auszusprechen, und man fühlte wohl, daß er den konservativen Hohn, den er dem Fortschritt widmete, als den wahren Rechtsausweis für seinen Aufenthalt in dieser Gesellschaft, als Merkmal seiner Salonfähigkeit verstand. Er hatte Geist, aber keinen so recht sympathischen [...].[64]

Dann folgen im Roman lange Gesprächssituationen, die eben das dokumentieren, was Zeitblom, was Thomas Mann über Breisacher denkt; und das Kapitel schließt mit dem Satz: "Jedenfalls habe ich die neue Welt der Anti-Humanität, von der meine Gutmütigkeit gar nichts wußte, damals [...] durch eben diesen Breisacher zuerst zu spüren bekommen."

Ist Breisacher auch im Gespräch nur ein dem Spengler vertrackt ähnlicher Anhänger dieser fatalen Kultur- oder vielmehr Antikulturphilosophie oder ist es Spengler selbst? Die Frage ist natürlich letztlich nicht zu beantworten, aber sie ist eigentlich auch unerheblich. Lebendig ist hier der Geist, der Ungeist Spenglers. Was Thomas Mann eigentlich dachte, hat er ja ohnehin in seiner Notiz über das Personal seines Romans ausgesprochen, und das ist das schärfste Urteil von seiten des Aufklärers Thomas Mann, der Lessing gegen den ankommenden Barbarismus verteidigt hatte, gegen das Dunkelmännertum und das "chthonische Gelichter", das sich ans Tageslicht gewagt hatte, als er schrieb: "Mystiker und Faschist".

So kann es denn über das Urteil Thomas Manns keinen Zweifel geben. Aber es ist mit dieser Charakteristik des letztlich barbarischen Kulturphilosophen allein nicht getan. Da Thomas Mann wußte, daß Nietzsche der Ahnherr der klugen Affen-Philosophie gewesen war, der gelehrte Polyhistor mit seinem Werk aber die lebendigste Verkörperung des Untergangs des Abendlandes – lag es da nicht nahe, im Zusammenbruch Deutschlands eben die Erfüllung dessen zu sehen, was Spengler mit seinem Buch beschrieben hatte? "Doktor Faustus" ist nichts anderes als die Beschreibung des Untergangs des Abendlandes. Kurz nach dem Auftritt Breisachers bricht in der Chronologie des Romans der Erste Weltkrieg aus – daß diese innere Chronologie nicht identisch ist mit der äußeren, da Spengler ja erst nach dem Ersten Weltkrieg den "Untergang des Abendlandes" prophezeit hatte, spielt keine Rolle oder nur insofern eine, als dieser Erste Weltkrieg den "Untergang des Abendlandes" einleitete, bevor die dazugehörige Dekadenzphilosophie geschrieben war. Aber wir wissen ja, daß die innere Chronologie des Romans der wirklichen zuwiderläuft oder vielmehr: daß die innere Chronologie von einer höheren Warte aus "richtig" ist, auch wenn sie im Widerspruch zur äußeren steht. Denn Leverkühns geistiger Zusammenbruch ereignet sich 1930, der Deutschlands 1945 – oder ist auch hier nicht die Romanchronologie letztlich exakter, als für Thomas Mann schon 1930 unabänderlich feststand, daß der Nationalsozialismus des Teufels war und eigentlich nicht mehr zu bändigen? Diese Argumentation gewinnt noch, wenn man erneut bedenkt, daß Nietzsche Spenglers Lehrer im Geiste war: Da der Zusammenbruch Deutschlands am Beispiel der vita Nietzsches demonstriert wird, liegt es nahe, die Linien über Spengler hinaus nach rückwärts auszuziehen, und das würde besagen: Erscheint Spengler als Radikalisierer der Ideen Nietzsches, dann gehört auch Nietzsche selbst zu den ideologischen Wegbereitern des Faschismus. Natürlich hat Nietzsche den nicht gewollt – aber innerhalb der Kette der historischen Folgerungen, also a posteriori gesehen, hat Nietzsche schon prophezeit, was Deutschland dann zum Verhängnis wurde: und so steht er doch irgendwie im Hintergrund dieser nationalen und europäischen Verfallsgeschichte, und daß diese sich im Roman an seinem Schicksal um 1930 endgültig abzeichnet, ist wiederum in einem höheren Sinne "richtig".

Es kann also wenig Zweifel geben, daß das Aufkommen des Faschismus Thomas Mann noch einmal zur intensiven Beschäftigung mit Spengler gebracht hat, auch wenn die Briefe und Tagebücher nach 1933 wenig über Spengler enthalten. Dabei gehört

zur Paradoxie der Verhältnisse, daß Spengler selbst vom Auftauchen der Nazis alles andere als begeistert war; der "pöbelhafte
Charakter" der "nationalen Umwälzung"[65] war ihm zuwider, und
er schrieb: "Es gelangen Elemente zur Macht, welche den Genuß
der Macht als Ergebnis betrachten und den Zustand verewigen
möchten, der nur für Augenblicke tragbar ist. Richtige Gedanken
werden von Fanatikern bis zur Selbstaufhebung übersteigert. Was
als Anfang Großes versprach, endet in Tragödie oder Komödie."
Und noch deutlicher hat er die nationalsozialistische Partei "die
Organisation der Arbeitslosen durch die Arbeitsscheuen" genannt.[66]

Alles das hat Thomas Mann wohl nicht gekannt; jedenfalls hat
er nicht darauf reagiert. Sein Spengler-Bild war fertig. Eine Notiz
vom 30. Dezember 1934 ist jedoch besonders aufschlußreich. Thomas Mann spricht dort von der

> Verhunzung ehemalig echter Geistes- und Geschichtsphäno-
> mene, wie es sich etwa in dem Verhältnis Spenglers zu Nietz-
> sche und Schopenhauer, des National-Sozialismus zur Refor-
> mation erweist.Es scheint, daß es sich nicht mehr um echte
> Geschichte, sondern um humbughafte und verderbte Nachspiele
> und Nachahmungen handelt, um Schwindel-Geschichte. Was,
> soviel ich sehe, noch nicht da war und keine Nachahmung ist,
> ist das bewußte Über Bord werfen menschheitlicher Errun-
> genschaften und das Zurückgehen auf frühere Zustände, der
> moralische Anachronismus aus Haß auf Vernunft und Fort-
> schritt (hauptsächlich in Deutschland zu Hause).[67]

So sah Thomas Mann den "Untergang des Abendlandes" gewissermaßen in dem Auftauchen Spenglers nach Nietzsche und dem
der Nazis nach der Reformation tatsächlich dokumentiert. Daß
er Spengler also selbst einbezog in die abendländische Verfallsgeschichte, war dabei nicht einmal eine besondere Bosheit Thomas
Manns seinem Widersacher gegenüber, sondern ein Versuch, das
Phänomen Spengler geschichtlich zu sehen, um eben der humbug-
haften Geschichte zu widersprechen. Wichtiger aber noch als
sein Bemühen, Spenglers Geschichtssicht in seine eigene, umfassendere zu integrieren, ist die eigentümliche Konfiguration dieser
Namen. Nietzsche und Spengler, die Reformation und die Nazis:
es ist das Kräfteparallelogramm des "Doktor Faustus", das hier,
nach jenem ursprünglichen Plan von 1905, zum erstenmal deutlich
durchscheint, und zwar so, wie es sich fast ein Jahrzehnt später
erzählerisch realisieren wird. Auch hier stellt sich über Spengler
also eine Beziehung zwischen den Josephs-Romanen und dem
"Doktor Faustus" her.

Möglicherweise hat Thomas Mann später, als er den "Doktor
Faustus" schrieb, sogar wissentlich oder unwissentlich einiges
direkt übernommen. Bei Spengler findet sich ein Kapitel "Apolli-

nische, faustische, magische Seele" – eine zentrale Unterscheidung im "Untergang des Abendlandes". Faustisch, so heißt es dort, "ist ein Dasein, das mit tiefster Bewußtheit geführt wird, das sich selbst zusieht, eine entschlossen persönliche Kultur der Memoiren, Reflexionen, der Rück- und Ausblicke und des Gewissens".[68] Lebt so nicht Adrian Leverkühn? Als "Heimat der faustischen Seele" gilt Spengler "die grenzenlose Einsamkeit",[69] und von dieser Einsamkeit der faustischen Seele ist wiederholt die Rede – und nur zu auffällig assoziiert sich hier der Satz Zeitbloms über Leverkühn aus dem ersten Kapitel des "Doktor Faustus": "Ich möchte seine Einsamkeit einem Abgrund vergleichen, in welchem Gefühle, die man ihm entgegenbrachte, lautlos und spurlos untergingen."[70] Am auffälligsten ist in diesem Zusammenhang aber vielleicht die Bemerkung Spenglers, daß die faustische Musik alle anderen Künste beherrsche,[71] und das geht bis in Einzelheiten, wenn Spengler schreibt: "Der Ursprung dieser Tonsprache liegt in den endlich erreichten Möglichkeiten unsrer tiefsten und innerlichsten, der Streichmusik, und so gewiß die Geige das edelste aller Instrumente ist, welche die faustische Seele ersann und ausbildete, um von ihren letzten Geheimnissen reden zu können, so gewiß liegen ihre jenseitigsten, heiligsten Augenblicke völliger Verklärung im Streichquartett und der Violinsonate."[72] Adrian Leverkühn komponiert Streichquartette,[73] und für seinen Freund Rudi Schwerdtfeger schreibt er ein Violinkonzert.[74] Es ist die Beethoven-Sonate Opus 111 (eine Klaviersonate allerdings), an der Kretzschmar Leverkühn einen "Prozeß der Auflösung", einen "Exzeß an Grübelei und Spekulation", einen "Übermaß an Minutiosität und musikalischer Wissenschaftlichkeit" erkennen lehrt.[75] Aber wie dem auch im einzelnen sei: daß Faustus Musiker ist, scheint ebenfalls auf Spenglers Einfluß hinzudeuten. Schließlich teilen Spengler und Thomas Mann die Begeisterung für Wagner, und Mann wird aufmerksam gelesen haben, wenn Spengler schrieb: "Im Tristan stirbt die letzte der faustischen Künste. Dies Werk ist der riesenhafte Schlußstein der abendländischen Musik."[76] Bei Thomas Mann ist es "Dr. Fausti Weheklag", im Romangefüge ein nicht weniger riesenhafter Schlußstein. So haben wir denn im "Doktor Faustus" gewissermaßen doch die Geschichte vom "Untergang des Abendlandes", geschrieben nach der Geschichte vom Aufgang des Morgenlandes.

Damit aber stellt sich zwangsläufig eine letzte Frage: widerlegt "Doktor Faustus" den Roman von "Joseph und seinen Brüdern", ist die Leverkühngeschichte die Zurücknahme der Aufklärungsgläubigkeit und des Kulturoptimismus der Josephsromane? Thomas Mann hat sich mit keinem Wort darüber ausgesprochen. Aber wir dürfen vermuten, daß er seinem Widersacher am Ende nicht recht gegeben hat, auch wenn sich im Roman so unheimlich erfüllte, was Spengler ein Vierteljahrhundert zuvor prophezeit hatte. Schon die Identifikation Spengler-Breisacher in den Notizen zum Romanschluß läßt ja erkennen, was Thomas Mann von seinem kulturpolitischen Widersacher zu halten hatte. Spengler hatte sich für Mann als das genaue Gegenteil seiner selbst enthüllt, und eine stärkere Distanzierung Thomas Manns von Spengler als die im "Doktor Faustus" ıst eigentlich kaum denkbar. Und es ist sicher kein Zufall, daß im Teufelsgespräch der Teufel Spenglersche Ideen vertritt, wenn er sagt: "Seit die Kultur vom Kultus abgefallen ist und aus sich selber einen gemacht hat, ist sie denn auch nichts anderes mehr als ein Abfall [...]"[77]. Aber Thomas Mann hat Spengler auch im Gesamtkontext des Romans noch einmal zu widerlegen gesucht. Denn indem er hier die Untergangsgeschichte des Abendlandes schrieb, gab er Spengler nicht recht, sondern bezog seine Verfallsphilosophie vielmehr in den Gang der Geschichte mit ein, oder besser: indem er erzählerisch erfüllte, was jener vorausgesehen hatte, machte er ihn zum intellektuellen Vorläufer jenes Verfallsprozesses, der für ihn eben das Ende Deutschlands und der europäischen Zivilisation brachte, und gab ihm damit seinen Anteil daran. Und wir wissen ja, in welchem Ausmaß Thomas Mann in diesen Jahren an der Aufhellung der Vorgeschichte des Nationalsozialismus gelegen war. Der "Untergang des Abendlandes" erfüllte sich zwar noch rascher, als Spengler sich das auf andere Weise hatte träumen lassen; aber in der höheren Logik der Geschichte war er für Mann der gedankliche Wegbereiter des Nationalsozialismus, de facto sogar, da er als notwendig prophezeit hatte, was sich so schnell und so schrecklich durch die Nazis erfüllte. Da gekommen war, was nach Spengler kommen mußte und Spengler in Thomas Manns Augen nichts getan hatte, um das Ende zu verhindern, hatte er nicht nur den Untergang prophezeit, sondern an ihm mitgewirkt; so sprach der Gang der Geschichte selbst, die zur Untergangsgeschichte geworden war, für Thomas Mann das Urteil über Spengler.

Zugleich aber hat Thomas Mann Spenglers Untergangsphilosophie, obwohl er mit dem "Doktor Faustus" die Geschichte dieses Untergangs geschrieben hatte, gewissermaßen mit seinem letzten Wort dazu zu widerlegen gesucht. Denn der Schluß des "Doktor Faustus" scheint ein Respons zu sein auf den Schluß des ersten Bandes von Spenglers "Untergang des Abendlandes". Dort heißt es: "Der Faust des zweiten Teils der Tragödie stirbt, weil er sein Ziel e r r e i c h t hat. 'Das Weltende als Vollendung einer innerlich notwendigen Entwicklung' – das ist die Götterdämmerung [...]".[78] Ein Weltende beschreibt auch Thomas Manns Roman. Aber die letzten Sätze des "Faustus" handeln nicht vom absoluten Weltuntergang, sondern lauten: "Wann wird aus letzter Hoffnungslosigkeit, ein Wunder, das über den Glauben geht, das Licht der Hoffnung tagen? Ein einsamer Mann faltet seine Hände und spricht: Gott sei euerer armen Seele gnädig, mein Freund, mein Vaterland." Eindeutige Romanschlüsse gibt es bei Thomas Mann seit dem "Zauberberg" nicht mehr – aber wird hier nicht als Möglichkeit und Erwartung ausgesprochen, was Spengler als Untergang

dargestellt hatte, und wird das Weltende hier, wo Freund und
Vaterland noch einmal so ausdrücklich identifiziert werden, nicht
als unabwendbar, sondern als erbarmungswürdig beschrieben?
Und auch damit scheint der Roman also die Josephsgeschichte
nicht zu entkräften, wohl aber, noch einmal, Spenglers Untergangsphilosophie. Oder sagen wir genauer: Auch die Geschichte
vom Untergang des Abendlandes, die Thomas Mann im "Doktor
Faustus" erzählt, wird durch den Schluß des Romans, in aller Vorsicht allerdings, noch einbezogen in das "Licht der Hoffnung"
– und diese ist immer noch, wie schon in den Josephsgeschichten,
die Aufklärung, Fortschritt und Humanität.

Thomas Manns "Doktor Faustus" widerlegt also nicht die Josephsgeschichte, sondern führt sie gleichsam fort, diesmal nicht
in Opposition zu Spenglers "Untergang des Abendlandes", sondern
unter dessen Einbezug. Und paradoxerweise ist dieser Roman
in der an Paradoxien reichen Beziehung zwischen Thomas Mann
und Spengler damit eine späte Antwort auf Erwartungen, die
Spengler schon in der Zeit des Ersten Weltkrieges vom Roman
hatte, wenn er schrieb:

Wenn ich die dichterischen Möglichkeiten überblicke, welche
die sehr unkünstlerische Zukunft Deutschlands uns noch auf-
hebt, so erwarte ich wenig von der Lyrik und noch weniger
vom Drama. Aber ein Roman großen Stils, wie ihn Paris 1750
– 1850 besaß, könnte aus den neuen ungeheuren Verhältnissen
n a c h diesem Kriege hervorgehen, vorausgesetzt, daß es Köpfe gibt, welche die Überlegenheit besitzen, um die ganze späte, an das Imperium Romanum mahnende Welt des reifenden
20. Jahrhunderts zu überblicken, mit ihrem Reichtum neuer
Probleme, neuer Menschen, neuer Formen der weltstädtischen
Zivilisation. Bis jetzt haben wir n u r die Romane von Goethe,
der Rest ist Plunder. Ein Roman sollte die S u m m e des
Daseins einer E p o c h e ausschöpfen (Goethe gestaltete
die Epoche der Aufklärung von 1749 bis zum Ende Napoleons),
ein Drama kann das nicht. Es ist zuviel Mathematik der Form
darin, die die Fülle des Historisch-Einmaligen ausschließt.
Ein Roman kann nur durch R e i c h t u m Gehalt erlangen
und wir hatten seit 80 Jahren keinen innerlich reichen Menschen mehr in unsrer Literatur. Heute halte ich dergleichen
für m ö g l i c h . Ein solcher Roman [...] müßte mit dem er-
löschenden s c h w ä r m e r i s c h e n Deutschland beginnen,
den letzten Erinnerungen an die Zeit Ludwigs II., Nietzsches,
Leibls, Böcklins; er müßte also das München von heute zum
Ausgangspunkt nehmen. Denn München ist in Deutschland
die a l t m o d i s c h e Stadt par excellence, die heute Berlin
gegenüber von der letzten Künstlerromantik zehrt und deshalb
unfruchtbar ist.[79]

Ist der "Doktor Faustus" nicht eben alles das? Spengler hat sich
damals zwar gegen Thomas Mann, den er immer für einen bloßen
Manieristen[80] und einen verlogenen Sentimentaliker[81] gehalten
hatte, der "scheinbar moderne Stoffe" erzähle, "aber mit einem
ganz veralteten Gehalt (Biedermeierempfindsamkeit oder Heine
ins Großstädtisch-Homosexuelle projiziert)", verwahrt und später
noch hinzugesetzt: "Keine Bilder, keine Beschreibungen mehr
à la Thomas Mann."[82] Aber diesen Gefallen hat Thomas Mann
ihm nicht mehr getan.

*

Die Geschichte der Beziehung Thomas Manns zu Spengler hat
für den posthumen Interpreten ein kleines Satyrspiel, als Ende
quasi; mit dem "Erwählten" und den Josephsromanen, so hat Thomas Mann sehr viel später selbst gesagt, habe er das Gefühl gehabt, die letzten großen Romane geschrieben zu haben; nach ihm
käme nicht mehr sehr viel. Er hat es etwas vorsichtiger formuliert, aber der Sache nach deutlich genug zu verstehen gegeben,
daß nach ihm, wie nach dem kleinen Hanno in den "Buddenbrooks",
nichts mehr möglich sei:

> Ich habe wenig dagegen, ein Spätgekommener und Letzter,
> ein Abschließender zu sein und glaube nicht, daß nach mir
> diese Geschichte und die Josephsgeschichten noch einmal wer-
> den erzählt werden. Als ich ganz jung war, ließ ich den kleinen
> Hanno Buddenbrook unter die Genealogie seiner Familie einen
> langen Strich ziehen, und als er dafür gescholten wurde, ließ
> ich ihn stammeln: 'Ich dachte - ich dachte - es käme nichts
> mehr.' Mir ist, als käme nichts mehr. Oft will mir unsere Ge-
> genwartsliteratur, das Höchste und Feinste davon, als ein Ab-
> schiednehmen, ein rasches Erinnern, Noch-einmal-Heraufrufen
> und Rekapitulieren des abendländischen Mythos erscheinen,
> - bevor die Nacht sinkt, eine lange Nacht vielleicht und ein
> tiefes Vergessen.[83]

Gerade damit aber hat er sehr verspätet einem Satz Spenglers
entsprochen, den dieser zur Charakteristik des zivilisatorischen
Status der Kultur in seiner Einleitung zum "Untergang des Abendlandes" niedergeschrieben hatte: "Augenscheinlich ist es eine
Forderung des westeuropäischen Selbstgefühls, mit der eignen
Erscheinung eine Art Abschluß zu statuieren."[84] Aber damals
war Thomas Mann so weit von Spengler und seinem Buch entfernt,
daß er die Reminiszenz, diese möglicherweise bewußte Stichelei
Spenglers, gewiß nicht mehr erinnert hat. Und geärgert hätte
er sich darüber sicherlich erst recht nicht mehr.

VATERRECHT UND MUTTERRECHT.
THOMAS MANNS AUSEINANDERSETZUNG MIT
BACHOFEN UND BAEUMLER ALS WEGBEREITERN
DES FASCHISMUS

Glaubt man den Briefberichten Thomas Manns aus den ersten
Monaten des Jahres 1933, so war der Wahlsieg der Nationalsozia-
listen nichts Geringeres als eine "unsinnige Katastrophe"[1], ein
offenbar nicht vorhersehbares Ereignis, das mit der Macht eines
zerstörerischen Naturgeschehens über Deutschland hereingebrochen war: die erzwungene Expatriierung scheint für ihn identisch
gewesen zu sein mit dem Eintritt der "schwersten Unglücksfälle",
einer Verfinsterung aller Möglichkeiten, einer vollständigen Desorientierung im Persönlichen und mit einer Wendung der eigenen
Lebensverhältnisse ins schlechthin Chaotische und nicht mehr
Steuerbare. Es war nicht nur der "Verlust der bürgerlichen Existenz, in die man sich eingelebt und in der man schon ein wenig
steif zu werden begann"[2], sondern der drohende Verlust an Identität, und nichts könnte die außerordentliche Unsicherheit in der
Beurteilung der Situation und das völlige Versagen des politischen
Urteilsvermögens besser verdeutlichen als das groteske Auf und
Ab in den Hoffnungen und Befürchtungen dieser ersten Wochen
nach der verhinderten Rückkehr nach Deutschland. "Die Unzufrie-
denen, groß an Zahl ohne Zweifel, sind ohnmächtig, und es wird
so bald nichts passieren", heißt es in einem Brief vom 27. 7. 1933[3].
"Das Gegenwärtige muß sich mit der Zeit selbst ad absurdum
führen und sich als ein gräßlich überflüssiger Umweg zur Vernunft
erweisen". An den gleichen Empfänger schrieb Thomas Mann einen
Monat zuvor: "Meine Lage ist schwer, und groß die Bitterkeit
der für mich zu treffenden Entscheidungen, für die es nur lebensgefährliche Lösungen gibt."[4] Thomas Mann hat diese Gegensätzlichkeit in seinen Urteilen, dieses Nicht-Ernst-Nehmen des Tatsächlichen und dieses überängstliche Besorgen der Zukunft wiederholt durchvariiert – es ist ein Verhaltensschema, das seine
persönlichen Äußerungen auch in den folgenden Wochen, Monaten
und Jahren hindurch prägt wie kaum etwas anderes. Am 1. 11.
1933 schrieb er: "Sich um Zukunftssorgen nicht zu kümmern, ist
heute die einzig mögliche Lebenstechnik. Wir alle improvisieren,
und die Zufriedenheit darüber, nicht mit dem unglücklichen Volk
in dumpfer Unwissenheit und unbestimmter Angst eingeschlossen
zu sein, überwiegt alles Schwere. [...] Die Vertiefung in eine innerlich unschuldige und heitere geistige Schöpfung ist das Einzige,
was uns über all den Graus hinweghelfen kann."[5] Im folgenden
Jahr aber beklagt er beredt diese Hauptstörung in seinem Leben,
den neuen Zustand, in dem er zu existieren hat, die völlige innere
Unausgeglichenheit und das Problematische seines Daseins, unter
dem seine seelische und selbst physische Gesundheit und seine

Produktion zu leiden habe. Er spricht von den österreichischen Schrecknissen, und seine Briefe bezeugen, daß er die politischen Atrozitäten als terroristische Veränderungen seiner eigenen Lebensbasis im ursprünglichen Wortsinn verstanden hat, als unvermutete Überfälle, die nicht nur seine äußerliche Existenz, sondern sein Innerstes betrafen, als absolut unvorhersehbarer, aber deswegen umso vernichtenderer Angriff von außen, der ihn verstörte und im Grunde produktionsunfähig machte, und es sieht so aus, als habe nur seine ungeheure Zähigkeit des Schreibens ihn davor bewahrt, vollständig zu verstummen. Die wenigen Hoffnungsblikke, die er in dieser Zeit tut, werden immer wieder widerlegt von pessimistischsten Äußerungen. Durchgängig sind freilich auch sie nicht. Die Ahnung eines jahrelangen Exildaseins scheint ihm zwar gelegentlich aufgedämmert zu sein,[6] aber sie wird gleich wieder weggewischt, und wenn sie auch untergründig bestehen bleibt, so knüpft sich daran doch die Hoffnung, dieses Exil wenigstens nicht zu einem sprachlichen Exil werden zu lassen – von den tatsächlich folgenden Ereignissen her gesehen eine aberwitzige, auf nichts gegründete Erwartung eines Verzweifelten, der notdürftige Wunschtraum des Vertriebenen, der sich mit seinem Fremdenlos nicht zufriedengeben will und der im Grunde genommen mit aller Macht dorthin zurückverlangt, woher er gerade hat fliehen müssen. Es ist, so legen uns alle diese Berichte nahe, die desolate, zwiespältige, janusgesichtige Ausgangssituation des Emigranten. Am Anfang fehlt es völlig an Selbstaufklärung über die wahren Verhältnisse, Möglichkeiten und Unmöglichkeiten der Situation und des eigenen Verhaltens, an Einsicht in das Erreichbare und das Verlorene; erst in einem sehr mühsamen, langwierigen Prozeß scheint Thomas Mann bewußt geworden zu sein, daß die günstigen Hoffnungen und politischen Prognosen des ersten Jahres allzu voreilig gewesen waren, da sich immer stärker abzuzeichnen begann, daß weder an Rückkehr zu denken war noch an eine Besserung der Verhältnisse. Sah er das Schreckliche anfangs in seiner eigenen Situation, so erkannte er allmählich zunehmend deutlicher, daß der wirkliche Schrecken in Deutschland herrschte. Doch es scheint immerhin Jahre gedauert zu haben, bis er öffentlich akzeptierte, was er persönlich längst angenommen hatte: das Exil.

*

Das alles sieht danach aus, als sei selbst ein Autor wie Thomas Mann von den Ereignissen des Jahres 1933 sehr überrascht worden. Das mag, was seine persönliche Befindlichkeit angeht, zutreffen. Mit dem Phänomen des Faschismus an sich aber hatte Thomas Mann sich spätestens seit Mitte der zwanziger Jahre auseinandergesetzt, und was immer er an Positionen und Argumenten gegen den Faschismus ins Feld führte – es war von 1926 an deutlich markiert. Thomas Mann hat nicht erst allmählich im Verlauf der dreißiger Jahre, nachdem er jenen Schock des Exils überwunden hatte, von dem die Briefe des Jahres 1933 und 1934 künden, mit einer eindringlichen Analyse des Faschismus und mit einem antifaschistischen Wertekatalog reagiert, den er als Humanum gegen das Inhumane des Faschismus setzte. Es mag zwar überraschen, daß Thomas Mann in seiner Rede über Lessing 1929 von dem "chthonischen Gelichter" sprach, das sich breitgemacht habe und das es zurückzuscheuchen gelte, und von einem Faschismus, über den man hinausgelangen müsse – und daß er vier Jahre danach sich von der wirklichen Gefährlichkeit des Faschismus erst allmählich überzeugen lassen mußte. Diese eigentümliche Inkohärenz von grundsätzlicher Erkenntnis und persönlicher Blindheit den tatsächlichen Ereignissen gegenüber muß vor allem bei einem Autor verwundern, der sich schon im Verlauf des Ersten Weltkrieges zu einem republikanisch gesonnenen, sozial denkenden und handelnden Schriftsteller gewandelt hatte. Dabei ist deutlich zu sehen, daß Thomas Mann schon im Vorfeld der faschistischen Herrschaft seine ethisch-intellektuellen Stellungen bezogen hatte, von denen her er den Faschismus zu bekämpfen gedachte, und es kann auch kein Zweifel daran bestehen, daß alle seine späteren Aussagen über Deutschland und die Deutschen, das Wesen des Nationalsozialismus und die Ursachen seiner Entstehung nur Amplifikationen oder Wiederholungen von Erkenntnissen sind, die Thomas Mann ausnahmslos schon in den zwanziger Jahren vertreten hatte. Mag der tatsächliche Ausbruch des Faschismus im Jahre 1933 Thomas Mann tief getroffen haben, mag er blind gewesen sein gegenüber den persönlichen Folgen, betäubt von dem ihm unheimlichen Gedanken an ein längeres Exil und verwirrt und bestürzt durch den Gang der Ereignisse in Deutschland – der Schriftsteller Thomas Mann war sich seit vielen Jahren darüber im klaren, was Faschismus bedeutete und wo er seine Wurzeln hatte. Thomas Mann hat die Auseinandersetzung mit dem Faschismus vor allem als Schriftsteller geführt und als Romanautor auf ihn reagiert; er hat sich in diesen Jahren mit den Bereichen, Themen und Autoren befaßt, aus denen der Nationalsozialismus sich speiste, und so hat seine Auseinandersetzung mit ihm früh den Charakter einer historischen Analyse angenommen, die er später, als er in den Radiosendungen für "Deutsche Hörer" noch einmal daran ging, Herkommen und Wurzeln dieses fatalen Phänomens zu durchleuchten, nur noch einmal wiederaufgenommen und fortgeführt hat. Mochte der Faschismus auch über Nacht über seine persönlichen Lebensverhältnisse hereingebrochen sein – Thomas Mann hat die Auseinandersetzung mit ihm in den zwanziger Jahren nirgendwo gescheut, und möglicherweise war er vor allem deswegen von ihm so überrascht und betroffen, weil er die Gefährlichkeit des Faschismus und seine geistigen Wurzeln, die Front seiner Zuträger und die Bedeutung des 19. Jahrhunderts für die Ausbildung des Faschismus

immer wieder analysiert hatte und vielleicht damit entkräftet
glaubte. Wer zu diesen Vorläufern und Wegbereitern gehört hatte,
ist dabei unschwer zu erkennen; die in den zwanziger Jahren ge-
führten Auseinandersetzungen mit Philosophen und Geschichts-
theoretikern, mit Kulturanthropologen und Ästhetikern des 19.
Jahrhunderts und der eigenen Gegenwart machen deutlich, wo
für Thomas Mann die Quellen des Faschismus lagen und welche
Möglichkeiten der Bekämpfung sich anboten. Dazu gehört vor
allem die Wirkungsgeschichte Nietzsches, die Auseinandersetzung
mit Philosophen wie Schuler und Klages, ferner die schriftstellerisch und poetisch geführte Auseinandersetzung mit Oswald
Spengler, dem desaströsen Polyhistor und Untergangsverkündiger
des Abendlandes, nicht zuletzt aber auch die mit Johann Jakob
Bachofen und seinem Propagator Alfred Baeumler, der für Thomas
Mann am Heraufkommen des Faschismus mindestens so stark
beteiligt war wie jene anderen.[7]

*

In den bislang veröffentlichten Briefen Thomas Manns sind weder
Bachofen noch Baeumler direkt erwähnt, die Thomas Mann-Chro-
nik verzeichnet ihre Namen nicht. Aber das ist nicht überraschend; Thomas Mann hat Auseinandersetzungen häufig verdeckt
geführt, die mehr dilatorische Erwähnung bestimmter Namen
besagt nie etwas über ihre wahre Bedeutung für ihn und ihr intel-
lektuelles Gewicht. So sind auch die Erwähnungen Schopenhauers
in den Briefen und im essayistischen Werk nur spärlich, und sie
setzen bezeichnenderweise nahezu ganz aus in Phasen, in denen die gedankliche Beschäftigung mit Schopenhauer und der dichterische Niederschlag dieses Aneignungsprozesses am stärksten
und größten war. Auch die Auseinandersetzung mit Spengler wird
nicht so sehr öffentlich geführt – außer dem Aufsatz "Über die
Lehre Spenglers" von 1924 gibt es kaum Hinweise auf die für Thomas Mann so zentrale Bedeutung dieser Fehde, und mit Bachofen
und seinem intellektuellen Illustrator Baeumler scheint es ähnlich
zu gehen. Daß er das Werk Bachofens und Baeumlers Zutaten
nicht nur gekannt, sondern sich mit ihnen in aller Schärfe auch
auseinandergesetzt hat, ist nicht zu bestreiten. Und wenn auch
briefliche Äußerungen Thomas Manns aus der Zeit seiner intensiven Beschäftigung mit Bachofen fehlen, so gibt es doch jene Notiz
im Brief an Karl Kerényi vom 3. 12. 1945, in dem Thomas Mann
feststellt, daß er ihn studiert habe "beinahe wie Schopenhauer."[8]
Das ist nicht nur ein beiläufiger Vergleich, sondern ein Hinweis
auf die außerordentliche Intensität der Auseinandersetzung Thomas Manns mit Bachofen; da wir wissen, wie genau und wie lange
Thomas Mann Schopenhauer gelesen hat, legt diese Äußerung
nahe, die Lektüre Bachofens auf keinen Fall unterzubewerten;
überschätzt werden kann sie kaum.

Wie stark Thomas Mann in der Mitte der zwanziger Jahre von
Bachofen bzw. Baeumler affiziert war, geht direkt vor allem aus
seiner "Pariser Rechenschaft" hervor; Thomas Mann hat sich danach spätestens im Jahre 1925 intensiv mit Bachofen und Baeumler beschäftigt. Sein Kommentar zur Auswahl Bachofens von Alfred Baeumler ist eindeutig:

> Man kann nichts Interessanteres lesen, die Arbeit ist tief und
> prächtig, und wer sich auf den Gegenstand versteht, ist bis
> in den Grund gefesselt. Aber ob es eine gute und lebensfreund-
> liche, eine pädagogische Tat ist, den Deutschen von heute
> all diese Nachtschwärmerei, diesen ganzen Joseph Görres-
> Komplex von Erde, Volk, Natur, Vergangenheit und Tod, einen
> revolutionären Obskurantismus, derb charakterisiert, in den
> Leib zu reden, mit der stillen Insinuation, dies alles sei wieder
> an der Tagesordnung, wir ständen wieder an diesem Punkt,
> es handle sich nicht sowohl um Geschichte als um Leben, Ju-
> gend und Zukunft – das ist die Frage, die beunruhigt. [...]
> Arndt, Görres, Grimm, endlich Bachofen sind die Wahren,
> denn nur sie sind zutiefst beherrscht und bestimmt von dem
> großen 'Zurück', von der mütterlich-nächtigen Idee der Ver-
> gangenheit, während bei jenen diejenige der Zukunft auf männ-
> lich-allzumännliche Art vorwalte.[9]

Das Ausmaß der Wirkung Baeumlers bzw. Bachofens und die Kritik
Thomas Manns an beiden ist damit gleichermaßen fixiert. Thomas
Manns seitenlange Kommentare, eigentlich nur angehängt als
Reflexionen anläßlich einer belanglosen Theateraufführung, machen aber zugleich deutlich, in welchem Ausmaß Thomas Mann
von Bachofen und Baeumler irritiert war. Er hat die politischen
Inklinationen der Baeumlerschen Verdeutlichungsversuche nur
zu gut erkannt; es ist für ihn "gröbste völkische Reaktion, bestärkt
durch eine tendenziöse Wissenschaftlichkeit"[10], und ebenso deutlich hat er gesehen, daß dieser nach außen hin nur gelehrte romantische Rückschlag "gegen den Idealismus und Rationalismus, gegen
die Aufklärung abgelaufener Jahrzehnte" in Wirklichkeit von bri-
santer Aktualität war, so wie er denn auch erkannt hat, daß das
um 1800 Neue, nämlich das Nationale, in seiner eigenen Zeit das
Rückwärtsgewandte und Problematische war, eine fadenscheinige
Spät- und Nachromantik, ein unzulässiges Zurück in der geschichtlichen Entwicklung und damit zugleich ein Mißachten der Geschichte selbst. Was in der Zeit der Heidelberger Romantik neu
und revolutionär gewesen sein mochte als letzter entschiedener
Schlag gegen eine allzu rationalistisch verfahrende verspätete
Aufklärung, ist in den Augen Thomas Manns zum Anachronismus
geraten, den er aufs Heftigste bekämpfen muß, weil es sich nicht
etwa nur um eine Gelehrtenfiktion handelt, der Baeumler erlegen
war, als er die Notwendigkeit einer Restauration der romantischen

Natur- und Mutterrechtsphilosophie Bachofens begründen zu müssen glaubte, sondern weil hier ein sehr rückwärtsgewandter Mystikerkult sich mit politischen Tendenzen und Stimmungen der Zeit verband, mit dem Aufkommen einer neuen Bewegung, über deren tatsächliche Gefährlichkeit Thomas Mann sich nie Zweifeln hingegeben hat. So sah er denn auch die Tagestendenzen viel deutlicher als das Gelehrtenhaft-Reaktionäre, und er hat die Aktualität dieser politischen Romantik erkannt, als er sie als eine Fiktion beschrieb, "bei welcher es sich nicht sowohl um den Geist von Heidelberg, als um den von München handelt."[11] Am Ende dieser Überlegungen findet sich die Formel vom "Jenseits des Faschismus", und damit ist für ihn Baeumlers Rettungsversuch endgültig deklariert: daß dieser offenkundig ein Weg zurück noch hinter Nietzsches Überwindung der Romantik war, machte ihn so ausnehmend suspekt, daß Thomas Mann seine eigene Position umso leichter umreißen konnte.

Auf den ersten Blick könnte es so aussehen, als handele es sich hier um eine der vielen Auseinandersetzungen Thomas Manns mit der Romantik, die er in dieser Zeit geführt hat – von den "Betrachtungen eines Unpolitischen" an über den "Zauberberg" bis spät in die zwanziger Jahre. Aber es geht hier nicht um einen rein akademischen oder auch nur intellektuellen Absetzungsversuch gegen etwas Überwundenes, das ihn in seinen eigenen frühen Romanen und Novellen so sehr mitbestimmt hatte. Es sind politische Auseinandersetzungen, geführt im Vorfeld der nationalsozialistischen Ära. Daß Thomas Mann diese Auseinandersetzung in einer Schrift beginnt, die von seiner wachsenden Orientierung zum Westen hin, zu Frankreich, zur Aufklärung handelt und daß er sie darüber hinaus nicht erst in dem Bericht über seine Pariser Reise, sondern in Paris selbst führte, zeugt von der Bedeutung, die er dieser Kampfansage zumaß. Seine Charakteristik des Deutschen und dessen "tiefer und mehr oder weniger eingestandener Neigung zu den Mächten des Unbewußten und des vorkosmischlebensträchtigen Dunkels", der deutschen "Tendenz zum Abgrunde", zur "Unform" und zum "Chaos" läßt deutlich genug erkennen, daß Thomas Mann seine Auseinandersetzung nicht etwa als einen partiellen und letztlich belanglosen Krieg mit einer bedrohlichen Lebensanschauung führte, sondern daß er offenbar damals schon nur zu deutlich sah, in welchem Maß Ideen, wie Baeumler sie vermittelt hatte, einer solchen Prädisposition "des Deutschen" (wir wissen um die Vorliebe der damaligen Jahre für derart globale Charakteristiken) entgegenkamen: und die Amalgamationsfähigkeit mit faschistischen Vorstellungen machte die Breitenwirkung der Baeumlerschen Theorien besonders fatal. Baeumlers Ideen waren nicht nur beiläufige politische Konterbande, sondern hochbrisanter Stoff, nicht zuletzt deswegen, weil er einerseits der gefährlichen Neigung der Deutschen zum romantischen Chaos entgegenkam, andererseits der unklaren, von Minderwertigkeitsge-

fühlen gespeisten und ressentimentgeladenen Strömung des Nationalsozialismus eine Philosophie liefern konnte, die auf nichts Geringeres hinauslief als auf eine Zerstörung nicht nur alles dessen,
was die Romantik hatte überwinden helfen, sondern darüber hinaus
auf eine Annullierung aller jener Werte, die vor der Romantik
gegolten hatten. Thomas Mann wurde diese Einsicht erleichert
durch seine Neigung, geschichtliche Ereignisse nicht nur histori-
stisch zu sehen, sondern in der Geschichte zugleich Möglichkeiten
der menschlichen Verwirklichung, der Aktualisierung von angebo-
renen Möglichkeiten und Neigungen wiederzufinden. Das war freilich nicht sein eigenes Verdienst; es entsprach der Tendenz der
Zeit, die Geschichte als Realisation ursprünglicher Anlagen zu
verstehen, und war spätestens seit Nietzsches Schrift über die
Geburt der Tragödie aus dem Geiste der Musik gewissermaßen
eine der intellektuellen Anschauungsweisen und Verhaltensformen
der Geschichte gegenüber – daß Freuds Auslotungen der menschlichen Seele auf etwas Früheres, längst Vergessenes, aber dennoch
unbewußt und unterbewußt Präsentes hin so große Bedeutung gewann, hängt nicht zuletzt mit dieser zeittypischen eigentümlichen
Vorstellung vom Wesen der Geschichte und der Omnipräsenz des
Vergangenen in den Möglichkeiten und Anlagen der menschlichen
Seele zusammen. So war es Thomas Mann ein Leichtes, in einem
spezifischen Sinne ungeschichtlich zu denken, d. h. die Formkräfte
einer geschichtlich gewordenen, lange schon zurückliegenden
Epoche als weiterhin aktivierbar zu bestimmen und die Virulenz
derartig schlummernder Kräfte zu erkennen und auch zu fürchten.
Wir sehen heute, daß derartige Identifikationen von geschichtlichen Epochen und Möglichkeiten der Seele und des Verstandes
aus der im 19. Jahrhundert prävalierenden Sicht der Geschichte
als eines nie endenden Kreislaufes resultierten – diese Lehre vom
sich stets drehenden Rad der Geschichte ist in die Art, wie Thomas Mann Geschichte sah, gewissermaßen eingegangen; die Auffassung und Befürchtung, daß vergangene Epochen der Geschichte
in ihrer Substanz als seelische Möglichkeit oder Gefährdung noch
einmal auftauchen können, kennzeichnet im Grunde die Endphase
dieser Auffassung vom ewigen Kreislauf und der ständigen Wiederholung der Geschichte. Aber sie hat Thomas Mann befähigt,
die Gefahren der Romantik, wie er sie sah, in der Gegenwart wie-
derzuerkennen, und das verleiht seinen Aussagen ihre Hellsichtig-
keit, da er seine Identifizierungsversuche und Fragen nach den
seelischen Äquivalenten historischer Ereignisse nicht auf die Analyse der Vergangenheit beschränkte, sondern auf die Gegenwart
bezog. Thomas Mann hat sich zwar auch spöttisch über die Vorstellung von der Iteration des Gewesenen ausgelassen, wenn er
schrieb: "Der Glaube an Geschichtswiederholung ist stark in deutschen Köpfen, nicht nur in Professorenköpfen, und zwar namentlich der an geistesgeschichtliche Wiederholungen. Die deutsch-
romantische Revolution vom Anfang des neunzehnten Jahrhun-

72

derts gegen die Aufklärung, den Idealismus und die Klassik des achtzehnten, die Antithese von Humanität und Nationalität also, ist größtes historisches Thema heute und wird mit einer wissenschaftlichen Liebe gepflegt, die von aktueller Tendenz durchaus nicht frei sein möchte"[12]. Thomas Mann hat nicht in diesem Sinne an Geschichtswiederholungen geglaubt, wohl aber an die Anwesenheit der die Geschichte bestimmenden Kräfte als seelischen Fundus und eines Bündels von Fähigkeiten, die jederzeit wieder aktualisiert werden konnten; und eben deswegen war seine Auseinandersetzung mit den Geschichtstheorien seiner Zeit nicht eine historische, sondern eine höchst brennende politische Frage. So ist denn die Fehde mit Bachofen und Baeumler auch nicht Teil einer Gelehrtenstreiterei um die richtige Interpretation des Mythosbegriffes oder um die Bedeutung des Mutterrechts, kein Kampf um die rechte Auslegung Schopenhauers, auf keinen Fall bloß philologische Rechthaberei, in jedem Fall aber auch mehr als ein Disput um die Frage des rechten Verständnisses Nietzsches und seiner Interpretation mythischer Konstellationen, wie sie in der "Geburt der Tragödie" von ihm entwickelt worden waren. Der Kern der Auseinandersetzung hat eine direkte politische Bedeutung, und es liefe auf eine Verfälschung Thomas Manns hinaus, sähe man hier, in der Auseinandersetzung mit Baeumler und Bachofen, nur ein artistisches, hochintellektuelles Spiel um mythologische Feinheiten und deren rechte Interpretation.

Wir wissen, was Thomas Mann gegen die Mutterrechtsapologeten und deren moderne Dunkelmänner auf den Plan rief: Humanität und Rationalität, das 18. Jahrhundert, Klassik und Idealismus, also die Gegenmächte des Obskurantismus, wie Thomas Mann sie durchaus im 19. Jahrhundert schon mächtig sah, wie sie jetzt aber nach außerordentlicher Stärkung verlangten. Es sind die Werte, die er nicht nur in den zwanziger Jahren, sondern vor allem in seiner Exilzeit gegen jeden Ausbruch des Dunkelmännertums und gegen das "chthonische Gelichter" verteidigt hat, und die Positionen sind alle hier schon genau umrissen: von hieraus wird verständlich, warum er sich gerade an Frankreich wandte, als er Baeumler und Bachofen zu bekämpfen gedachte: nirgendwo konnte ihm sicherere Unterstützung gewiß sein als in der französischen Öffentlichkeit, in der Rationalität nicht das Schimpfwort war, als das es in Deutschland bald galt. Thomas Manns Appell an die Humanität, an die Rationalität und an das Licht der Aufklärung war, wie wir jetzt wissen, kein Zurück in eine längst überwundene Geisteshaltung eines längst vergangenen Jahrhunderts. Die eigentümlich ahistorische Sicht Thomas Manns, die ihn befähigte, Fundamente des Vergangenen im Gegenwärtigen zu sehen, ließ ihn für das Gegenwärtige auch Vergangenes mobilisieren: da es darum ging, vor allem das "chthonische Gelichter" zu bekämpfen, das Unbewußte und das romantisch Abgründige, waren es Werte des 18. Jahrhunderts, die nun gleichsam als Forderung

des Tages erschienen. Thomas Mann machte gegen die Heraufkunft einer dunklen Vergangenheit eine andere, lichtere, mobil,
setzte Aufklärung gegen Romantik, Humanität gegen das Nationale, und hier wird etwas deutlich von der eigentümlichen Ak-
tionsunfähigkeit, aber dem zugleich außerordentlichen Reaktions-
vermögen Thomas Manns: da er sich seit den "Betrachtungen eines
Unpolitischen" durchaus als Repräsentant der Mitte empfand,
die Mitte aber eigentlich kein Programm hatte, parierte er Kurs-
abweichungen des öffentlichen Lebens gewissermaßen durch Ge-
genausschläge, setzte gegen ein Extrem ein anderes, aber nur,
um jenem ersten Übel zu steuern, und weil in diesen Jahren alles
auf den Kult der Romantik hinauslief, Bachofen und Baeumler
aber nur Exponenten dieser Strömung waren, ist umso verständ-
licher, daß dagegen nun das 18. Jahrhundert in seiner ganzen Dig-
nität und Faszination heraufgerufen wurde. Wir wissen, daß Thomas Mann das erst recht getan hat, als die Nazis schon im Vorhof
der Macht standen -in seinen Goethe-Reden des Jahres 1932 wird
diese Welt der Humanität des 18. Jahrhunderts und Goethe als
ihr bedeutendster Repräsentant besonders nachdrücklich dagegen
verteidigt. Aber die Reanimation der Aufklärung setzte vorher
schon ein. Anfang 1926 beginnt sie, und durch die schriftstellerischen Arbeiten dieser Jahre zieht sich das Bekenntnis zur Humanität und gleichzeitig die Attacke auf Extremismen wie ein roter
Faden hindurch. Thomas Mann mußte die Vereinnahmung der Romantik durch Baeumler und das Wiederaufflackern des Nationalismus umso bedenklicher finden, als er selbst sich spätestens
seit dem "Zauberberg" als bürgerlicher Deutscher empfand, und
in seiner Ansprache "Lübeck als geistige Lebensform" hat er seine
Position noch einmal definiert, wenn er sagte: "Hier werden die
Deutschen nicht eingeteilt in Bürger und Sozialisten. Hier heißt
Deutschtum selbst Bürgerlichkeit, Bürgerlichkeit größten Stils,
Weltbürgerlichkeit, Weltmitte, Weltgewissen, Weltbesonnenheit,
welche sich nicht hinreißen läßt und die Idee der Humanität, der
Menschlichkeit, des Menschen und seiner Bildung nach rechts
und links gegen alle Extremismen kritisch behauptet." Und mit
Bezug auf ein Goethe-Zitat heißt es weiter: "Das ist weltbürger-
lich und weltgewissenhaft gesprochen, ein Wort standhafter Humanität."[13]
Hier findet sich die Verteidigung der Humanität ebenso wie
in der vielleicht schärfsten Attacke auf alles Nebulos-Chthoni-
sche, in seiner Rede über Lessing. Es ist kein Zufall, daß Thomas
Mann mit einem Appell an das "Klassische" beginnt, so wenig
es Zufall ist, daß er die klassische Zeit als "Patriarchenzeit, mythische Zeit, Zeit anfänglicher Gründung und Prägung des nationalen Lebens" bezeichnet[14]; es ist zu deutlich gegen die romantische
Nationalschwärmerei und den ganzen mutterrechtlichen Enthu-
siasmus gesagt. Lessing gilt eben als Klassiker des dichterischen
Verstandes, als die Verkörperung des Männlichen schlechthin.

Daß auch diese Schrift weniger eine Eulogie auf Lessing aus Anlaß eines großen Geburtstages ist als vielmehr eine politische Schrift, zeigt der Schluß. Der bezieht sich noch einmal auf Bachofen und Baeumler – ein Hinweis darauf, wie tief die Auseinandersetzung bei Thomas Mann reicht. Es heißt dort: "Wir haben es zur inferioren Lust aller Feinde des männlichen Lichts, aller Priester des dynamistischen Orgasmus im Irrationalen schon so weit gebracht, daß der natürliche Rückschlag bösartig-lebensgefährlich auszusehen beginnt und nachgerade ein Rückschlag gegen den Rückschlag nötig scheint, um das chthonische Gelichter, das allzuviel Wasser auf seine Mühlen bekommen hat, in sein mutterrechtliches Dunkel zurückzuscheuchen."[15] Wenn Thomas Mann hier vom Antiidealismus spricht, der zu überwinden sei, dann haben wir das in Beziehung zu setzen zu seinem Ideal eines Neoidealismus, wie er es in seiner "Pariser Rechenschaft" gefordert hatte. Noch deutlicher aber ist das politische Postulat, wenn Thomas Mann sagt: "In Lessings Geist und Namen gilt es hinauszugelangen über jede Art von Faschismus zu einem Bunde von Vernunft und Blut, der erst den Namen voller Humanität verdiente". Der Angriff auf Bachofen und Baeumler ist nicht zu überhören, nicht weniger aber auch, daß Baeumler und Bachofen hier geradewegs schon mit dem Faschismus identifiziert werden, dem sie das Wort geredet und den Weg gebahnt haben. Wer freilich nichts vom Bachofenschen Mutterkult und Mutterrecht kennt, dem müßte sonderbar bleiben, in welchem Ausmaß Thomas Mann vom männlichen Lessing spricht, von seiner männlichen Zuverlässigkeit und von Lessing als dem Urbild der Männlichkeit schlechthin; aber die Apostrophe der Patriarchenzeit zu Beginn ist nur ein weiterer Hinweis darauf, daß die ganze "Rede über Lessing" zugleich eine Rede gegen Bachofen und Baeumler ist, Lessing der Garant einer anderen Geisteshaltung, die nicht historisch ist, sondern die Thomas Mann sich zu reaktivieren bemüht, und wenn er hier mit Lessing "an das Kommen des Mannesalters der Menschheit" glaubt,[16] dann deswegen, weil es mit dem Lob des Mutterrechts, der Nachtschwärmerei, dem pseudoromantischen Obskurantismus, mit der Wirkung des von Bachofen postulierten Gynäkokratisch-Mutterrechtlichen schon weiter vorangekommen war, als es hätte kommen dürfen. Dabei hat Thomas Mann die Bedeutung des Männlichen nicht einfach gegen das Bachofensche Mütterliche und Nächtige herausgestellt; Baeumler selbst hat in diesen Gegensätzen gedacht, aber Thomas Mann hat sich seiner bedient, um jenem Pseudokultus der Romantik entgegenzutreten, der hier in Inhumanität umzuschlagen drohte.

Es gibt keine deutlichere Verteidigungsschrift gegen Baeumler und Bachofen als eben diese "Rede über Lessing", im Grunde auch keine deutlichere politische Schrift in den ausgehenden 20er Jahren, und wenn Thomas Mann auch glaubte, hier dem Kult des Mutterrechtlichen und dem "chthonischen Gelichter" mit dem Appell

an Männlichkeit, Rationalität und Humanität entgegentreten zu
können, so deshalb, weil er sich selbst aufgegeben hätte, hätte
er sich nicht auf das Vorbild Lessings berufen können. Wie dring-
lich ihm der Appell an Humanität und Aufklärung war, zeigt nicht
weniger deutlich seine "Deutsche Ansprache" mit dem (nicht zu-
fälligen) Untertitel "Ein Appell an die Vernunft". Es ist eine
nochmalige Verteidigung der bürgerlichen Welt mit ihren Prinzi-
pien "Freiheit, Gerechtigkeit, Bildung, Optimismus, Fortschritts-
glaube" und dem Versuch, die Abkehr vom Vernunftglauben als
das zu charakterisieren, was sie für Thomas Mann wirklich war:
"als ein irrationalistischer, den Lebensbegriff in den Mittelpunkt
des Denkens stellender Rückschlag, der die allein lebenspendenden
Kräfte des Unbewußten, Dynamischen, Dunkelschöpferischen
auf den Schild hob, den Geist, unter dem man schlechthin das
Intellektuelle verstand, als lebensmörderisch verpönte und gegen
ihn das Seelendunkel, das Mütterlich-Chthonische, die heilig ge-
bärerische Unterwelt, als Lebenswahrheit feierte."[17] Thomas
Mann hat auch hier nicht den geringsten Zweifel daran gelassen,
daß die Mutterrechtskultur eines Baeumler und Bachofen keine
bloße Philologenschwärmerei für ihn war, sondern eine der Quellen, die die politische Bewegung des Nationalismus entscheidend
mitspeiste. Wie bedroht Thomas Mann die bürgerliche Welt der
Aufklärung fühlte, zeigt schließlich auch seine "Rede vor Arbei-
tern in Wien" - ein weiterer Versuch, der fatalen Auswertung
des Unbewußten und der falschen Neoromantik entgegenzuwirken,
zugleich aber auch das Bemühen, einen Kulturbegriff zu fixieren,
der sich aufs schärfste und klarste von dem der Mutterrechtsapologeten unterschied, wenn er sagte: "Wenn hier [auf politisch-
sozialem Gebiet] die philosophisch-modischen Begriffe des Blutes,
des Instinktes, des Triebes und der Gewalt eingesetzt werden
gegen die angeblich abgetanen und geistig nicht mehr lebensfähi-
gen Gedanken der Freiheit und der Demokratie, so stellt jene
verabscheuungswürdige Mischung von Revolution und Reaktion
sich her, die wir heute so vielfach am Werke sehen, jener roh
romantische Dienst am Vergangenen, der sich die Miene des Ju-
gendlich-Zukünftigen gibt und dadurch verführerisch zu wirken
versteht."[18] Von Baeumler und Bachofen ist nicht mehr direkt
die Rede - umso direkter aber von ihren Wirkungen im Politischen,
und so erfüllte sich für Thomas Mann langsam, was er 1926 vorausgesehen hatte.

*

Thomas Mann hat freilich auch noch auf andere Weise Baeumlers
und Bachofens nächtliche Romantik und den Mutterkult zu bekämpfen versucht. Im gleichen Jahr 1926, in dem er in seiner
"Pariser Rechenschaft" dem Mutterrechtsdenken und der romantischen Nachtschwärmerei seine Absage erteilt hat, beginnt er

einen epischen Plan auszuführen, in den seine ganze Abwehrhaltung Baeumler und Bachofen gegenüber ebenfalls eingehen sollte:
es ist der Josephsroman. Mit den Vorarbeiten zu ihm fängt er
im August 1926 an, also kurz nach der "Pariser Rechenschaft";
im Dezember 1926 folgt dann die Niederschrift der Einleitung,
die "Höllenfahrt". Natürlich hat die Beschäftigung mit Baeumler
und Bachofen nicht die Entstehung des Romans ausgelöst; der
Plan geht bis in das Jahr 1923 zurück, und es kommt hinzu, daß
andere Auseinandersetzungen mit in seinen Augen negativen Positionen der Zeit den Roman ebenfalls entscheidend mitbestimmt
haben: so die Kontroverse mit Spengler, dessen "Untergang des
Abendlandes" er mit seinen Josephsromanen quasi die Beschreibung des Aufgangs des Morgenlandes entgegensetzen wollte.
Spenglers Buch hat die Josephsgeschichte sogar bis in Struktur
und Titelsetzung hinein beeinflußt; so ist der für die Josephsromane so zentrale Begriff des Segens ein Gegenprinzip zum Spenglerschen Schicksalsgedanken, und wenn die Geschichte für Spengler in der Nachfolge von Geschichtsphilosophien des 19. Jahrhunderts zum trostlosen Kreislauf wurde, geht es in den Josephsromanen um Fortschritt und Segenserfüllung; während sich Spengler
im wesentlichen für das 'Einst' als das Frühere interessierte, so
setzt Thomas Mann dagegen den Doppelsinn von 'Einst', das Vergangene und das Zukunftsträchtige, das in der Josephsgeschichte
angelegt war, und da wir wissen, daß Thomas Mann später in
Spengler vor allen Dingen den Propheten des faschistischen Herrenmenschen sah, so wird auch die Auseinandersetzung mit Spengler zu einer Auseinandersetzung mit den Kräften, die am Zustandekommen des Faschismus für Thomas Mann wesentlich mitbetei-
ligt waren. Doch daneben findet sich, etwas stärker verdeckt,
aber doch nicht weniger bedeutsam, die Auseinandersetzung mit
Baeumler und Bachofen, und sie wird von der Sache her eher noch
dezidierter geführt als die mit Spengler.

Wir wissen, daß Thomas Mann ursprünglich durchaus Unpoliti-
sches, rein Erzählerisches mit seinem Joseph vorhatte: eine Novelle war geplant als "Flügelstück eines historischen Triptychons,
dessen beide andre Bilder spanische und deutsche Gegenstände
behandeln" sollten, "wobei das religionsgeschichtliche Motiv als
durchgehend gedacht war."[19] Das bot genug Raum, um sich auch
mit Baeumler und Bachofen auseinanderzusetzen. Hinzu kam das,
was Thomas Mann seine "epische Pedanterie" genannt hat: "Der
Fanatismus des ab ovo hatte mich genötigt, die Vor- und Väter-
geschichte mit einzubeziehen, und namentlich die Figur Jaakobs,
des Vaters, gewann eine so vorherrschende Stellung, daß der Titel
'Jaakob und seine Brüder', an dem ich der Überlieferung wegen
hänge, am Ende sich als unzutreffend erweisen und dem anderen
'Jaakob und seine Söhne' wird weichen müssen". Das schrieb Thomas Mann in seinem "Lebensabriß" 1930; damals aber war die
Konfrontation mit Bachofen und Baeumler schon literarisch umge-

setzt, und der Hinweis darauf, daß die Vaterfigur eine so vorherrschende Stellung gewonnen hatte, ist denn auch nicht durch "epische Pedanterie" allein zu erklären, durch das Zurück zum eigentlichen Anfang der Geschichte, sondern ist eine Antwort auf Bachofen und Baeumlers Mutterkult und die Lehre vom Matriarchat
als dem Anfang aller historischen Entwicklungen. Thomas Manns
Josephsromane sind ein einziger Versuch, die Bachofensche Lehre
von der Gynäkokratie zu widerlegen: am Anfang, am Urbeginn
der Geschichte war für ihn der Vater, dahinter noch der Vater
des Vaters, und Thomas Mann Widerlegungsversuch geht so weit,
daß er bis in Einzelheiten die Bachofenschen Symbole uminterpre-
tiert: beschreibt Bachofen die Mondphilosophie der Frühzeit als
dem Matriarchat und der Gynäkokratie zugehörig, so wird schon
im ersten Kapitel der eigentlichen Erzählung der Mond dem initiatorischen Gespräch zwischen Vater und Sohn zugeordnet, und
es kann kein Zweifel sein, daß das nicht nur gegen Bachofen gesagt ist, sondern zugleich gegen die Wirkung Bachofens in seiner
Zeit. Thomas Mann hat auch hier ganz bewußt das Morgenland
gegen das Abendland, gegen Bachofens "antikes Mutterprinzip"
eingesetzt, und schon hier deutet sich an, daß die biblische Geschichte die verheißungsvolle Geschichte sein wird, wie Thomas
Mann sie später der nichtbiblischen, inhumanen Geschichtskon-
struktion anderer Mythologen wie Rosenberg entgegengesetzt
hat.

So sind auch die Josephsromane von ihrer Urkonzeption an
einbezogen in Thomas Manns Auseinandersetzung mit dem Faschismus oder vielmehr mit dem, was sich als Faschismus in den
zwanziger Jahren zu erkennen gab. Der mythologische Roman
ist unter der Hand zum politischen Roman geworden, nicht erst
durch den Einbezug der Rooseveltschen New-deal-Wirtschaftsad-
ministration und nicht erst durch die Entgegnung auf Rosenbergs
"Mythus des 20. Jahrhunderts", den Thomas Mann in den späteren
Partien seines Romanwerks allerdings ebenso deutlich treffen
wollte wie Baeumler und Bachofen in seinen ersten. Für Thomas
Mann war der Weg in den Mutterkult und in das Unbewußt-Dyna-
mische, Dunkle der Romantik, wie Baeumler sie verstanden hatte,
ein Weg zurück, der umso bedenklicher war, als der Weg vom
Mutterkult zum Vaterprinzip der religions- und kulturgeschichtlich
entscheidende Schritt in der Entwicklung der Menschlichkeit gewesen war. Bachofen selbst hatte vom Fortschritt von der mütter-
lichen zu der väterlichen Auffassung des Menschen gesprochen
und darin den wichtigsten Wendepunkt in der Geschichte des Ge-
schlechterverhältnisses gesehen[20]. Die Verherrlichung des Mutterrechts durch Baeumler aber mußte daran gemessen wie ein Schritt
noch hinter Bachofen zurück erscheinen, und daß Thomas Mann
dem Vätergeschichten entgegensetzte, den Bericht von der Entwicklung der Menschheit aus dem Hordendasein zum Individuellen
hin, die Geschichte der Aufklärung und des klugen Denkens, war

sein vielleicht schärfster Angriff auf Baeumler als dem Propagator präfaschistischer Ideen. Später hat Thomas Mann selbst darauf
hingewiesen, welche "Werk-Aktualität" Bachofen für die Josephsromane besessen habe, daß seine Äußerungen über ihn "in den
zwanziger Jahren von politischer Beängstigung eingegeben waren
und von dem tendenziösen Mißbrauch, den man mit ihm trieb."[21]
Aber auch schon vorher, in der Exilzeitschrift "Maß und Wert",
hat Thomas Mann noch einmal beschworen, was er schon 1926
gegen den Barbarismus der Mutterrechtler ins Feld geführt hatte,
wenn er erneut die Positionen umriß, von denen er den Faschismus
zu bekämpfen gedachte. " 'Maß' und 'Wert': Maß, das ist Ordnung
und Licht, die Musik der Schöpfung und dessen, was schöpferisch
ist; es ist auch das Errungene, dem Chaos Abgewonnene, das Anti-
Barbarische, der Sieg der Form, der Sieg des Menschen. [...] Eine
Aufgabe der Sorgsamkeit und der Tapferkeit zugleich: so stellt
also das Problem der Wahrheit sich dem Gutartigen, dem leidlich
gottesfürchtigen Menschensinn dar"[22]. Zehn Jahre zuvor hatte
Thomas Mann ähnliches eher noch schärfer gesagt, als er gesehen
hatte, in welchem Ausmaß das, was er "radikalen Nationalismus"
genannt hatte, mit einer "romantisierenden Philosophie" zu tun
hatte, da diese romantisierende Philosophie einen der Anstöße
abgegeben hatte für die "exzentrische Seelenlage einer der Idee
entlaufenenen Menschheit"[23], die für ihn aber die desorientie-
renden, entmutigenden und verzweifelten Folgen hatte, von denen
seine Briefe der Jahre 1933 und 1934 so deutlich künden. Das
"unglückliche Volk in dumpfer Unwissenheit und unbestimmter
Angst" - das war das Ende einer Zeit, die sich allzu ausgiebig
mit den Nachtseiten des Lebens und der dunklen Mythologie
Baeumlers und Bachofens beschäftigt hatte. Und es sieht so aus,
als habe Thomas Mann, vier Jahre nach der Lessingrede, Lessings
Geist noch einmal heraufgerufen, als er in der "Vertiefung in eine
innerlich unschuldige und heitere geistige Schöpfung" das einzig
wirksame Sedativ erkannte.

DAS EXIL UND SEINE LITERARISIERUNG

DES WELTBÜRGERS THOMAS MANN
DOPPELTES DEUTSCHLAND

Der junge Thomas Mann ist ein Autor, der bei aller Vorliebe für wirklichkeitsnahe Darstellungen mannigfache Vorbehalte gegen das Eindeutige hat.[1] Darin drückt sich eine gebrochene, auf Abwehr jeglicher Einseitigkeit bedachte Haltung zur Wirklichkeit überhaupt aus, ein abwartendes, auf Distanz angelegtes Reagieren auf das von außen Kommende. Darf man von einem solchen Weltverhältnis politisch klar Definiertes erwarten, überhaupt eine unmißverständliche, offene, widerspruchslose Einstellung zur politischen Umwelt und Lage – und damit in diesem Fall zu Deutschland? Wohl kaum – und in der Tat fehlt es bei Thomas Mann bis hin zu den Jahren des Ersten Weltkriegs auffällig an ausführlichen Stellungnahmen zum Deutschen. Es gibt zwar die patriotischen Lippenbekenntnisse zur eigenen Nation in den "Gedanken im Kriege"[2] oder in "Friedrich und die große Koalition".[3] Aber das waren nur Antworten auf etwas zweifelhafte Forderungen des Tages, Dutzendansichten kamen da hoch, was die politische Nationalzustimmung, was das generelle Deutschlandbekenntnis betraf. Denn so wie Thomas Mann dachten viele, fühlten sich zu Treuegelöbnissen von der allgemeinen Weltlage her aufgefordert, zu Loyalitätsgefühlen und zu Sympathieerklärungen, was den politischen Kurs der Obrigkeit anging – Patriotenbekundung das eine, also jene "Gedanken im Kriege", Romanentwurf das andere, der Friedrich-Stoff. Sehen wir von diesen allzu zeitbedingten und nicht sonderlich originellen vaterländischen Verbeugungen und Konformitätserklärungen einmal ab, so gibt es nicht viel an politischen Bemerkungen und an Äußerungen zu Deutschland – und daß dem so ist, ist eigentlich ja auch völlig verständlich angesichts der schwankenden, nie sehr selbstsicheren Weltbeziehung dieses Autors, der ein viel zu stark gebrochenes Wirklichkeitsverhältnis und große Vorbehalte gegenüber jeder allzu distinkt vorgebrachten Weltlehre und Diesseitsgläubigkeit hatte,[4] als daß er sich nicht hätte aufgefordert fühlen müssen, sofort mit dem jeweils auch möglichen Gegenteil herauszurücken. Wer die Dinge dieser Welt stets von mindestens zwei Seiten aus zu sehen gewohnt ist, wer das Einseitige gerne auch von seinem Gegenüber her betrachtet, von dem sind nationale Feststellungen oder eindeutige politische Sympathien kaum zu erwarten. Hier urteilte und schrieb überall einer, der Schopenhauer gründlich gelesen hatte und dessen Lehren auch zu beherzigen gewillt war:[5] und so konnte ein unmißverständliches, positives Wirklichkeitsverhältnis nicht seine Sache sein. Wir haben aus diesen Jahren denn auch so gut wie keine öffentlichen Äußerungen zu Deutschland oder zur Politik – verständlicherweise.

Veränderungen kommen auf, als die Zeit sich ändert – und,

wie immer, sie werden sichtbar am Schreibstil, diesem sensibel-
sten Indikator sich anbahnender Wandlungen. Zwar herrschen die
Gegensätze, aus denen das Frühwerk so stark lebte, auch noch
am Anfang des "Zauberbergs", bilden sich kontrastive Haltungen
aus – aber der durch Unbestimmtheit ausgezeichnete Held wandelt
sich im Verlauf der Darstellung, wird schließlich zum Vorbild
und Musterfall; und damit wird erstmals im Romanwerk Thomas
Manns programmatisch eine Position der Mitte beschrieben. Mit
dem "Zauberberg" ist das Durchlavieren zwischen Antinomien,
diese Gratwanderung zwischen dem Ungeheuren links und rechts
als einzig mögliche Haltung öffentlich proklamiert, und so wie
klar zu erkennen ist, daß die Doppelfigurationen in den Romanen
und Erzählungen Thomas Manns allmählich abgedrängt werden
in die jokosen Randzonen, ins Grotesk-Lächerliche oder auch erbarmungswürdig Zu-Kurz-Gekommene, so ist auf der anderen
Seite deutlich zu sehen, daß "die Mitte" im "Zauberberg" schließlich als Lebensziel erscheint, wenn Castorp in seinem begeisterten
Traum erkennt, daß eben dort des Homo Dei Stand sei.[6] Auch
die Existenzen Josephs und Goethes sind in gewissem Sinne Grat-
wanderungen, aber Castorps im Roman anfangs noch mit dem
Stigma norddeutscher Mediokrität versehene Stellung ist ausge-
baut worden, so daß der Weg an den Widersprüchen vorbei schließlich zum gloriosen Siegeszug eben jener wird, die das Extreme
kennen, doch es zu umgehen wissen. Die Gegensätzlichkeiten,
denen sich der Held des Berghofromans konfrontiert sieht, haben
viele Namen; aber seine Weltsicht mündet immer stärker in eine
mittlere Haltung, die sich dadurch definiert, daß sie den Radika-
lismen ausweicht, weil sie um sie weiß: häufig ein seiltänzerischer
Akt, oft ein Sowohl-Als-Auch, nur zu oft die Einsicht, daß man
das Gegenteil hinzudenken muß, um gerecht sein zu können. Aber
das Mittlere ist jetzt nicht mehr, wie früher, nur ein Hohlraum
zwischen Gegensätzen, sondern es wird benennbar, personifiziert
sich im Romanhelden, wird zur Position der Stärke und Überlegenheit. Und es ist alles andere als ein Zufall, daß jetzt, in der "Zauberberg"-Zeit, auch Deutschland ins Blickfeld Thomas Manns rückt
– wie das die "Betrachtungen eines Unpolitischen" dokumentieren.
Sicher haben die Erfahrungen der Zeit das Ihre getan, Thomas
Mann überhaupt zu Äußerungen über Deutschland zu bewegen,
die nicht die des patriotischen Jedermann waren wie noch zu Beginn des Krieges. Umgekehrt wäre Deutschland aber wohl kaum
so sehr zum Thema Thomas Manns geworden, wäre es bei jenem
gebrochenen Wirklichkeitsverhältnis geblieben, das sich im Frühwerk Thomas Manns abzeichnet. Es handelt sich bei alledem um
weitaus mehr als um einen neuen literarischen Bereich, den Thomas Mann entdeckt. Nicht nur, daß die neue, im "Zauberberg"
langsam aufgewertete und beschreibbar gewordene Position der
Mitte[7] nun auch die politischen Stellungnahmen mitbestimmt;
zugleich erscheinen Zeit und Politik in einer Form miteinander

versöhnt, die den Aufbruch aus der Haltung des Vorbehalts, der immer nur bedingten Weltzustimmung bedeutet.

Es ist für Thomas Manns Verhältnis zu Deutschland entscheidend wichtig gewesen, daß er darüber nachzudenken beginnt, als er sich der Legitimität der Mittel- und Mittlerstellung versichert hatte. Das war in den "Betrachtungen eines Unpolitischen" und im "Zauberberg" geschehen – und mit ihnen setzen die Deutschland-Betrachtungen eigentlich erst ein. Auffällig ist, daß Thomas Mann seine Philosophie der Mitte unmittelbar ins Politische überträgt und damit das "Deutsche" und das "Mittlere" unauflöslich miteinander verknüpft. Vom Frühwerk her wäre eher zu erwarten gewesen, daß seine Beziehung zu Deutschland ebenfalls doppelsinnig geworden wäre, daß es Deutschland als konstante Größe für ihn überhaupt nicht gegeben hätte, sondern bestenfalls als Agglomerat aus Gegensätzen, so wie, um im Sinne des ersten Romans zu sprechen, die Buddenbrooks eben auch nur das waren, was Thomas und Christian zugleich verkörperten. Aber das Gegenteil ist der Fall. Thomas Mann gewinnt schnell eine einheitliche und eindeutige, undifferenzierte, geradezu monolithische Beziehung zu Deutschland in der Zeit des endenden Ersten Weltkrieges. Die "Betrachtungen eines Unpolitischen" zeigen, wie starr und kompakt die Deutschlandvorstellungen von Anfang an sind. Deutschland ist immer etwas Ganzes, von unproblematischer Qualität; es gibt auch die Deutschen, vor allem aber das Deutsche. Thomas Mann beschreibt sein Land als eine ungeteilte Einheit, als feste Größe.

Damals entwarf Thomas Mann ein fast bestürzend homogenes Bild. Im Grunde genommen fallen Thomas Manns Deutschland-Vorstellungen selbst hinter solche des 19. Jahrhunderts zurück – Fontane etwa hat nicht nur in seinen Romanen sehr viel differenziertere Deutschland-Portraits geliefert. Offenbar hat die Situation des Schreibenden, hat die Zeit der Entstehungsgeschichte, hat vor allem der in den "Betrachtungen eines Unpolitischen" so scharf herausmodellierte Gegensatz zu Frankreich für Thomas Mann das Deutsche einhellig gemacht. "Deutschland", "Deutschtum", "deutsches Wesen", "deutsches Volk", "deutscher Mensch", "gut deutsche Art" sind ebenso charakteristische wie fragwürdige Generalisierungen. Freilich reicht der Hinweis auf die Abhängigkeit dieses Deutschlandbildes von einem nicht weniger stark zurechtkonstruierten Frankreich-Bild allein kaum aus, das so bedenklich einlinige und ohne jede Abschattierung entworfene Deutschlandgemälde, die so hochpolierte bruchlose Außenseite dieses Deutschlandverständnisses recht zu begreifen – sieht man im Hintergrund nicht auch die "Zauberberg"-Philosophie vom hohen Wert der Mitte. Die aber blieb, eben weil sie Mitte war, undifferenziert und war nicht mehr durch ein Gegenteil in Frage gestellt. Daß die Mitte und damit das Deutsche derart aus jeglichem kritischen Reflexionsprozeß herausgenommen waren, erleichterte

ihre Aufwertung; und weil das Deutsche ein so pauschaler Wert
war, konnte sich ein weiterer Wert mit der Idee der Mitte und
der Vorstellung vom Deutschen bruchlos verbinden. Aus den "Betrachtungen eines Unpolitischen" wird deutlich, daß Thomas Mann
unter dem Deutschen auch das Bürgerliche versteht: für Thomas
Mann identische Größen. Und so spricht er denn fraglos von der
"Deutsch-Bürgerlichkeit". Wenn er das Ethische über das Ästhetische dominieren läßt, so setzt er hinzu: "So war es deutsch, so
war es bürgerlich".[8]

Eine kühne Gleichsetzung. Sie gipfelt in den "Betrachtungen
eines Unpolitischen" in einer Eulogie auf die deutsche Bürgerlichkeit, die für ihn mit Humanität identisch ist, und von dieser Bürgerlichkeit hat sich für ihn der Begriff des Deutschen dann lange
Jahre nicht mehr getrennt. Diese Identität von Deutschtum und
Bürgertum rettet das Deutsche für Thomas Mann ohne Schwierigkeiten über das Jahr 1918 hinweg: war das alte Deutschland
auch zerstört, so bleiben für ihn die eigentlichen Werte des Deutschen um so unberührter: Menschlichkeit, Tugend, Philanthropie.
Die Mythographie des Deutschen hatte begonnen.

Wir können vom Gestrüpp der Auseinandersetzungen um den
Zivilisationsliteraten absehen. Die Frage, ob das Deutsche konser-
vativer Grundstimmung sei oder nicht, ist ebenfalls unerheblich,
so belanglos es letztlich auch ist, woher Thomas Mann seine in
sich so geschlossenen Vorstellungen bezog. Wie er diese hier hand-
habt, läßt erkennen, daß er vor allem als Nietzsche-Schüler denkt;
er hat Nietzsches Deutschland-Begriff individualisiert, persona-
lisiert, auf sein eigenes Herkommen bezogen – und ihn damit außerhalb jeder Diskussion gebracht. Allerdings ist die kritische
Komponente aus Nietzsches Deutschlandbeziehung völlig in den
Hintergrund gedrängt worden, Wagners sehr viel ungebrochenere
Deuschland-Bilder haben sich davorgeschoben: Thomas Manns
Deutschland ist aus dem Selbstbezweiflungsprozeß herausgenommen und präsentiert sich in fast fugenloser Geschlossenheit als
positiver Wert. Und weiterhin: Deutschtum als Bürgerlichkeit,
das Bürgerliche als das Deutsche, beides zugleich als "Mitte" verstanden: damit waren alle drei Begriffe wechselseitig aufgewertet
und gegen Angriffe von außen abgesichert. Thomas Mann hat seine
Bürgerlichkeit in dieser Zeit nie bezweifelt, sie vielmehr leiden-
schaftlich verteidigt, und wenn das Deutsche dergestalt mitein-
bezogen ist in die Sicherung des eigenen Herkommens und der
eigenen Identität, so ist auch dieser Begriff nicht teilbar, mehr
noch: durch die Philosophie der Mitte zusätzlich abgesichert.

Das änderte sich auch nicht nach den "Betrachtungen". Der
Begriff des Deutschen wandert unreflektiert, undifferenziert
durch die zwanziger Jahre; allenfalls nimmt Thomas Manns Neigung, das Deutsche zu personalisieren, noch zu. 1922 spricht Thomas Mann "Von deutscher Republik" – am Deutschtum hat sich
für ihn nichts geändert; erneut bewegt Thomas Mann sich in dieser

Rede auf Gerhart Hauptmann in einem weiten Meer assoziativer Vorstellungen, in denen Ideen von Novalis ebenso ihre Rolle spielen wie Schillers Verrina. Thomas Mann scheint nicht davon berührt worden zu sein, daß damals Auseinandersetzungen um das Deutsche bereits begonnen hatten. Im Namen des Deutschen werden bei ihm die auseinanderstrebenden Elemente wieder zueinandergebracht, und Novalis muß herhalten, um die Möglichkeit einer solchen Integration zu garantieren – im Namen eines "kraftvollen Bürgergefühls"[9]. Wieder geht es auf die "deutsche Mitte" zu[10], und wieder ist das Deutsche das Bürgerliche und Humane zugleich. Die Begriffe sind konvertibel; nun kommt auch noch, ohne alle taktische Raffinesse, die "Demokratie" hinzu[11], und wenn sich als Kronzeuge dafür auch ein sehr wunderliches Paar zusammenfindet, nämlich Novalis und Walt Whitman, so sind beide zusammen doch gut genug, um "die Demokratie, die Republik in Beziehung [zu] setzen zur deutschen Romantik"[12]. Es geht wild her in diesem republikanischen deutschen Bürgerlichkeitsentwurf, der Leser wird zuweilen so verwirrt wie Hans Castorp im Gespräch mit dem aufgeklärten Carducci-Anhänger und dem rabulistischen Dunkelmann, wenn er zu hören bekommt, was alles im Namen des Demokratismus, der Republik, des Deutschen und des Bürgerlichen zusammengehöre. Am Ende läuft die Gedankenkette auf eine großzügige Apologie des Nationalen hinaus, in dem sich Deutsches und Bürgerliches treffen, da die Republik eben "die deutsche Mitte, das Schön-Menschliche" ermögliche. Ein politischer Morgentraum, der wohl nur geträumt werden konnte, weil die Romantik das schon vorgeträumt hatte; hier, in dieser Rede von deutscher Republik, haben wir noch ein letztes Loblied auf die deutsche Romantik, als deren Erfüllung diese Republik erscheint: das Bürgerliche fraglos eingeschlossen.

Politische Veränderungen bewirken in dieser Zeit gar nichts, sondern verstärken eher noch das Unbestimmt-Großräumige der Definitionen. Als Walther Rathenau ermordet wird, erscheint die "Deutsche Republik" weiterhin in ihrer bedeutungsschweren Monumentalität; sie ist immer noch Garant der Idee des Humanen,[13] und sie verträgt sich durchaus mit der "schönsten Eigenschaft des deutschen Menschen"[14] – seiner "Innerlichkeit". Die Globalvorstellungen haben sich verhärtet, wo vom "deutschen Wesen",[15] vom "deutschen Fortschreiten von der Innerlichkeit zum Objektiven",[16] von dem "deutschen Bürger und Menschen",[17] von der "republikanischen Jugend Deutschlands" die Rede ist. Der konstruktivistische, literarisch vorgeprägte, die Wirklichkeit negierende Charakter dieser Bestimmungen ist unverkennbar, der Mangel an tatsächlicher politischer Realität verblüffend. Alle Definitionen des Deutschen in dieser Zeit sind bei Thomas Mann spekulativ gewonnen, wobei die geistesgeschichtliche Assoziation die wichtigsten Verbindungen herstellt. Am Ende findet sich ein buntes Panorama von allgemeinen Grundideen; Humanität,

Republik, Bürgerlichkeit, Deutschtum, Leben, Geist, Demokratie, Freiheit liefern dabei die topographischen Punkte, von denen her diese weiträumige Ideallandschaft überschaubar wird. Die Überlieferung gerinnt zum geistesgeschichtlichen Destillat, das merkwürdig abstrakte Züge bekommt.

Noch 1930, als die Weimarer Republik schon hoch gefährdet ist, hat sich an Thomas Manns monolithischen Feststellungen nichts geändert; sie haben sich eher noch verfestigt. In der "Deutschen Ansprache", als "Ein Appell an die Vernunft" gedacht, sind die Einheitsvorstellungen vom Deutschen tiefer denn je eingegraben. Thomas Mann argumentiert weiter auf einer geistigen Ebene, von der er sich politische Wirkungen verspricht: so ist auch hier vom "deutschen Volk"[18] die Rede, vom "deutschen Gemütszustand",[19] vom "Deutschtum" und "der Natur des deutschen Volkes",[20] von "echter Deutschheit",[21] vom "geistigen Ansehen Deutschlands in der Welt",[22] von "der deutschen Arbeiterschaft" und der "deutschen Bürgerlichkeit",[23] vom rechten Weg für Deutschland, von "Deutschland" schlechthin – so, als gäbe es tatsächlich dieses Deutsche als immer noch ungeteilte Größe und selbstverständliche Einheit. Der Appell an die Vernunft ist in Wirklichkeit ein Appell an das Deutsche, über alle Auseinandersetzungen um die rechte Interpretation dieses Phänomens hinweg getragen von einem Glauben an ein unitarisches Substrat, das hinter allen Zersplitterungen und Facettierungen existiert. Abweichungen und Schattierungen werden weggewischt, stattdessen wird die Idee gegen die Wirklichkeit ins Feld geführt. Die Identifikation des Deutschen mit dem Bürgerlichen besteht fort. Natürlich sieht Thomas Mann die exzentrische Politik der vergangenen Jahre, aber er reagiert darauf mit einer für ihn charakteristischen Frage. Sie lautet: "Ist das deutsch? Ist der Fanatismus, die gliederwerfende Unbesonnenheit, die orgiastische Verleugnung von Vernunft, Menschenwürde, geistiger Haltung in irgendeiner tieferen Seelenschicht des Deutschtums wirklich zu Hause?"[24] Thomas Mann verneint seine selbstgestellte Frage natürlich – aber damit setzt eine Entwicklung ein, die Thomas Manns so eindeutiges, affirmatives, allgemeines und ungebrochenes Verhältnis zum Deutschen am Ende fragwürdig erscheinen läßt, weil es unbeweglich war und neue Entwicklungen in Deutschland nicht mehr in seine Deutschlandvorstellungen integrierbar waren. Was deutsch war, war festgelegt; was dem widersprach, wurde beiseitegeschoben, negiert, als undeutsch abgetan. So werden denn auch fortan "Fanatismus" und "gliederwerfende Unbesonnenheit" nicht mehr zum Deutschen gezählt, sondern einem Außenseitertum zugerechnet, das niemals den Anspruch erheben durfte, das Deutsche zu vertreten, dem Thomas Mann sich so sehr verpflichtet fühlte. Die Einheitsvorstellungen, ihm vertraut seit den "Betrachtungen eines Unpolitischen", zeigen ihre Wirkung: was nicht zum Bild vom guten Deutschland paßt, wird verleugnet, abgedrängt, verharmlost, weggewischt, allenfalls mit einiger Polemik bekämpft. Hätte Thomas Mann damals "Fanatismus" und "gliederwerfende Unbesonnenheit" als durchaus nationale Erscheinungen von erheblicher Breite erkannt, hätte sich sein Verhältnis zu Deutschland und den Deutschen möglicherweise ganz anders definiert: es wäre wirklichkeitsnäher geworden, das Deutschlandbild differenzierter; die divergenten, widerspruchsvollen, chaotischen Züge wären nicht überdeckt worden, das Zerstörerische und tief Fragwürdige jener Strömungen, die sich ebenfalls als deutsch bezeichneten, hätten seine Volksbegriffe gründlich zerstört, ihn vielleicht direkter reagieren lassen auf das, was sich da zusammenbraute.

DaB dem nicht so war, hatte eine wichtige Ursache und eine wichtige Folge: die Einheitsvorstellungen vom Deutschen, gekoppelt mit der Idee, daß das Deutsche letztlich etwas Gutes sei, hatten ihre Wurzeln in der Identifikation des Deutschen mit dem Bürgerlichen und der "Mitte" – und es wäre einem Akt der Selbstaufgabe, einem Verlust an eigener Identität gleichgekommen, hätte Thomas Mann auch das als deutsch anerkennen müssen, was nicht bürgerliche Mitte war, also jene Orgien der Massenverführung und den aggressiven Nationalismus. Weil ihn aber die Identifikation von Deutschtum und bürgerlicher Mitte dazu zwingt, jeglichen unbürgerlichen Fanatismus als nichtdeutsch abzutun, bleibt es bei der rhetorischen Verurteilung und bloß scharfzüngigen Demaskierung dieser Phänomene, die aber dadurch verharmlost werden – weil sie in einem sehr entfernten Bereich dieser unendlichen Kolossallandschaft des Deutschen angesiedelt sind, nicht zum Festland gehörend und eher insularen Charakters, damit aber auch nicht recht ernstzunehmen, vergänglich auf jeden Fall, undeutsch ohnehin und daher offensichtlich in absehbarer Zeit zum Absterben verdammt. Der Appell an das Deutsche im Sinne dessen, was Thomas Mann schon zu Beginn der zwanziger Jahre darunter verstand, nimmt also noch zu, und er wird umso dringlicher, weil auf diese Weise, so hofft Thomas Mann, das Undeutsche und Lächerlich-Verwerfliche jener nationalen Berauschtheit und das Ärgerlich-Komische der primitiven Volksausartungen dem Deutschen, habe er nur einen Funken Einsicht in die Eigentümlichkeit seines Wesens, sichtbar werden müsse. Deswegen also wird erneut die "echte Deutschheit" beschworen, ist von dem geistigen Ansehen Deutschlands die Rede, wird der Begriff des Deutschen noch einmal aufgeladen mit Ideen von "Vaterland" und "Menschheit".[25] Thomas Mann rühmt die Politik Stresemanns, die jener "als deutscher Patriot" verfolgt habe;[26] alles wird in den Bereich des Deutschen hineingebracht, was sich mit ihm zu seinem Vorteil verbinden läßt, auch die Idee der Sozialdemokratie,[27] an deren Seite, so meint Thomas Mann, "der politische Platz des deutschen Bürgertums" heute, d. h. 1930, sei.[28] Vergebliche Liebesmüh, wie wir wissen; und wir sehen zugleich, daß dieser Begriff des Deutschen für Thomas Mann sich nicht halten ließ

- es sei denn, er wäre willig gewesen, auch den nationalsozialistischen Fanatismus als Deutsches zu erkennen. Aber dazu war er nicht bereit, und so blieb es der Geschichte vorbehalten, ihn zu einer Erkenntnis zu bringen, der er sich damals so entschieden verweigerte.

Von der Selbstsicherheit dessen her, der die nationalen Rauschzustände jener Jahre als kuriose, aber nicht unmittelbar bedrohliche Randerscheinungen einer wildgewordenen Deutschtümlichkeit deutete, läßt sich die tiefe Verstörung verstehen, die die Ereignisse des Jahres 1933 auslösen. In seiner ersten Reaktion spricht Thomas Mann von einer "unsinnigen Katastrophe"; er fürchtet den "Verlust der bürgerlichen Existenz", und hier wird noch einmal deutlich, wie eng für ihn Bürgerlichkeit und das Deutsche miteinander gekoppelt sind: da er aus Deutschland vertrieben worden ist, ist auch die bürgerliche Existenzform für ihn obsolet geworden. Es folgen Jahre der Irritation, der Beschwichtigungen, die aber immer wieder nur dazu führen, daß sich seine innere Unruhe steigert. Thomas Mann kann sich nicht freimachen von dem Gedanken, auf beschämende, beleidigende, erniedrigende Weise überfallen worden zu sein, und man kann sich dieses Hin und Her in seinen Ansichten zur Zeit, dieses Nicht-Ernst-Nehmen der tatsächlichen politischen Vorgänge und das fürchterliche Erschrecken vor dem, was dann wirklich passierte, dieses Auf und Ab in den Stimmungen zwar als Hin- und Hergerissenwerden zwischen Phasen der Verzweiflung und der Hoffnung erklären, aber auch als durchaus bewußte Reaktion auf Ereignisse, deren Eintreten er nie für möglich gehalten hätte – weil er eben in jene entfernten Regionen der Nationallandschaft verbannt glaubte, was jetzt überall hochgekommen war. Damals muß Thomas Mann erkannt haben, daß seine Vorstellung von Deutschland und den Deutschen revisionsbedürftig war: ein anderes Deutschland als das, das er kannte und dem er sich zugehörig fühlte, erhob nun den Anspruch, das Deutsche zu repräsentieren, und der Brief an den Bonner Dekan anläßlich der Aberkennung seiner Ehrendoktorwürde zeigt, daß für Thomas Mann nun ein zweifaches Deutschland zu existieren beginnt: das innerhalb der deutschen Grenzen von damals und jenes Deutschland außerhalb, das die eigentliche deutsche Kultur präsentiert. Thomas Mann zitiert mit Stolz aus dem Text der Ehrenbürgerurkunde der Harvard University, wo ihm bescheinigt wird, daß er "z u s a m m e n m i t g a n z w e n i g e n Z e i t g e n o s s e n d i e h o h e W ü r d e d e r d e u t s c h e n K u l t u r b e w a h r t" habe[29] – da jene anderen die "unglaubwürdige Kühnheit" haben, "sich mit Deutschland zu verwechseln".[30] Fortan also gibt es ein doppeltes Deutschland für ihn; das unglaubwürdige und verdammenswerte lebt dort, wo früher das gute und große Deutschland existierte; das eigentliche hingegen, das der Kultur, nun außerhalb, genauer: bei Thomas Mann selbst. Thomas Mann hält an seiner bürgerlichen Existenz

fest, so gut sich das ergeben wollte, aber er sieht zwischen 1933
und 1937/38 doch zunehmend deutlich, daß sein Deutschtum mit
dem anderen, in Deutschland existenten nicht mehr das Geringste
gemeinsam hat. 1938, im Jahr der Übersiedlung nach Amerika,
ist dieser Ablösungsprozeß von der so lange festgehaltenen bürgerlichen Kultur in Deutschland, genauer: die Distanzierung von einem fatalen Deutschtum an ein vorläufiges Ende gekommen; und
es ist der Goethe-Roman, der die Trennung endgültig verkündet.
Nicht nur, daß Thomas Mann überzeugt ist, mit diesem Roman
Goethe und sein Zeitalter aus der unangenehmen Nachbarschaft
des neuen Deutschland befreit zu haben; in Goethe selbst, der
noch einmal zur Verteidigung der deutschen bürgerlichen Kultur
heraufgerufen wird, hat Thomas Mann die Distanzierung zu allem
Deutschen deutlich genug ausgesprochen. 1938 wird Thomas Mann
klar, daß er sich nicht mehr mit Deutschland identifizieren kann,
da für ihn deutlich ist, daß die Deutschen sich mit Hitler einig
wissen und daß Hitler sich mit Deutschland identifiziert hat –
Grund genug, eine doppelte Deutschlandvorstellung zu entwik-
keln.[31] Konsequent identifiziert er Kultur jetzt nicht mehr mit
dem Begriff des Bürgerlichen, sondern definiert sie als "das Men-
schentum selber". In seiner Rede auf dem Deutschen Tag in New
York heißt es programmatisch: "Wir sprechen dem Reiche des
Hitler das Deutschtum ab. Wir setzen ihm unseren deutschen
Glauben an die Kultur entgegen, nicht ohne Hoffnung, daß wir
ihn eines Tages auch im deutschen Land wieder werden bekennen
dürfen".[32] Das Deutsche nun als Menschliches, als Kultur
schlechthin – aber außerhalb Deutschlands.
    Allmählich also löst sich der Begriff der Kultur und der Bürger-
lichkeit von dem des Deutschen ab; und wenn sich gelegentlich
noch, etwa in den ersten Radiosendungen "Deutsche Hörer", der
Hinweis findet, daß Thomas Mann selbst als Bürger der neuen
Welt ein Deutscher sein werde,[33] so ist das ein Bekenntnis, das
nicht sehr weit reicht: zunehmend geht es um das Deutschtum
der anderen.[34] Zum Entfremdungsprozeß, der sich hier unverkennbar abzeichnet, gehört, daß immer stärker "das deutsche Volk"
angesprochen wird – und dieses ist nicht mehr identisch mit dem,
was Thomas Mann verkörpert. Dort findet sich auch die Feststellung, daß Deutschland nach acht Jahren des Nationalsozialismus
ohne diesen kaum noch gedacht werden könne; Deutschland wird
in diesen Sendungen immer stärker zum "Hitlerland"[35]. Von dem
"furchtbar verführten und entstellten Deutschland" ist die Rede,
von einem "ganz anderen Deutschland", "einem fanatischen Ver-
ächter und Vernichter alles Rechtes, aller Freiheit, aller Güte".[36]
Thomas Mann weiß, daß die alliierte Meinung von dem einen
Deutschland, das mit dem Nazitum identisch sei, so nicht
stimmt,[37] aber er ist dennoch nicht weit entfernt von der Einsicht, daß die deutsche Katastrophe nicht nur das Werk Hitlers
gewesen sei, sondern daß sich da ein ganzes Volk habe korrum-

pieren lassen. Was ihn immer wieder auf Deutschland zurück-
bringt, ist das tatsächlich existente, das Nazideutschland, mit
dem er sich auseinanderzusetzen hat – und das paradoxerweise
verhindert, daß seine Absage an das sichtbare Deutschland zur
endgültigen an Deutschland überhaupt wird. Mögen die 55 Radiosendungen an die deutschen Hörer auch eine Auftragsarbeit gewesen sein – hier zieht sich die Auseinandersetzung mit dem anderen
Deutschland durch Jahre hindurch. Das eigene, bessere Deutschland wird dabei so wenig zur Sprache gebracht, daß der Schluß
naheliegt, das böse Deutschland habe vor allem das Interesse
Thomas Manns an Deutschland wachgehalten, während er durchaus
nicht mehr als Verteidiger des guten auftrat, erst recht nicht
mehr als der kulturelle Botschafter, den man oft in ihm gesehen
hatte, anknüpfend an das Wort: "Wo ich bin, ist die deutsche Kultur". Sie war in der Tat, wo er war, aber die Verbreitung dieser
Kultur sah er nicht mehr als seine missionarische Aufgabe;
Deutschland wurde hier bekämpft, bezweifelt, an den Pranger
gestellt. Von einem guten Deutschland war immer weniger öffentlich die Rede.

Warum das gute Deutschland aus den Ansprachen so sehr ver-
schwunden war, das mochte tagespolitische Gründe gehabt haben.
Aber die eigentliche Ursache dafür, daß der scharfe Gegensatz
von einem guten Deutschland (draußen) und einem bösen Deutschland (drinnen) verblaßte, lag tiefer. Denn schon etwa 1941 muß
Thomas Mann gesehen haben, daß sich mit einem doppelten
Deutschland nicht leben ließ. Das gute Deutschland bei ihm und
das böse dort draußen – das waren Extreme, radikalisierte Positionen, die alten Antagonismen, aus denen Thomas Mann eigentlich ja schon in der "Zauberberg"-Zeit herausgekommen war, als
es mittlere Positionen einzunehmen galt. Von denen konnte 1941
schlecht die Rede sein, aber das Verlangen nach einem Kompromiß
ließ es nicht bei dem Nebeneinander zweier so divergenter
Deutschlandbilder bewenden. Es gab auch hier ein Mittleres –
Thomas Mann entdeckte von 1941 an immer stärker nicht nur
die Vorgeschichte des Nationalsozialismus in der deutschen Vergangenheit, sondern zugleich die Mischung von Gut und Böse in
ihr, die Schattenseiten der glänzenden deutschen Tradition. Er
schrieb im August 1941: "Ich gebe zu, daß, was man Nationalsozialismus nennt, lange Wurzeln im deutschen Leben hat. Es ist die
virulente Entartungsform von Ideen, die den Keim mörderischer
Verderbnis immer in sich trugen, aber schon dem alten, guten
Deutschland der Kultur und Bildung keineswegs fremd waren.
Sie lebten dort auf vornehmem Fuße, sie hießen 'Romantik' und
hatten viel Bezauberndes für die Welt. Man kann wohl sagen, daß
sie auf den Hund gekommen sind und bestimmt waren, auf den
Hund zu kommen, da sie auf den Hitler kommen sollten. Zusammen mit Deutschlands hervorragender Angepaßtheit an das technische Zeitalter bilden sie heute eine Sprengmischung, die die

ganze Zivilisation bedroht. Ja, die Geschichte des deutschen Nationalismus und Rassismus, die in den Nationalsozialismus ausging, ist eine lange, schlimme Geschichte; sie reicht weit zurück, sie ist zuerst interessant und wird dann immer gemeiner und gräßlicher".[38] Das ist schon das "Faustus"-Thema von den jahrhundertelangen Wurzeln des Bösen im Deutschen: die Mär vom guten alten Deutschland zerstörte sich selbst, die Gegenüberstellung von anerkennenswerter Geschichte der Deutschen und der diabolischen deutschen Gegenwart stimmte nicht. Da waren tiefe Schatten schon damals, als das Deutsche noch in aller Welt respektiert war, Entartungen in der Geschichte des Deutschen immer schon möglich gewesen. Zwei Jahre nach diesen Feststellungen, 1943 also, wußte Thomas Mann sogar sich selbst einbezogen in das Clair-obscur des Deutschen, als er den "Doktor Faustus" begann: ein Regressionsprozeß hatte eingesetzt; der das fremdgewordene, chaotische Deutschland Verdammende sah sich tiefer in dieses verstrickt, als es der Rolle des gerechten Richters gut tat. So mischten sich denn auch im Roman nicht nur die bislang so getrennten Bilder vom guten und vom schlechten Deutschland und verknüpften sich bis zur Ununterscheidbarkeit miteinander; auch die eigene Biographie kam mit hinein, wurde eingeschmolzen in die Geschichte jener dämonischen Mächte, die er zu beschreiben versuchte: ein doppeltes Deutschland-Bild, wie Thomas Mann es selbst ausgemalt hatte, vom guten Deutschland draußen und dem bösen innerhalb der deutschen Grenzen, war nicht nur realitätsfern; es lief auch auf eine Selbstverleugnung hinaus, die vor der wirklichen Analyse dessen, was deutsch war, am Ende nicht standhielt. Zum Zeitpunkt der äußersten Trennung von Europa läßt der Roman nicht nur eine intensive erneute Beschäftigung mit der Geschichte Deutschlands erkennen; diese mündet am Ende in das Wissen darum, daß der Roman auch eine "versetzte, verschobene, verzerrte, dämonische Wiedergabe und Bloßstellung meines eigenen Lebens" sei[39]; mit der Denunziation der tödlichen Kräfte auch im guten Deutschland nahm die Selbstbefragung außerordentlich zu, der protestantische Selbstzweifel kam erneut hoch: die Zeit einer rigorosen Trennung des guten vom bösen Deutschland war beendet. Die Doppelperspektive von Zeitblom und Leverkühn ist das romanhafte Ergebnis, notwendigerweise ein gleichzeitig gescheiterter und gelungener Versuch, beide Deutschlandbilder bis hin zur Unauflöslichkeit wieder miteinander in Beziehung zu setzen. Und da Thomas Mann sich zunehmend stärker einbegriffen erkannte in sein dort gemaltes Deutschlandportrait, sich zwar frei von Schuld, aber dennoch in die deutsche Katastrophe verstrickt sah, enthält der Roman mehr Selbstkritik als jedes andere Werk des Exils: gerade darin war er, Thomas Manns Worten zufolge, sogar unendlich deutsch. So stellt die Niederschrift des Romans den eigentlichen Wendepunkt im Verhältnis Thomas Manns zu Deutschland dar: er beendet die rigorose Trennung des guten vom bösen Deutschland der frühen Exiljahre, enthält das Eingeständnis der eigenen Betroffenheit, die gleichzeitig durch den Blick auf die dem Deutschen schlechthin inhärente Geschichte gemildert, verständlich, unvermeidbar erscheint. Allerdings: die Philosophie der Mitte, so tragfähig sie in den zwanziger Jahren gewesen war, war hier unabänderlich an ihr Ende gekommen, der Roman vom Doktor Faustus zur Widerlegung des "Zauberbergs" geworden.

Thomas Mann hat vielfache Erklärungen zu seinem Roman abgegeben; er hat ihn als "eine Buße fürs Außensein" bezeichnet und seine Arbeit am Roman genutzt, um sich nach Deutschland zu versetzen, um im Geiste 'an Ort und Stelle' zu sein. In tiefer Trennung von Europa habe er sich immerfort mit dem deutschen Charakter und Schicksal beschäftigt, in Leverkühn ein Symbol für das Verderben Deutschlands, für die Krisis der Epoche, die Krisis der Kunst gesehen, damit zugleich aber auch einen enthüllenden Rechenschaftsbericht über sich selbst geliefert. Läßt man außer acht, was zur Künstlerbiographie gehört, konzentriert man sich auf das Verhältnis Thomas Manns zu Deutschland, so wird man zugeben müssen, daß die Beziehungen zu beiden Deutschlands bis zur Ununterscheidbarkeit verwischt sind, daß es ein gutes und ein schlechtes Deutschland nicht mehr als klar voneinander unterscheidbare Größen gibt. Aber das Problem des doppelten Deutschland war auch damit nicht endgültig gelöst. So sehr die Entscheidung zur Mitte in den zwanziger Jahren ein aufklärerisches Bekenntnis enthielt, so sehr flüchtet sich der Roman nun in die Subjektivität und ins Arationale. Thomas Mann hat seine Beziehung zu Deutschland hier emotionalisiert, das Verhältnis zu seiner Herkunft ist ein leidvolles, tief gestörtes, höchst verwickeltes, und die Spaltungserscheinungen, das Doppeldeutige in seiner Beziehung zu Deutschland, das sich zuvor als sein eigenes Verhältnis zu zwei verschiedenen Deutschlands geäußert hatte, diese janushafte, ambivalente Relation blieb nicht nur erhalten, sondern führte immer tiefer in Unauflöslichkeiten hinein: das Ganze eine Geschichte der so großartigen wie fatalen deutschen "Innerlichkeit", zugleich von draußen und innen, aus der Sicht des gleichsam aus phylogenetischen Gründen mitschuldig gewordenen Exilanten.

Was es hier nicht mehr gab, war die Mittellinie zwischen vermeidenswerten Extremen: das Verhaltenskonzept der "Betrachtungen eines Unpolitischen" und der zwanziger Jahre, das sich lange Zeit als so brauchbar auch in politicis erwiesen hatte, war obsolet geworden. So kommt es nun zu eigentümlich paradoxen Feststellungen. "Heute bin ich amerikanischer Bürger", hat er festgestellt, "und lange vor Deutschlands schrecklicher Niederlage habe ich öffentlich und privat erklärt, daß ich nicht die Absicht hätte, Amerika je wieder den Rücken zu kehren". Im gleichen Brief steht aber auch geschrieben: "Nie werde ich aufhören, mich als deutschen Schriftsteller zu fühlen, und bin auch in den Jahren, als meine Bücher nur auf englisch ihr Leben fristeten, der deutschen Sprache treu geblieben".[40] So finden wir am Ende seines Daseins Solidaritätserklärungen und erneute Distanzierungen, und so ist der amerikanische Weltbürger denn immer noch gefangen in seiner Bürgerkultur, unfähig, sich zu ihr wieder uneingeschränkt zu bekennen, gleich unfähig, sich von ihr zu lösen.

Thomas Manns essayistische Stellungnahmen nach dem Kriege lassen erkennen, daß er sich auch jenseits seines Romans der paradoxen Situation bewußt war, zwischen einem bösen und einem guten Deutschland unterscheiden zu müssen und doch dieses nicht zu können. Der Weg zwischen den Extremen hindurch war nicht mehr möglich, nicht zuletzt deswegen, weil sich extreme Positionen nicht mehr ausmachen ließen, sondern Gutes und Böses für Thomas Mann ununterscheidbar ineinander vermischt blieben. Es gab nur eine Möglichkeit, mit dem verworrenen Deutschland-Thema fertig zu werden, und der Roman hatte sie schon in seinem zentralen Kapitel genutzt: Thomas Mann dämonisierte den Nationalsozialismus, sah in ihm nicht nur den bösen Endpunkt einer langen problematischen Vorgeschichte, sondern schob die Schuld auf eine Außeninstanz, den Teufel, ab; und indem er den verdammte, sprach er zumindest indirekt Deutschland frei oder jedenfalls so frei, wie jemand freizusprechen ist, der der Versuchung des Bösen erlegen ist. Thomas Mann verfuhr hier nicht wesentlich anders als sein Bruder Heinrich, der im Bilde der Katharina von Medici den Nationalsozialismus ebenfalls als das Böse, als fatales märchenhaftes Ereignis dechiffriert hatte. Damit hatte Thomas Mann im "Doktor Faustus" etwas erreicht, was dem Erzähler unendlich nützlich sein mußte: das Böse war sichtbar geworden, es objektivierte sich in der Gestalt des zweideutigen Gegenübers auf dem Sofa im Palestrina-Haus. Aber war der leibhaftige Teufel wirklich ein objektives Korrelat zum Bösen, das in Deutschland wütete? Thomas Mann ist der Frage nach der Realität des Teufels geschickt dadurch aus dem Wege gegangen, daß er ihn als wirklich und unwirklich zugleich hinstellte, da es dem Zuhörer unbenommen blieb, in der Erscheinung des Bösen entweder etwas Tatsächliches oder auch nur eine Phantasmagorie zu sehen. Damit war sein Realitätsanspruch gleichermaßen bestätigt wie aufgehoben. Aber dem Problem war am Ende doch wohl so nicht beizukommen. Hatte hier wirklich der Leibhaftige seine Hand im Spiel gehabt? War damit nicht die ganze deutsche Schuldfrage auf zwar eindrucksvolle, aber dennoch unbefriedigende Weise weggewischt worden? Das Auftreten des Teufels bedeutete erzählerisch einen ungeheuren Gewinn. Aber seine imaginär-reale Existenz brachte das Problem des guten und gleichermaßen bösen Deutschland zu rasch auf eine figurale Ebene: der Teufel verdeutlichte etwas, löste aber nicht die Frage nach seiner Herkunft. Um eben die aber war es Thomas Mann gegangen, seit er das Klischee vom guten Deutschland draußen und dem bösen Deutschland drinnen als unwahr erkannt hatte.

So, mit des Teufels Hilfe, aber auch nur so, war es ihm möglich, die prekäre These von den zwei Deutschland, an der er selbst mitgewirkt hatte, am Ende wieder aufzuheben, um den Preis freilich eines Freispruchs von jeglicher Verantwortung: die Weltgeschichte geriet am Ende zum schuldlosen Unglück. War die Aufklärung damit widerlegt? "Die dauernde, ewig notwendige Korrektur bleibt die des Lebens durch den Geist", schrieb Thomas Mann in seinem großen Nietzsche-Essay. Aber die Geschichte seines Deutschland-Verhältnisses läuft eher auf das Gegenteil, eine Korrektur des Geistes durch das Leben hinaus. Vielleicht ist das der eigentliche Sinn von "Nietzsches Philosophie im Lichte unserer Erfahrung", einem späten Aufsatz, in dem das beklemmend Doppeldeutige seiner Deutschland-Beziehung noch einmal sichtbar wird. Doch die letzten Sätze des Essays – "Daß Philosophie nicht kalte Abstraktion, sondern Erleben, Erleiden und Opfertat für die Menschheit ist, war Nietzsches Wissen und Beispiel. Er ist dabei zu den Firnen grotesken Irrtums emporgetrieben worden, aber die Zukunft war in Wahrheit das Land seiner Liebe"[41] – lassen sie sich lesen, ohne den Verfasser selbst dahinter in seinem unvermeidlich zwiespältigen Verhältnis zu Deutschland zu sehen? Es war, so wenig wie das Leverkühns, rationalisierbar, sondern blieb bis zuletzt doppeldeutig. Über die Vorstellung vom guten Deutschland hier und dem bösen da war Thomas Mann hinweggekommen. Aber daß beide dennoch existierten und fatalerweise nicht voneinander zu trennen waren: davon blieb Thomas Mann betroffen, und das wiederum mag den Schlußsatz des "Doktor Faustus" erklären, der den letzten Satz der Rede über "Deutschland und die Deutschen" wiederholt[42] und so erweist, wie ernst es dem deutschen Weltbürger damit war.

DOKTOR FAUSTUS UND SEIN BIOGRAPH.
ZU EINER EXILERFAHRUNG SUI GENERIS

Wenn Serenus Zeitblom in Bewunderung und Mitleid, in Ergriffenheit und Resignation ansetzt, das Leben seines verewigten Freundes zu beschreiben, so ist durch die Person des epischen Berichterstatters bereits von der ersten Seite an eine Doppelperspektive
in den Roman eingebracht, die im Werk Thomas Manns nichts
Ungewöhnliches ist; seine Neigung zu derart kontrapunktischen
Figurenkonstellationen scheint sogar sehr alt zu sein. Thomas
Buddenbrook kennt seinen brüderlichen Gegensatz als geheime
Bedrohung seiner selbst ebenso wie Tonio Kröger seinen Widerpart
als blonde Unbeschwertheit; im "Wälsungenblut" figurieren die
inzestuösen Geschwister in ihren Doppelrollen, wissen sich nur
äußerlich voneinander getrennt und sind am Ende eins. Tadzio
und sein dunkler Freund im "Tod in Venedig", Doktor Behrens
und seine dubiose Assistenz im "Zauberberg", dazu die das Doppel-
rollenspiel virtuos ins beinahe schon Absurde treibenden Naphta
und Settembrini, in den Josephsromanen schließlich die kuriosen
Zwerge Dudu und Gottliebchen, die, auf groteske Weise Gutes
und Böses darstellend, den Helden lange Zeit begleiten – Doppel-
gestalten dieser Art durchziehen nahezu das ganze Werk Thomas
Manns. Überall finden wir diese Verkörperung von Gegensätzen;
allerdings spricht daraus nicht unbedingt epische Ingeniosität,
ist es doch eher ein erzählerisches Allerweltsprinzip, das Thomas
Mann auf seine Weise nutzt, um figurativ Kontrastfarben in ein
Geschehen zu bringen oder um eine Position dadurch zu modellie-
ren, daß die Gegenposition aufgebaut wird – das ist alte epische
Charakterisierungskunst, und was bei Thomas Mann verwundern
mag, ist allenfalls diese nicht endenwollende Reihe personaler
Widersprüche und persönlicher Gegensätze, diese lebenslange
Neigung, in Gegensätzen zu denken und voranzuschreiben, das
Ernste durch etwas Jokoses begleiten zu lassen oder den Spaß
umgekehrt durch seinen ernsten Hintergrund zu verdüstern. Mag
man, was die Spätwerke angeht, auch darin noch etwas von der
Taktik und Technik der Mitte finden, Ausdruck also jener Haltung,
der Thomas Mann zugehörig blieb, seit er sie in den "Betrachtungen eines Unpolitischen" erstmals öffentlich verherrlicht hatte,
so ist andererseits kaum ein Zweifel möglich, daß sich auch vorher
schon erzählerisch Adäquates findet, also dieses Bestreben, Pola-
ritäten aufzubauen, so daß nicht Einzelne eindeutig das Geschehen
dominieren, sondern relativiert werden durch das Vorhandensein
ihres jeweiligen Gegenparts.

Sieht man genauer hin, gibt es vom Frühwerk zum Spätwerk
jedoch charakteristische Veränderungen. So ist zunächst einmal
auffällig, daß es im späteren Werk oft Nebengestalten sind, Rand-
figuren, die derart ins Gegensätzliche geraten sind, während die

Helden zunehmend davon frei bleiben und ihre Einzigartigkeit
auch erzählerisch dadurch unter Beweis stellen, daß sie Figuren
der Mitte sind in eben jenem Sinn, wie Thomas Mann das in den
"Betrachtungen" so programmatisch entwickelt hatte. Jedenfalls
scheint die Neigung, zentrale Figuren durch Kontrastpositionen
zu relativieren, im Laufe der Jahrzehnte abgenommen zu haben.
War der Held des "Zauberbergs" noch in seinem inneren Lebensweg
über Jahre hin das passive Zentrum kontroverser Bemühungen
um ihn, so scheint sich mit der Überwindung dieser Gegensätze
bei Hans Castorp am Ende des Romans durch das Darüberhinaus-
treten ein Wandel anzudeuten, der seine Fernwirkung bis in die
späten Romane der vierziger und fünfziger Jahre hat. Castorp
erkennt gegen Ende des Romans das Chimärische der beiden Pro-
selytenmacher, die innere Fragwürdigkeit jener ihm von außen
her angetragenen Denk- und Lebensformen, und mit einer ent-
schlossenen Abwehrbewegung beendet er die lange Zeit seiner
inneren Abhängigkeit und Unentschiedenheit und begreift sich
fortan aus seiner autonomen Individualität. Und in der Folgezeit
dominieren dann eher die singulären Figuren im Roman Thomas
Manns: von den Josephsromanen an finden sich über den Goethe-
Roman, über den "Erwählten" bis hin zum "Felix Krull" Doppelfigurationen nur noch auf Nebengebieten, so, als ob die einzigartige
Stellung des Romanhelden ein Widerspiel oder auch nur das vor-
sichtige Infragestellen von einer konträren Position her von selbst
ausgeschlossen hätte. Die Zwerge Gottliebchen und Dudu sind
nur erheiternde Randerscheinungen, zwergenhafte Verkörperungen
der Menschenfreundlichkeit und der Menschenbosheit auf einer
bloß humoristischen Ebene; Josephs Lebensweg bestimmen sie
nicht mehr entscheidend mit. Das muß keine Entscheidung gegen
die einst so vielbeschworene Mitte sein. Die Singularität der Romanhelden enthebt sie nicht dieser Mittelstellung, da sie, in welcher Gestalt sie auch auftreten mögen, alles andere sind als ei-
fernde Zeloten. Sie praktizieren jene Lebensphilosophie Thomas
Manns durchaus weiter, aber sie werden nicht mehr durch ihren
Gegensatz in Frage gestellt oder durch eine Kontraposition her-
ausgefordert. So sind die Helden der späten Romane nicht mehr
jene Zauderer und Zögerer und die mit sich selbst im Streit lie-
genden Zweifler und Unsicheren, die sich selbst als fragwürdig
empfinden, weil sie auch um ihr Gegenteil und ihren Gegensatz
wissen, jene unklar konturierten Mittelpunktsfiguren, die letztlich
fremdbestimmt sind, von außen her eingrenzbar, in ihrer inneren
Unbestimmtheit ohne eine eigene Signatur. An deren Stelle treten
die mit sich selbst einigen, sich nicht mehr in Frage stellenden
Helden, und wenn daran auch zum Teil die Sujets schuld sind,
weil beim Goethestoff wie bei der biblischen Erzählung alles ohnehin auf die Apotheose des großen Mannes hinausläuft, so ist auf
der anderen Seite doch die Wahl dieser Stoffe wiederum charakteristisch. Das betrifft neben den Josephsromanen und "Lotte

in Weimar" auch den "Erwählten". Eben jener schließlich, der
eigentlich allen Grund hätte, an seiner Identität zu zweifeln und
sich selbst gegenüber argwöhnisch zu sein, Felix Krull nämlich,
ist alles andere als das; bleibt er doch stets jener auf schon unver-
gleichliche Weise sich selbst sichere Wanderer, der ein Zuhause
nicht braucht, weil er auch im Umherschweifen niemals in Skrupel
oder Unsicherheiten geraten kann.

Das alles ist auf den ersten Blick durchaus verständlich. Im
Werk scheint sich ein nicht untypischer Alterungsprozeß des Autors widerzuspiegeln, gewissermaßen ein allmählich auch literarisches Besitzergreifen von seiner eigenen alles überragenden Position; manches mag auch Rückspiegelung des öffentlichen Erfolges
und Ansehens sein. Und wenn es einerseits auch der Weg hinab
in Mythos und Geschichte ist, den Thomas Mann mit seinem Spätwerk beschritten hat, so ist es andererseits doch auch der Weg
zum Unbestreitbaren, zur Darstellung alles überragender Gestalten, die Selbstzweifel und Skepsis, Unsicherheit und Erschöpfung
weit hinter sich gelassen haben. Fontanes Alterswerk sieht ähnlich
aus, und nichts wäre weiter daran auffällig, gäbe es nicht jenen
Roman des "Doktor Faustus", worin die alte Doppelperspektive
dennoch wieder im Nebeneinander von Leverkühn und Zeitblom
auftaucht, freilich nicht mehr als offener Gegensatz zwischen
dem Helden und seinem Kontrahenten, sondern als skeptischer
und zugleich bewundernder Vorbehalt eines Gegenübers, das diesen
Namen aber mit nicht weniger Recht verdient als jene Figuren
des Frühwerks, die dem Helden fast gleichrangig gegenüberstehen
und ernsthafte Alternativlösungen anbieten. Aus der kritischen
und den Helden anzweifelnden Gegenposition, wie sie sich von
den "Buddenbrooks" an so deutlich bis zum "Zauberberg" hin abzeichnet, ist hier die des späten Chronisten geworden, der sich
mit seinem Gegenstand identifiziert und doch auch zugleich wieder auseinandersetzt; der seinem Gegenüber zu folgen versucht
und sich doch von ihm distanzieren muß, nicht aus eigener Gefährdung heraus, sondern aus besserer Einsicht in das Bewunderte,
aber doch Fragwürdige jener anderen Position. Humoristisches
mag dabei durchaus mit hineinspielen, jene Idee von der Darstellung des Ungeheuerlichen durch ein bei aller Liebe und Ergeben-
heit doch naives Gemüt. So ist aus der Rolle des Gegenspielers
am Ende die des Biographen geworden, der seinem Gegenstand
gegenüber im permanenten Nachteil ist, weil er an dessen Auser-
lesenheit nicht heranreicht, zugleich aber auch im dauernden
Vorteil, da er schon weiß, was mit jenem erst geschehen soll,
und der beurteilen, ja verurteilen kann, was jener tat oder nicht
tat. So steht der Biograph über und unter seinem Gegenstand zugleich, und er nimmt deswegen doch, wenn auch auf verdeckte
Weise, die Rolle eines ernstzunehmenden Gegenübers an, und
das besonders dort, wo von bewundernder Nachzeichnung eines
außergewöhnlichen Lebens nicht mehr die Rede sein kann, sondern

von der inneren Auseinandersetzung mit jener einzigartigen Gestalt Leverkühns, die zugleich ebenso Thema des ganzen Romans ist wie das Dasein des Doktor Faustus selbst. Doch was konnte Thomas Mann veranlaßt haben, dem bieder-aufrechten Zeitblom in diesem Roman über das ganz und gar Nichtbiedere eine so dominante Rolle zu geben?

*

Der Fauststoff war, wie wir wissen, alt, hatte lange Wurzeln im Leben Thomas Manns; so könnte man auf die Idee verfallen, die Erzählerrolle schon im ersten Entwurf auszumachen, zumal ja im Frühwerk derartige Personalverdoppelungen auffälliger und häufiger sind als im Spätwerk. Doch die Idee, einen Erzähler einzuführen, war offenbar neueren Datums; denn in dem Drei-Zeilen-Plan des "Doktor Faustus" aus dem Jahr 1904 hat sich ein solcher Hinweis auf eine Erzählerfigur mit ziemlicher Sicherheit nicht befunden. Der ursprüngliche Plan sollte nur vom "Teufelspakt eines Künstlers"[1] handeln, und die Idee, einen Berichterstatter zu erfinden, durch den handelnd das Schicksal Leverkühns gemildert und gleichzeitig schärfer profiliert werden sollte, kam in der ersten Phase der wirklichen Ausarbeitung, genauer: am 23. Mai 1943. Thomas Mann hat darüber in seiner "Entstehung des Doktor Faustus" berichtet. Und er hat dort auch notiert, was ihn dazu brachte, Zeitblom ins Werk zu bringen:

> Zu welchem Zeitpunkt ich den Beschluß faßte, das Medium des 'Freundes' zwischen mich und den Gegenstand zu schalten, also das Leben Adrian Leverkühns nicht selbst zu erzählen, sondern es erzählen zu lassen, folglich keinen Roman, sondern eine Biographie mit allen Charakteristiken einer solchen zu schreiben, geht aus den Aufzeichnungen von damals nicht hervor. Gewiß hatte die Erinnerung an die parodistische Autobiographie Felix Krulls dabei mitgewirkt, und überdies war die Maßnahme bitter notwendig, um eine gewisse Durchheiterung des düsteren Stoffes zu erzielen und mir selbst, wie dem Leser, seine Schrecknisse erträglich zu machen. Das Dämonische durch ein exemplarisch undämonisches Mittel gehen zu lassen, eine humanistisch fromme und schlichte, liebend verschreckte Seele mit seiner Darstellung zu beauftragen, war an sich eine komische Idee, entlastend gewissermaßen, denn es erlaubte mir, die Erregung durch alles Direkte, Persönliche, Bekenntnishafte, das der unheimlichen Konzeption zugrunde lag, ins Indirekte zu schieben und sie in der Verwirrung, dem Händezittern jener bangen Seele travestierend sich malen zu lassen.[2]

Danach war Zeitblom also vor allem ein Medium, das zunächst

einmal die Aufgabe hatte, die Atrozitäten dieser Erzählung zu mildern, gleichsam eine Trennwand zu bilden zwischen dem Autor und seinem Gegenstand. Thomas Mann hat darüber hinaus freilich noch andere Möglichkeiten in dieser Einschaltung eines Berichterstatters erkannt: einmal die, "die Erzählung auf doppelter Zeitebene spielen zu lassen, die Erlebnisse, welche den Schreibenden erschüttern, während er schreibt, polyphon mit denen zu verschränken, von denen er berichtet"[3]; und schließlich hat er das "eigentümlich Wirkliche" betont, das dem Roman anhafte[4]. So hat er die Einschaltung des Erzählers letztlich also nicht nur als Trennendes, Distanzierendes gesehen, sondern als ein einzigartiges Mittel, auch dort Wirklichkeit einzubringen, wo das Fremdbiographische dem eigentlich entgegenstand. Thomas Manns Bemerkungen, die das verdeutlichen, waren freilich nachträglich niedergeschrieben, aus der Gewißheit heraus, daß die Figur des Erzählers eben dieses geleistet habe, was Thomas Mann anfangs nur erhofft haben mochte. Die brieflichen Zeugnisse aus der Zeit der Arbeit am "Doktor Faustus" sind sehr viel zurückhaltender. An Jonas Lesser berichtet er am 13. Dezember 1943: "Dabei wird die ganze hinlänglich dämonische und arge Geschichte von einem Humanisten, Schulfreund und Bewunderer des Zugrundegegangenen, erzählt, einem emeritierten Oberlehrer, der zurückgezogen unter den Nazis in Freising an der Isar lebt. Wie gesagt, es kann leicht sein, daß ich zum ersten Mal etwas als unausführbar werde aufgeben müssen"[5]. Eingehendere Bemerkungen zur Zeitblom-Gestalt fehlen. Allenfalls tauchen "technische Schwierigkeiten" auf, die, so vermerkt er am 29. Mai 1944, darin liegen, "daß ich die Geschichte ja nicht selbst erzähle, sondern sie von jemandem erzählen lasse, der unmöglich jeden Augenblick dabei gewesen sein kann"[6]. Damals war schon das XX. Kapitel fertig. Auch im folgenden finden sich so gut wie keine Hinweise mehr auf den eingeschobenen Erzähler – was an sich allerdings auch nicht weiter verwunderlich ist, da es Thomas Mann ja in erster Linie nicht um ihn, sondern um die Musikerbiographie ging, deren symbolische Beziehung zum deutschen Schicksal Thomas Mann offenbar immer deutlicher geworden war.[7] Allenfalls findet sich gelegentlich etwas über die "von Freundeshand geschriebene Biographie"[8] – Thomas Mann scheint sich damals vor allem für die kompositorische Rolle Zeitbloms interessiert zu haben. Und es ist noch die Rede von "einer reinen, liebenden, humanischen Seele", die die Teufelsverführung beschreibe[9] – aber das sind, genau besehen, nur Wiederholungen, und sie lassen erkennen, wie schablonisiert die Zuweisungen sind, die Thomas Mann für Zeitblom bereit hat. Damit reduziert sich seine Rolle für Thomas Mann in dieser Zeit anscheinend auf eine eher technische Funktion; wenn er Zeitblom erwähnt, so denkt er vor allem an das "Medium des Biographen"[10]. In dieser Rolle bleibt der studienrätliche Freund, und es ist deutlich zu sehen, wie sich die Epitheta wiederholen, die Funktion des Zeitblom immer wieder gleich beschrieben wird.[11]

In seiner Rede über "Die Aufgabe des Schriftstellers" vom August 1947 hat Thomas Mann dann gewissermaßen alles noch einmal zusammengefaßt, was er bis dahin über den Freund des Musikers hatte verlauten lassen. Dort heißt es:

> Der Verfasser der Biographie bin – wiederum angeblich – nicht ich, sondern es ist ein überlebender Freund und Verehrer des kurz vor der 'nationalen Revolution' an der Paralyse zugrunde gegangenen Komponisten, ein guter deutscher Mann, Humanist, Gymnasialprofessor in Freising an der Isar, der 1933 aus Überzeugungsgründen sein Amt niedergelegt hat und vereinsamt, voller Gram über den wüsten Wandel seines Landes, während der letzten beiden Jahre des Hitler-Krieges von der Periode vor und nach dem ersten Weltkrieg berichtet. Der Roman hat also eine doppelte Zeit: die, v o n der der fingierte Verfasser schreibt, und die, i n der er schreibt, und deren Ereignisse bis zur Katastrophe er bei seiner Arbeit laufend registriert. In seinen Kommentaren, Ruminationen und Geständnissen spiegelt sich der ganze vielerlebte und notvolle Widerstreit zwischen natürlicher Vaterlandsliebe und dem moralischen Zwang, die Niederlage des eigenen Landes herbeizuwünschen[12].

Damals war das Manuskript schon beendet, und alles, was Thomas Mann später geäußert hat, versteht sich damit als nachfolgender Kommentar, der zwar im Nachhinein erklären kann, was Thomas Mann der Rolle des treuen Biographen zuschrieb, der aber zur Niederschrift selbst eigentlich nichts Neues mehr bringt. Natürlich gab es viele nachträgliche Erklärungen Dritten gegenüber, ein gelegentliches Zurechtrücken der Dinge, wenn ihm der Roman zu subjektiv ausgelegt worden war oder auf zu großes Unverständnis zu stoßen drohte. Wesentliche Aufschlüsse sind aber dort nicht herauszufinden, und so bleibt es also, wenigstens aus der Sicht Thomas Manns, in bezug auf Zeitbloms Tätigkeit bei einem im Grunde genommen kompositionellen Einfall, mit dem er mancherlei Zwecke verfolgte, ohne daß der Erfindung des Zeitblom dabei eine größere aussagekräftige Bedeutung zugekommen wäre – jedenfalls nicht in der Zeit, in der Thomas Mann ihn, selbst an seinem Roman schreibend, schreiben ließ.

Erst später scheint Thomas Mann aufgegangen zu sein, was es mit der Rolle Zeitbloms eigentlich auf sich hat – oder besser: erst nachträglich hat der Autor Bedeutsameres über seinen fiktiven Autor gesagt. So finden sich Hinweise auf literarische Modelle und Vorbilder; die dürfen freilich nicht zu der Annahme verleiten, daß es sich bei der Figur des Zeitblom nur um eine hereinmontierte Fremdfigur handele. Denn wenn er in einem Brief feststellt: "Serenus hat viel von einem Nietzsche-Freund"[13], so ist damit ein wichtiger Schlüssel zum w a h r e n Verständnis dieser Gestalt gegeben. Denn wer anders als Thomas Mann selbst ist dieser Nietzsche-Freund? Wir haben Äußerungen Thomas Manns, die bestätigen, wie eminent hoch der autobiographische Anteil nicht nur an Adrian Leverkühn, sondern nicht weniger an jener Gestalt des Zeitblom ist. "Die Memoirenform ist nicht nur äußerliche Maske, sondern die wesentliche Mitteilungsart für dies Buch, ein Lebensbuch von rücksichtsloser, fast wilder Direktheit, welche, das Literarische überschreitend, etwas Neues und Letztes innerhalb meines Werkes – und vielleicht des zeitgenössischen Schrifttums darstellt"[14], schreibt Thomas Mann am 1. April 1948. Andere Hinweise lassen erkennen, daß an dem tief autobiographischen Charakter Zeitbloms überhaupt kein Zweifel sein kann. Zwei Äußerungen fallen vor allem auf; sie haben derart großes exegetisches Gewicht, daß man an ihnen nicht vorbeigehen kann. Eine dieser Bemerkungen findet sich in der Rede "Die Aufgabe des Schriftstellers":

> Was der gute Professor Zeitblom (so heißt er) schrieb, schrieb ich, hier, in Kalifornien, in seinem Geist und Namen. Für lange Jahre hatte ich mir eine Arbeit ausgedacht, die der wirklichen mir zugefallenen Daseinsform widersprach, die mich nach Deutschland, in eine stille oberbayerische Gelehrtenklause versetzte, mich im Geiste 'an Ort und Stelle', unter Ihnen, mit Ihnen leben und Ihre Erfahrungen teilen ließ. Bedenkt man, wie sehr unsere Arbeit unser wahrer und eigentlicher Lebensraum ist, so kann man zu dem Schlusse kommen, es handle sich um einen psychologischen Trick, eine Kompensation, eine triebmäßige Korrektur der Wirklichkeit, eine Buße fürs Außensein. - -[15].

Das enthüllt bereits viel von der geheimen Identität von Zeitblom und Autor. Was Zeitblom schrieb, schrieb Thomas Mann, und so ist das, was ihn äußerlich von seinem literarischen Geschöpf trennt, eben wirklich nur Äußerliches; da hat zwar ein Rollentausch stattgefunden, aber er ist doch mit Absicht mangelhaft, so wenig gründlich motiviert und so fragwürdig, daß diese Fragwürdigkeit und das Erkennen dieser Fragwürdigkeit gewissermaßen noch in der offenbaren Absicht des Erzählers liegt, der seine Rolle so gewählt hat und eine solche Verkleidung benutzt, daß die wahre Identität dadurch nicht etwa verschleiert, sondern nur um so deutlicher sichtbar wird. Schon von daher ist eine Erklärung, wie Thomas Mann sie wiederholt gegeben hat, wenn er Unbekannten seinen Roman erläutern wollte, eben doch nur höchst vordergründig. So schrieb er, wie häufiger, etwa am 5. August 1946: "Eine fiktive Künstler-Biographie also und eine dämonische Geschichte, sorgsam vorgetragen von einem sehr undämonischen Menschen, einem Humanisten und unter den Nazis pensionierten Gymnasialprofes-

sor, der der fasziniert-ergebene Freund des zugrunde gegangenen
Komponisten war"[16]. "Was für ein Waschzettel!", hat Thomas
Mann am Ende dieses Briefes hinzugesetzt - und so nimmt sich
die Selbsterklärung Fremden gegenüber in der Tat aus. Doch auf
die Erzählweise dieses sehr undämonischen Menschen, des pensionierten Gymnasialprofessors, kommt es natürlich gar nicht so
sehr an, da es ja vielmehr um nichts Geringeres als um eine Identi-
fikationsfrage geht. Aber auch die ist nicht auf normal-übliche
Weise zu beschreiben. Denn die Überlegung, daß Thomas Mann
es war, der seinen Zeitblom schreiben ließ, ist zu vordergründig,
als daß von dorther die nicht geheime, sondern offenkundige Identität Zeitbloms mit seinem Autor abgeleitet werden könnte: Die
Feststellung, daß Thomas Mann mit Serenus Zeitblom identisch
ist, ist so unsinnig und zugleich so richtig, wie die Identität von
erzählter Gestalt und Autor feststeht und nicht feststeht. Das
eigentümlich Autobiographische dieser Zeitblom-Gestalt er-
schließt sich nicht von dorther, sondern über das literarische Vorbild Leverkühns. Natürlich weiß jeder, daß in diese Geschichte
diejenige Nietzsches mit hineinspielt. Auch dort gab es begleiten-
de Freunde, Overbeck etwa. Thomas Mann nennt ihn gelegentlich
- aber die Analogie hinkt in bezug auf Zeitblom. Viel bedeutsamer
ist Thomas Manns Verhältnis zu Nietzsche, und eben davon wird
etwas im Roman sichtbar - wir haben, allen Beteuerungen Thomas
Manns zum Trotze, daß Leverkühn eine erfundene Figur sei, in
Nietzsche als dem eigentlichen Urbild Leverkühns nicht nur das
historische Vorbild genannt, sondern mehr noch in der Beziehung
des schreibenden Thomas Mann zu seinem Gegenstand, also zu
Nietzsche, etwas von jener Art, wie sie das Verhältnis Zeitbloms
zu Leverkühn auszeichnet. Thomas Manns Verhältnis zu Nietzsche
- ist hier nicht ein w e s e n t l i c h e r Schlüssel zum Verständnis der Zeitblom-Figur gegeben? Thomas Mann hat in einem Aufsatz, der fast mehr noch mit dem "Doktor Faustus" zu tun hat
als seine autobiographische Niederschrift über "Die Entstehung
des Doktor Faustus", darüber gehandelt, in "Nietzsches Philosophie im Lichte unserer Erfahrung", der zusammen mit dem "Doktor Faustus" selbst entstand, nämlich im Februar und März 1947.
Die Beschreibung Nietzsches als europäischer Zelebrität mag
noch eine nichtssagend-allgemeine Huldigung an den Philosophen
sein, wie nicht nur Thomas Mann sie ausgesprochen hat, wenn er
schrieb:

> Nietzsche, der Denker und Schriftsteller, "the mould of form"
> oder "der Bildung Muster", wie Ophelia ihn nennen würde,
> war eine Erscheinung von ungeheurer, das Europäische re-
> sumierender, kultureller Fülle und Komplexität, welche vieles
> Vergangene in sich aufgenommen hatte, das sie in mehr oder
> weniger bewußter Nachahmung und Nachfolge erinnerte, wie-
> derholte, auf mythische Art wieder gegenwärtig machte, und

ich zweifle nicht, daß der große Liebhaber der Maske des ham-
letischen Zuges in dem tragischen Lebensschauspiel, das er
bot – ich möchte fast sagen: das er veranstaltete, wohl gewahr
war.[17]

Immerhin: auch Leverkühn resümiert das Europäische, nimmt
das Vergangene in sich auf, lebt in der Nachahmung und Nachfolge
und macht sich auf mythische Art wieder gegenwärtig – was anderes könnten die bis in die Dürer-Zeit hineinreichenden Partien
des Romans bedeuten, als daß sie eben diese Nachahmung und
Nachfolge demonstrieren; und was anders hätten die musiktheo-
retischen Erörterungen, im besten Luther-Deutsch gehalten, sonst
damit zu tun? Und die Vergegenwärtigung des Vergangenen auf
mythische Art – Nietzsche hat sie geleistet, aber hat Leverkühn
sie weniger geübt? Doch das alles ist nicht viel mehr als eine
allgemeine Betrachtung, die über die Besonderheit des Verhältnis-
ses Thomas Manns zu Nietzsche als dem geheimen Gegenstand
seines Romans nichts aussagt. Um so sprechender sind die Bemerkungen über die persönliche Beziehung des Nietzsche-Schülers
zu Nietzsche im folgenden:

Was mich, den ergriffen sich versenkenden Leser und "Betrach-
ter" der nächstfolgenden Generation, betrifft, so habe ich
diese Verwandtschaft früh empfunden und dabei die Gefühls-
mischung erfahren, die gerade für das jugendliche Gemüt etwas so Neues, Aufwühlendes und Vertiefendes hat: die Mischung von Ehrfurcht und Erbarmen. Sie ist mir niemals fremd
geworden. Es ist das tragische Mitleid mit einer überlasteten,
über-beauftragten Seele, welche zum Wissen nur berufen,
nicht eigentlich dazu geboren war und, wie Hamlet, daran
zerbrach; mit einer zarten, feinen, gütigen, liebebedürftigen,
auf edle Freundschaft gestellten und für die Einsamkeit gar
nicht gemachten Seele, der gerade dies: tiefste, kälteste Einsamkeit, die Einsamkeit des Verbrechers, verhängt war; mit
einer ursprünglich tief pietätvollen, ganz zur Verehrung gestimmten, an fromme Traditionen gebundenen Geistigkeit,
die vom Schicksal gleichsam an den Haaren in ein wildes und
trunkenes, jeder Pietät entsagendes, gegen die eigene Natur
tobendes Prophetentum der barbarisch strotzenden Kraft,
der Gewissensverhärtung, des Bösen gezerrt wurde.[18]

Das ist Thomas Mann im Verhältnis zu Nietzsche – aber ist es
nicht zugleich auch Zeitblom im Verhältnis zu Leverkühn? Ehrfurcht und Erbarmen: sind es nicht die seelischen Charakteristika
ebenso des Leverkühn-Chronisten, ist tragisches Mitleid nicht
die Chiffre, unter der er schreibt? Und aus der Sicht, in der Nietzsche hier Thomas Mann erscheint, ist im Roman Leverkühn durch
Zeitblom porträtiert: eine Hamlet-Figur auch jener Musiker; und

in dem Hinweis darauf, daß diese Seele auf edle Freundschaft
gestellt sei, ist die ganze Rüdiger Schildknapp-Geschichte enthalten ebenso wie in dem auf die ursprüngliche, tief pietätvolle und
ganz zur Verehrung gestimmten Geistigkeit jene Leverkühns.
Vom Schicksal gleichsam an den Haaren hereingezogen zu sein
in ein gegen die eigene Natur tobendes Prophetentum: gäbe es
eine bessere Umschreibung der Lebensbahn Leverkühns als dieser
kurze Hinweis in jenem Aufsatz Thomas Manns über Nietzsches
Philosophie? Stärkstes Argument aber mag der Hinweis auf die
"tiefste, kälteste Einsamkeit" sein, die Einsamkeit einer dafür
gar nicht ausgerüsteten Seele: Kälte ist das charakteristischste
Merkmal Leverkühns, und wie sehr sie ihn bestimmt, wird in dem
Teufelsgespräch deutlich, jenem Dialog mit sich selbst, in dem
Leverkühn vor Kälte zittert angesichts dessen, der ihm da gegen-
übersitzt. So ist in gewisser Weise der Schluß erlaubt, daß sich
im Verhältnis Zeitbloms zu Leverkühn das gleiche zeigt wie im
Verhältnis Thomas Manns zu Nietzsche – eine für die Interpretation des "Doktor Faustus" sicherlich nicht unergiebige Spur, die
jene von Anfang an so oft wiederholte Deutung, daß Leverkühn
mit dem Schicksal Deutschlands identisch sei, doch ein wenig
vordergründig werden läßt, weil sie außer acht läßt, was den Roman so sehr mitbestimmt: nämlich die eigene Lebensgeschichte
und Lebenssituation Thomas Manns.

Ist Zeitblom also Thomas Mann, Leverkühn zugleich Nietzsche,
so hat Thomas Mann hier die leidvolle Geschichte seiner Beziehung zu Nietzsche geschrieben, in zweiter Instanz freilich auch,
da Nietzsches Schicksal ihm das Schicksal Deutschlands verkörpert, die Geschichte seiner Beziehung zu seinem Vaterland. Nicht
so sehr die Chronistenrolle ist es, was Zeitblom und Thomas Mann
miteinander verbindet. Es ist diese Haltung leidvoller Anteilnahme
an einem fremden Schicksal, das mit dem eigenen freilich innerlich zu stark verknüpft ist, als daß es wirklich fremd wäre. Nirgendwo anders hat Thomas Mann seine Identität mit Zeitblom
deutlicher preisgegeben als in diesem Bekenntnis zur Wirkung
Nietzsches auf ihn. Ehrfurcht und Erbarmen: Das empfindet Zeitblom Leverkühn gegenüber, Thomas Mann gegenüber Nietzsche[19].
In diesem Sinne ist der Roman autobiographisch wie kaum ein
anderer.

Aber damit ist die Frage nach der Reichweite des Selbster-
lebten in diesem Roman noch nicht völlig beantwortet. Denn es
gibt den zusätzlichen, nicht zu überlesenden Hinweis darauf, daß
die Identität Thomas Manns mit Zeitblom eingeschränkt, überdeckt, überlagert wird von jener anderen Identität Thomas Manns
mit seinem Helden, also Leverkühn selbst. Wir haben darüber
jenen Brief vom 4. September 1947, an den alten Freund Hans
Reisiger geschrieben, in dem Thomas Mann sich über diese ebenfalls vorhandene Identität ebenso direkt äußert wie über seine
eigene mit Zeitblom in anderen Mitteilungen. Es sind fast immer

sehr private Briefe, die derartiges erkennen lassen, oder sehr
öffentliche Äußerungen – Anfragen von Unbekannten hat Thomas
Mann in der Regel mit standardisierten Erklärungen beantwortet.
Jener Brief an Hans Reisiger nun läßt wiederum keinen Zweifel
an der Identität des Autors mit seinem Helden:

> Sie glauben nicht, lieber Freund, wie dieses in jeder Beziehung
> problematische Werk mir nahe gegangen ist. Es ist von Anfang
> bis zu Ende in einem Zustand tiefer Erregung, tiefer Aufge-
> wühltheit und Preisgabe geschrieben, und die 4 Bände Joseph,
> die ich doch gern ein Menschheitslied nenne, waren das reine
> Opernvergnügen im Vergleich damit. Das war Epik; dies ist
> etwas anderes, Schrecklicheres, – obgleich einiges Heitere,
> auch etwas Lieblich-Tränenlösendes darin vorkommt, die Ge-
> schichte des Kindes Echo. Ich kann doch manches ausdrücken,
> aber ich kann nicht ausdrücken, warum es so schrecklich ist.
> Daß ich ernstlich krank wurde mittendrin, war kein Zufall,
> es war das Buch, das mich verzehrte. Warum? Weil es, ge-
> schrieben während des Krieges, in tiefer Trennung von Europa
> und allen persönlichen Beziehungen dort, sich immerfort mit
> dem deutschen Charakter und Schicksal beschäftigt? Weil
> die von einem anderen aufgezeichnete Biographie, als die es
> sich gibt, soviel Unheimlich-Autobiographisches, das kalte
> Bild meiner Mutter, das Zugrundegehen meiner Schwestern
> enthält und schließlich das arge Leben Adrian Leverkühns
> nicht nur ein Symbol ist für das Verderben Deutschlands, die
> Krisis der Epoche, die Krisis der Kunst etc., sondern auch
> eine versetzte, verschobene, verzerrte, dämonische Wieder-
> gabe und Bloßstellung meines eigenen Lebens? – Das sind Fra-
> gen, die viel von Feststellungen haben[20].

Ein Roman der Beziehung Thomas Manns zu Nietzsche und darüber
hinaus zu Deutschland einerseits, ein Selbstporträt in Leverkühn
andererseits, wie es radikaler kaum je von Thomas Mann gezeich-
net worden ist – "Felix Krull" ausgenommen, der auf letztlich
noch enthüllendere Weise Thomas Manns Existenz preisgibt. Ist
jenes Bild im "Felix Krull" das heitere, so das im "Doktor Faustus"
das düstere Selbstporträt, ein Doppelbild zu jenem anderen, das
innerhalb des Romans selbst existiert, wenn Zeitblom über Adrian
Leverkühn schreibt. Verzerrt, verschoben ist also auch dieses
Selbstporträt im "Doktor Faustus", aber das macht die Identität
nicht etwa unglaubhaft, sondern steigert diese sogar. So enthüllt
sich "Doktor Faustus" als autobiographischer Doppelroman, als
doppelte Autobiographie: Thomas Mann ist in gewissem Sinne,
soweit das einem Autor gestattet ist, mit Zeitblom identisch,
identisch aber ebenso mit Leverkühn – und es ist das eigentümliche Verhältnis dieser beiden Identitäten zueinander sowie die
Frage, wie es zu dieser Duplizierung kommen konnte, was nach

einer Erklärung verlangt. Auch hier ist die einfache Antwort,
daß beide Romanfiguren als Geschöpfe ihres Autors zugleich Teile
des Autors seien, von zu großer Naivität, als daß sie diskutiert
werden müßte. Die Lösung ist anderswo zu suchen, auch wenn
sie natürlich mit dem zu tun hat, was Thomas Manns Leben und
Dasein zugleich mit seinem Schreiben in dieser Zeit geprägt hat.

*

Was Zeitblom und sein Gegenstand also miteinander gemeinsam
haben, ist das Geheimnis ihrer Identität mit dem Autor. Es ist
die Bloßstellung des eigenen Lebens, dieses Aufgeteiltsein auf
zwei einander konträre Figuren - aber ist das noch eines der alten
Gegensatzpaare, wie sie uns bei Thomas Mann immer wieder begegnen? Neu ist, daß der Autor sich in beiden Hauptfiguren anwesend weiß. Leverkühn ist in gewissem Sinn Thomas Mann, so wenig
andererseits zu bezweifeln ist, daß Thomas Mann auch mit Zeitblom identisch ist - aufmerksame Leser durchschauen das ohne
Schwierigkeiten ja auf der ersten Seite des Romans und haben
das immer schon getan. Tagebucheintragungen und Briefe bezeugen, wie sehr Thomas Mann selbst die Mitteilbarkeit seines Romans anzweifelte, als er ihn begann und daran fortschrieb, so
wie wir von den ständigen und skrupulösen Zweifeln wissen, ob
er der Rechte sei, die vorgesetzte Aufgabe zu meistern. "Daß
Studienrat Zeitblom an dem Tage zu schreiben beginnt, an dem
ich selbst, in der Tat, die ersten Zeilen zu Papier brachte, ist
kennzeichnend für das ganze Buch: für das eigentümlich W i r k -
l i c h e das ihm anhaftet", so hat Thomas Mann in der "Entstehung des Doktor Faustus" geschrieben[21]. Es ist die Wirklichkeit
vor allem der eigenen seelischen Ergriffenheit, die so ungefiltert,
direkt in den Roman eingegangen ist. "Herzpochendes Mitteilungs-
bedürfnis und tiefe Scheu vor dem Unzukömmlichen": das kennzeichnet die psychische Ausgangssituation Zeitbloms und Thomas
Manns gleichermaßen. Die enge innere Wahlverwandtschaft zwischen Leverkühn und Thomas Mann ist jedoch ihrerseits mit Hän-
den zu greifen; die Belege finden sich ebenso zahlreich in seinen
Briefen, welche die Entstehungszeit des Romans begleiten, wie
im Roman selbst. Daß dieses Buch seine Autobiographie war, hat
Thomas Mann noch einmal 1948 betont, also nach der Entstehung - was zugleich darauf hindeutet, daß er sich des direkt Autobiographischen nicht nur während der Niederschrift, sondern auch
danach permanent bewußt war. "Es ist ein Lebens- und Bekenntnisbuch von eigentümlicher, fast wilder Direktheit", heißt es am
22. März 1948,

> kaum noch Kunst, kaum noch ein Roman, und während ich,
> in tiefer Dauer-Erregung, daran schrieb, empfand ich es immer
> als ein Geheimwerk, sodaß ich noch heute bei dem Gedanken

erschrecken kann, daß es nun zum oeffentlichen Gegenstand
geworden ist. Es war kein Zufall, daß ich mitten darin schwer
erkrankte [...] Alles ist übertragen und symbolisch gefärbt
und zugleich doch rücksichtslose Wahrheit, das Résumé meines
Lebens und der Epoche. Man braucht wohl kein Hypochondrist
zu sein, um meine Kennzeichnung der Situation der Musik,
der Kunst überhaupt, der Kultur und des Menschen selbst,
eine Situation, die so sehr dazu verlockt, den Teufel zu Hilfe
zu rufen, als richtig anzuerkennen. Die allerdings sehr persönliche Zuspitzung, die diese Situation in der Figur Adrian Leverkühns erfährt, mag doch viel objektive und dokumentarische
Wahrheit enthalten[22].

Diese Mitteilungen decken sich weitgehend mit jenen im Brief
an Hans Reisiger, aber die Wiederholung entwertet sie nicht, sondern verstärkt sie nur.

Alle diese Erwägungen legen es noch einmal nahe, im Erzähler
Zeitblom nicht nur ein artistisches Mittel zu sehen, wenngleich
der erzählerische Gewinn, die Möglichkeit, zwei Zeitebenen und
Schicksale und Sehweisen einzuführen, Thomas Mann sehr groß
vorkommen mochte. Aber auch die Personenverdoppelungen im
frühen Werk Thomas Manns können kaum zureichend erklären,
wieso es hier zur Doppelidentität Thomas Manns mit Leverkühn
und Zeitblom kam. Denn aus den frühen Gegensatzpaaren, wie
wir sie von Thomas und Christian Buddenbrook oder von Tonio
Kröger und Hans Hansen her kennen, ist hier etwas ganz anderes
geworden. Behielt dort Thomas gegen Christian recht und Tonio
Kröger gegenüber Hans Hansen, war die andere Lebens- und Da-
seinsmöglichkeit bei Licht besehen letztlich verwerflich oder
langweilig, so ist hier aus der Gegensätzlichkeit von Leverkühn
und Zeitblom etwas Unaufhebbares geworden, der Eine nicht die
blasse Begleiterscheinung des Anderen, sondern dessen alter ego,
bis zur Untrennbarkeit beide miteinander verbunden. Hier steht
nicht mehr die gute Möglichkeit der schlechten gegenüber, das
Verwerfliche dem Ideal, der Leichtfuß dem Tiefsinnigen. Die eigentümliche Duplizierung der Erzählperspektive steht vielmehr
in auffälliger Parallele zu Erscheinungen, die sich in der zeitgenössischen Exilliteratur beobachten lassen. Natürlich ist "Doktor Faustus" Exilroman ohnehin im doppelten Sinne: nicht nur,
daß er im Exil entstanden ist, sondern auch deswegen, weil der
Erzähler selbst im Exil, im freigewählten, lebt und schreibt. Aber
gerade die Einführung einer doppelten Perspektive, die eigentümliche Doppelidentität des Autors mit Zeitblom und Leverkühn
scheint, so sehr sie auch das Ergebnis durchaus gründlicher Vor-
überlegungen ist, eine Exilerfahrung jenseits aller erzähltechni-
schen Überlegungen, jenseits aller bewußten Durchgliederung
des vertrackt-unheimlichen Erzählstoffes widerzuspiegeln.[23]
Es ist die Neigung zur Doppelaussage, zu den zwei Möglichkeiten,

in die sich eine Existenz unter dem Druck des Exils aufspalten kann, zur Identitätsduplizierung, wie sie aus mannigfachen Beispielen der Exilliteratur bekannt ist. Es sind eigentümliche Dioskurenpaare, die die Romane und Dramen beherrschen, und ihr Auftreten ist zu auffällig, als daß es dem Zufall oder einer literarischen Laune zuzuschreiben wäre. In Anna Seghers' "Transit" führt der Held eine Doppelexistenz – ist er doch Seidler und Weidel zugleich, und das geht bis zu einem verschwimmenden Ich-Bewußtsein, da ihm nicht mehr klar ist, ob er mit seinem Doppelgänger identisch ist oder nicht. In Werfels "Jacobowsky und der Oberst" sind beide nicht nur Gegenspieler, sondern Figuren, die notwendig der Ergänzung durch den anderen bedürfen, um bestehen und überleben zu können. Verdoppelungsphänomene dieser Art, Identitätsspaltungen, Mehrfachexistenzen sind charakteristische Exilerfahrungen, und sie haben auch im "Doktor Faustus" ihre tiefe Spur hinterlassen. Sie sind freilich nicht darauf beschränkt – auch in den Tagebüchern der Exiljahre ist diese Erfahrung vielfach dokumentiert. Stefan Zweig hat den denkwürdigen Satz geschrieben: "Und ich zögere nicht zu bekennen, daß seit dem Tage, da ich mit eigentlich fremden Papieren oder Pässen leben mußte, ich mich nie mehr ganz als mit mir zusammengehörig empfand. Etwas von der natürlichen Identität mit meinem ursprünglichen und eigentlichen Ich blieb für immer zerstört"[24]: Es ist nur zu natürlich, daß eine derartige Lebensstimmung in die literarischen Produktionen dieser Jahre eingeht. Von Döblin haben wir ähnliches überliefert; er schrieb: "Ich erinnere mich nicht, je zu irgend einer Zeit meines Lebens so wenig 'ich' gewesen zu sein. ich war weder 'ich' in den Handlungen (meist hatte man nicht zu handeln, man wurde getrieben oder blieb liegen), noch war meine Art zu denken und zu fühlen die alte"[25]. Spuren dieser Ich-Verdoppelung, ja der personalen Vervielfachung finden sich auch in jenen Werken Thomas Manns, die danach entstanden, wiederholt. Ist "Der Erwählte" nicht ebenfalls ein derartiger Identitätsroman? Gregorius erscheint als Königssohn, Mönch, Ritter, Landesherr, er wird vom Mensch zum Tier und am Schluß zum Papst. Das entspricht in der Radikalität der Veränderungen und in dem Hinauf und Hinab des Helden durchaus dem Lebensgang Adrian Leverkühns, der Biographie "des teuren, vom Schicksal so furchtbar heimgesuchten, erhobenen und gestürzten Mannes" – nur daß im Gregorius-Schicksal in umgekehrter Form erscheint, was den Lebensweg Adrian Leverkühns ausmacht. Wo stammt Gregorius her, wie ordnet er sich in soziale Zusammenhänge ein? Ein höchst kompliziertes Verwirrspiel hat schon vor seiner romanhaften Geburt eingesetzt, da er "seiner Eltern Geschwister sei und zur Mutter seine Base, dem gemäß zum Vater seinen Oheim habe". Verwirrende Identität – sie wird noch einmal durchgespielt in Thomas Manns "Die vertauschten Köpfe", die von Einheit und Verdoppelung zugleich handeln, und schon im Goethe-Roman ha-

ben wir ähnliches zu konstatieren: Lotte tritt in gleichsam doppelter Gestalt auf, angetan mit den Insignien der Lotte Buff, während
sie selbst doch die gealterte Charlotte Kestner ist, die wiederum
gleichzeitig auf der Suche ist nach dem jugendlichen Goethe von
damals und doch neugierig auf den inzwischen nicht weniger ge-
alterten Minister ihrer eigenen Gegenwart. Und will die "Betro-
gene" nicht auch zurück in einen früheren Status, in eine frühere
Identität? Felix Krull schließlich: führt auch er nicht eine Doppelexistenz, wenn er als Marquis de Venosta auf Weltreise geht?
Loulou und Zouzou, Mutter und Tochter Kuckuck in Lissabon:
das sind weitere Hinüberspiegelungen dieser Doppelexistenzerfah-
rung ins Poetische. Als Felix Krull zwei junge Menschen beobach-
tet, hat er die Idee eines "Doppelwesen"[26]: "Aber die Schönheit
lag hier im Doppelten, in der lieblichen Zweiheit, und wenn es
mir mehr als zweifelhaft ist, daß das Erscheinen des Jünglings
allein auf dem Balkon mich [...] im geringsten entzückt hätte,
so habe ich fast ebenso guten Grund, zu bezweifeln, daß das Bild
des Mädchens allein, ohne ihr brüderliches Gegenstück, vermögend
gewesen wäre, meinen Geist in so süße Träume zu wiegen". Was
hier als "Zweiheit holden Geschwistertums" auftaucht[27], sind
Identitätsprobleme, Spaltungserscheinungen, auch wenn sie hier
ins Lieblich-Harmonische transponiert sind. Thomas Mann hat
diese eigentümliche Doppelexistenz von Anfang an, vom Beginn
seines Exils selbst erlebt; die Tagebucheintragungen der Jahre
1933 und 1934 zeugen von tiefer Niedergeschlagenheit und eigentlich grundlosem Optimismus, und wenn das auch noch weit entfernt von Ich-Spaltung ist, so schafft doch diese seelische Doppel-
prädisposition eine latente dauernde Spannung – und es wäre unwahrscheinlich und unglaublich, hätte sie sich nicht erzählerisch
umgesetzt. Ähnlich steht es um das Motiv der Einsamkeit und
der Kälte: schon im Goethe-Roman taucht es auf, setzt sich über
den "Krull" hin fort zum Gregorius-Roman, und wenn es im "Krull"
auch ins Auserwählte hinübergebracht worden ist, so bleibt das
Einsamkeitsmotiv doch erhalten, und man wird sagen können,
daß es ebenfalls mit der Exilerfahrung in enger Verbindung ge-
standen hat. Diese Doppelexistenz, das Rollenspiel, die Spaltung
in verschiedene Figuren, die aber nur Emanationen der einen gleichen Persönlichkeit sind: natürlich ist es das alte Androgyniephä-
nomen, das Thomas Mann seit der Jahrhundertwende kennt und
behandelt hat. Aber das Exil dürfte das intensiviert und radikali-
siert haben. Und so liegt denn der Schluß nahe, daß der Autor
sich in seinem Roman aufgespalten hat in zwei Teile, daß er also
gleichermaßen und gleichzeitig anwesend ist in Zeitblom und Leverkühn und daß schließlich eben dieses, die Verdoppelung der
Erzählperspektive, eine der Möglichkeiten gewesen ist, die Exilerfahrung der Zerspaltenheit und Zerrissenheit, die Thomas Mann
wohl wie kaum ein anderer an sich selbst erlebt hat, zu literarisie-
ren: sie in einen Roman einzubringen, in dem beides, Chronisten-

haltung und erlebtes Leben, Verzweiflung und Hoffnung, Niedergeschlagenheit und Überwindungswille gleichzeitig sichtbar werden, und damit wäre der Roman in einem noch tieferen Sinne,
als der Autor es selbst zugegeben hat, ein Roman des Exils: Zeugnis und Dokument eines verstörten, tief problematisch gewordenen
Ichs, das sich, jedenfalls literarisch, kaum noch in seiner Einheit-
lichkeit begreifen kann, sondern das in zweifacher Gestalt auftritt
– wobei aber die Gleichzeitigkeit des Auftretens und schließlich
das klare Bewußtsein des Autors, in beiden Figuren, in Zeitblom
und in Leverkühn, anwesend zu sein, ein schriftstellerisches Mittel
gewesen sein mag, um mit der gräßlichsten Gefahr des Exils, der
Zerstörung der eigenen Identität, fertigzuwerden – bis hinein in
den Schluß des Romans, in dem das Zwiegespräch des Biographen
mit dem Gegenstand seines Romans beendet ist und Chronist und
Gegenstand der Biographie sich sprachlos gegenüberstehen. Was
beide aber dennoch wieder vereint, ist die Hoffnung, wie sie im
letzten Satz des Romans ausgedrückt ist – und welche auch die
Thomas Manns war, als er seinen Roman niederschrieb.

"DOKTOR FAUSTUS" ALS WIDERLEGUNG
DER WEIMARER KLASSIK

Kaum jemand wird sich eines leisen Lächelns erwehren können,
wenn Doktor phil. Serenus Zeitblom seine literarische Visitenkarte
abgibt. Schon der Name tut etwas zur Sache, denn wenn es auch
nicht mittelmeerische Serenität ist, die ihn begleitet, so doch
wenigstens die Würde einer humanistischen Bildung, die Zeitblom
gewissermaßen seine mehr als bloß berufliche Identität verschafft
und die er bei jeder Gelegenheit ins Feld führt – als Bollwerk
gleichsam gegen die Lebensatrozitäten, mit denen er in mehr-
facher Hinsicht zu tun hat. Denn nicht nur die widrigen Zeitum-
stände sind es, die ihn an seiner humanistischen Gelehrsamkeit
festhalten lassen, sondern nicht weniger stark ist es das Freundes-
schicksal, das er mitansehen mußte, und mehr als das: das ihn
bis in den Grund seiner humanistischen Seele hinab irritiert hatte.
Und zur Irritation war vielfacher Anlaß. Doch seine an der Antike
orientierte Lebensansicht, die zugleich zu seiner Gelehrtenüber-
zeugung geworden ist, hilft ihm über das Allerschlimmste ebenso
wie über die Widerwärtigkeiten des Kriegsalltags hinweg. So hat
er sein Leben mit Hilfe dessen gemeistert, was er seine "humanistische Weltanschauung" nennt, seine "Liebe zu den 'besten Künsten und Wissenschaften', wie man einstmals sagte"[1]. Ein Altphilo-
loge ist er, studiert hat er die antiken Sprachen, also die "Humaniora", er ist Pädagoge geworden nach antikem Vorbild; nach seinem Studium hatte er sich auf eine ihm gewissermaßen von der
Sache her fest vorgeschriebene Bildungsreise begeben, die ihn,
wie könnte es anders sein, nach Italien und Griechenland führte,
und dort hat er visionär noch einmal das Altertum erfahren, in
"gewissen Augenblicken", als er nämlich "von der Akropolis zu
der Heiligen Straße hinausblickte, auf der die Mysten, geschmückt
mit der Safranbinde und den Namen des Iacchus auf den Lippen,
dahinzogen", dann stand er noch im Bezirke des Eubuleus "am
Rande der vom Felsen überhangenen plutonischen Spalte", Höhepunkt einer klassischen Bildungstour, und es störte den so kürzlich
erst humanistisch noch Ausgebildeten keineswegs, daß der mystische Zug bloß Sache seiner visionären Begeisterung war, nicht
Wirklichkeit. Auch das touristische Ereignis der plutonischen Spalte vermochte er so zu erleben, wie es ihm sein Bildungshinter-
grund fast zwingend vorschrieb: Da begegnete ihm zwar kein Re-
likt aus dem vergessenen Altertum, vielmehr etwas Unzeitge-
mäßes, das ihn aber mit höchster Gegenwärtigkeit ankam. Er
stellte sich dem, wie er es als Kenner aller alten Sprachen und
Kulturen gelernt hatte, nämlich aus der Fülle des Lebensgefühls,
"welche in der initiatorischen Andacht des olympischen Griechen-
tums vor den Gottheiten der Tiefe sich ausdrückt". Die antiken
Mysterien werden dem spätzeitlichen Kulturbeflissenen noch einmal lebendig, und zwar so gründlich, daß er ein Leben lang davon

zehren kann. Natürlich sieht er nichts Bacchantisches dort, kein
wildes Spektakel im Zeichen der Götter. Das würde ihm seine
gemäßigt temperierte Natur nicht zugestehen; seine Fahrt ist
das Gegenteil einer antiken Blocksbergreise. Es sind zwar nicht
gerade ernüchternde Einsichten, die der sechsundzwanzigjährige
Antikengelehrte bekommt, doch er erfährt dort, daß gegen das
Ungeheuerliche und gegen alle verlockende Ausartung durchaus
ein Kraut gewachsen ist: das eines bescheidenen, gläubigen, ja
andächtigen Humanismus; er erfährt es so gründlich, daß er Jahre,
Jahrzehnte lang, seinen Primanern vom Katheder herab immer
wieder das gleiche erklären kann – daß nämlich "Kultur recht
eigentlich die fromme und ordnende, ich möchte sagen begütigen-
de Einbeziehung des Nächtig-Ungeheueren in den Kultus der Götter ist".
Das Klassische verfolgt ihn, aber er ist glücklich dabei. Oder
so zufrieden, wie seine humanistische Bildung und sein klassizi-
stisches Lebensgefühl es ihm verstatten. Eine gemäßigte Existenz
also, im besten Sinne des Wortes, von leichter Unzeitgemäßheit,
nicht ganz ohne liebenswürdige Verschrobenheit. Frei von Grotesken ist dieses Dasein freilich nicht, aber es wird dadurch gemildert, daß der so von den antiken Gewalten Getroffene und Be-
troffene um die etwas belächelnswerten Sonderbarkeiten weiß.
Für seinen eigenen Namen kann der von den antiken Musen in
Beschlag Genommene nichts, und wer sich über "Serenus Zeitblom" amüsiert, sollte das eigentlich nur hinter vorgehaltener
Hand und mit etwas schlechtem Gewissen tun. Aber lächeln darf
man spätestens dann, wenn ihm dazu von Serenus Zeitblom höchstpersönlich die Erlaubnis gegeben wird, und das ist der Fall, wenn
er davon spricht, daß er seine Frau Helene, geborene Ölhafen,
nicht zuletzt des Vornamens wegen geheiratet habe: "Helene,
dieser teuere Laut" habe bei seiner Wahl nicht die letzte Rolle
gespielt. Vielleicht auch nicht die erste, aber kein Zweifel, daß
selbst hier Antikisches mit im Spiel war, wenn auch im braven
Gewande Kaisersaschener Bürgerlichkeit. Denn Serenus hält auch
später noch, unverrückbar geprägt von seinen klassischen Bil-
dungserfahrungen, an der geradezu sakrifizierenden Bedeutung
dieses Namens, dieses Vornamens fest: "Ein solcher Name bedeutet eine Weihe, deren reinem Zauber man nicht seine Wirkung
verwehrt, sollte auch das Äußere der Trägerin seine hohen An-
sprüche nur in bürgerlich bescheidenem Maß, und auch dies nur
vorübergehend, vermöge rasch entweichenden Jugendreizes erfüllen." Aber nicht genug der klassischen Anspielungen und Evo-
kationen: Der Name lebt weiter und mit ihm aller Zauber einer
spätbürgerlichen Gräcomanie, und für den, der an die Kraft der
humanistischen und humanisierenden Sprache glaubt, ist nachgerade ziemlich gleichgültig, wie es um die Wirklichkeit bestellt
sein mag. Fast wie Peeperkorn sieht auch Serenus Zeitblom Helena in jedem Weibe, vorausgesetzt, es gehört seiner eigenen Fa-

milie an; und so hat er denn beim ehelichen Vornamen nicht halt-
gemacht, sondern gesteht freimütig: "Auch unsere Tochter, die
sich längst einem braven Manne, Prokuristen an der Filiale der
Bayerischen Effektenbank in Regensburg, verbunden hat, haben
wir Helene genannt." Kann man sich Mutter und Tochter vorstellen? Man kann es nur zu gut, aber man darf dabei nicht an
jene schöne Helena aus den "Buddenbrooks" denken, die all jene
Rätselhaftigkeit und Irritation einer mythischen Figur mit sich
hat[2], der Mutter und Tochter Zeitblom vermutlich, so dürfen
wir aus dem erschließen, was Serenus quasi zwischen den Zeilen
mitteilt, ermangeln. Denn "etwas Berückendes" kann Zeitblom
zugegebenermaßen zu keiner Zeit an einem seiner Kinder erkennen, auch an der wiederauferstandenen töchterlichen, auf ihre
Weise frommen Helene nicht. Die Söhne sind offenbar nicht der
Rede wert. Sie dienen zu Beginn der Niederschrift des Serenus
Zeitblom jeweils ihrem Führer, und der Hinweis darauf, daß "der
Zusammenhang dieser jungen Männer mit dem stillen Elternheim
nur locker zu nennen" ist, ist vermutlich blanke Untertreibung:
die Söhne wollen von ihrem Vater nichts wissen und der Vater
nicht sehr viel mehr von seinen Söhnen. So bleibt es beim antiken
Namenszauber, der kurioserweise seine Wirkung nicht verloren
hat, sondern wohl eher noch größer deswegen geworden ist, weil
die nach jener fabulösen Figur aus der Antike Benannten so erstaunlich wenig Ähnlichkeit mit ihrem Urbild haben.

Natürlich ist dem Klassischen, der humanistischen Haltung
und dem antikisch gebildeten Gemütszustand des Serenus Zeitblom
so allein nicht beizukommen; das leicht Belächelnswerte dieser Oberlehrerexistenz gründet sich auf ernste Überzeugungen.
Die humanistische Weltanschauung erschöpft sich auch nicht in
der Liebe zu den "besten Künsten und Wissenschaften". Zeitbloms
lebendig-liebevoller "Sinn für die Schönheit und Vernunftwürde
des Menschen" zeichnet ihn, den relativ frommen Katholiken,
als Aufklärer, wenn auch von maßvoller Art, aus, und "Vernunft
und Menschenwürde" sind für ihn, das glauben wir ihm ohne weiteres, keine leeren Worte. Man akzeptiert "die seelische Zusam-
menordnung von sprachlicher und humaner Passion" so wie man
ihm den Pädagogenberuf sofort abnimmt: Was anders hätte ein
solcher moderner Humanist auch sonst werden können? Selbstbe-
scheidung gehört zu seinen Charakterzügen, das Wissen um die
Grenzen in jeder Hinsicht, und es ehrt ihn ohne Frage, daß er
schon zu Beginn seiner Niederschrift daran zweifelt, ob er vielleicht seiner ganzen Existenz nach der rechte Mann sei für das,
was er zu tun sich gerade anschicke. Denn er ist und bleibt ein
Zögling des durch bürgerliche Selbstbeschränkung gebrochenen
aufgeklärten Zeitalters, eine, wie er selbst sagt, "durchaus gemäßigte und, ich darf wohl sagen, gesunde, human temperierte,
auf das Harmonische und Vernünftige gerichtete Natur, ein Gelehrter und conjuratus des 'Lateinischen Heeres', nicht ohne Be-

ziehung zu den Schönen Künsten (ich spiele die Viola d'amore)".
"Gewissenhaftigkeit, Pietät und Korrektheit" zeichnen Zeitblom
fast über die Maßen aus, und alles das steht auf seiner Visitenkarte, mit der er sich in den Roman einführt. Er hat seine Grenzen,
gewiß. Aber die liegen in erster Linie da, wo sie seiner geistigen
Physiognomie nach liegen müssen, nämlich in seiner Scheu vor
alledem, was ungeheuerlicher Natur ist, was nicht hineinpassen
will in seine mild aufgeklärte, klassizistisch geprägte Vorstellung
vom Menschen. Auf seiner Bildungstour nach Hellas hat er gelernt,
was er seinen Primanern immer wieder vorhält: daß nämlich zur
Kultur eine mäßigende, das Ungeheuerliche beschwichtigende
Komponente gehört, die imstande ist, Abgründiges mit einzubeziehen in eine fromme Götterverehrung.

Aber es zeigt sich, daß durchaus nicht alles derart einzubinden
ist. Es gibt jenseits des humanistischen Optimismus entschieden
Unzuverlässiges auf dieser Welt, Gefährliches und Schreckhaftes,
das nicht in Wohltemperiertheit zu integrieren ist, und es gehört
zur Tragik und gleichzeitig zur Steigerung der humanistischen
Durchschnittsexistenz des Zeitblom, daß er damit in Berührung
kommt: Tragik deswegen, weil seinem "persönlichen Wesen alles
Dämonische durchaus fernliegt"; steigernd deswegen, weil "Ord-
nungsbedürfnis und der Wunsch nach sittlicher Einfügung ins Menschenleben", von dem er selbst spricht, ihn wohl sonst vor der
Zeit hätten vertrocknen und in humanistischen Übungen erstarren
lassen, zumal er kaum Talent gehabt hätte, ein Professor Unrat
zu werden. Er wäre, ein etwas verschrobener pädagogischer Erasmus, in der Langweiligkeit eines altphilologischen Schuldienstes
untergegangen, wäre eben nicht jene Begegnung gewesen, die
eigentlich seinem Lebenskurs völlig zuwider war. Denn diese in
jeder Hinsicht gemäßigte Natur kam mit dem Dämonischen in
Berührung, und das war das Fremdeste, was ihr passieren konnte.
Zeitbloms Bekenntnis zum Dämonischen oder vielmehr seine ab-
grundtiefe Antipathie gegen Derartiges spricht er selbst aus: "Das
Dämonische, so wenig ich mir herausnehme, seinen Einfluß auf
das Menschenleben zu leugnen, habe ich jederzeit als entschieden
wesensfremd empfunden, es instinktiv aus meinem Weltbilde aus-
geschaltet und niemals die leiseste Neigung verspürt, mich mit
den unteren Mächten verwegen einzulassen, sie gar im Übermut
zu mir heraufzufordern, oder ihnen, wenn sie von sich aus ver-
suchend an mich herantraten, auch nur den kleinen Finger zu reichen." In dieser Beziehung, so gesteht er, sei er mit sich zufrieden
– aber das alles hat ihm wenig genutzt. Denn er kam mit dieser
Sphäre dämonischer Genialität nur zu eng zusammen, und er hat
mit Beunruhigung und Mißvergnügen gesehen, daß an der strahlenden Sphäre der Genialität "das Dämonische und Widervernünftige
einen beunruhigenden Anteil hat, daß immer eine leises Grauen
erweckende Verbindung besteht zwischen ihr und dem unteren
Reich". Nicht nur das: Auch mit der Musik bekam er zu tun, und

es half ihm nichts, daß er die Viola d'amore spielte und die Musik
in der griechischen Welt eingebunden wußte in die Erziehung,
und zwar in dienender Funktion. Aber Vernunft, Menschenwürde
und unbedingte Zuverlässigkeit: Er sieht selbst, daß das im Bereich
der Musik kaum aufkommen kann, und so ist er denn immer und
immerfort bemüht, "eine klare und sichere Grenze zu ziehen",
und zwar eine solche zwischen dem Bereich des Menschlichen,
den er als einzig vertrauenswürdigen kennt, und "dem Einfluß
der unteren Gewalten". Alles vergebens, wie wir wissen, die Gewalten drohen auch ihn zu überschwemmen, und er kann sich nur
mühsam auf dem Posten des gleichzeitig distanzierten und dennoch immer wieder tief ergriffenen Berichterstatters halten.
Was er über viele hundert Seiten hindurch bietet, ist beileibe kein
Bild eines standfesten Humanisten: Nur unter größter Anstrengung
kann er seine Berichterstattung zu Ende bringen, "fast gebrochen
von den Schrecknissen der Zeit, in welcher er schrieb, und von
denen, die den Gegenstand seines Schreibens bildeten". Wirklich,
Zeitblom war von Natur aus nicht der rechte Mann, die Aufgabe
zu bewältigen, die sich ihm gestellt hatte, sein Schulmännergrie-
chisch, demzufolge er die Ehrfurcht vor den Gottheiten der Tiefe
mit Vernunft und Klarheit zur Frömmigkeit zu verschmelzen gedachte, konnte dem kaum standhalten, was er sich auferlegt hatte.
Es sind denn auch am Ende gar nicht einmal humanistische Prin-
zipien, denen er sich mit seiner Schreibarbeit unterwirft, sondern,
wie Leverkühn es selbst nennt, "Liebe, Treue und Zeugenschaft".
Der Preis, den er zahlen mußte, ist nicht gering: Es ist Einsamkeit, nicht Kälte, wie bei Leverkühn; aber weit sind diese beiden
Seelenzustände nicht voneinander entfernt.
 Wir müssen uns mit Doktor Serenus Zeitblom noch eine Weile
beschäftigen. Die Frage, warum er überhaupt ins Buch Eingang
fand, ist ebenso oft gestellt wie beantwortet worden. Sicher ist
bei alledem nur, daß Zeitblom in dem Dreizeilenplan aus der Zeit
der Jahrhundertwende nicht auftaucht, sondern erst 1943 zu lite-
rarischem Leben gefunden hat, und Thomas Mann hat selbst bestätigt, daß die schlimme Geschichte "durch das Medium eines durchaus rational-humanistisch gesinnten Referenten" gehe und dadurch
"die Durchheiterung, die sie braucht", gewinne[3] - und er hat hinzugesetzt: "und die ich brauche". Der Schreibende sei "ein von
den Nazis pensionierter Oberlehrer"; ein Humanist erzähle die
Geschichte, heißt es ein andermal, ein Schulfreund und Bewunderer des Zugrundegegangenen[4]; man könne sich nichts Verschiede-
neres denken als den Helden und seinen Erzähler, notiert Thomas
Mann an wiederum anderer Stelle[5], "und dabei ist die Aehnlichkeit
frappant - wie das unter Brüdern so vorkommt". So hatte Zeitblom
das selbst nicht empfunden, aber daß er eingesogen wird in die
dämonische Geschichte, darüber weiß er selbst nur zu gut Be-
scheid und versucht sich nur halbwegs dagegen zu wehren, am
radikalsten und erfolgreichsten durch das Schreiben selbst. Die

Charakteristiken, die Thomas Mann zu Zeitblom gibt, wirken,
wie freilich vieles in den späten Briefen, merkwürdig klischeehaft.
Daß die dämonische Geschichte "von einem sehr undämonischen
Menschen" vorgetragen sei, lesen wir wiederholt, von "einem Humanisten und unter den Nazis pensionierten Gymnasialprofessor,
der der fasziniert-ergebene Freund des zugrunde gegangenen
Komponisten war"[6]. Natürlich hat der schreibende Humanist mehr
mit der Sache zu tun, als er zu tun vorgibt. Und: Von Durchheiterung, wie Thomas Mann anfangs schrieb, ist in der Tat nicht
sehr viel zu merken, sehen wir von der anfänglichen Visitenkarte
und der doppelten Helene einmal ab. Am Ende ist auch Zeitblom
Teil des großen, das Persönlichste berührenden Montagewerkes;
der Memoirencharakter ist unverkennbar. Eben dies ist mehrfach
von Thomas Mann bestätigt worden, und wenn einerseits an der
Zeitblom-Figur natürlich vieles auch nur Zitat ist, nämlich, von
Thomas Mann bestätigt, Zitat aus dem Leben Nietzsches, da
Overbeck sich hinter Serenus verbirgt[7], so liegt auf der anderen
Seite in dem schreibgewandten Humanisten zu viel Eigenbildlich-
keit, als daß man ihn in der Rolle belassen möchte, in die er selbst
von Thomas Mann zu Beginn der Niederschrift des Romans einge-
paßt wurde. Dennoch: die Rollenhaftigkeit, das Memoirenmäßige,
die Verschiebung des Eigenen in eine mediale Wirklichkeit - das
alles ist nicht genug, was Zeitbloms eigentümliche Lage angeht.
Es wäre naiv, in diesem bloß das montierte Erzähler-Ich zu sehen,
so wie auch die Antwort zu naiv wäre, daß Leverkühn und Zeitblom als zwei Geschöpfe des einen Autors eben auch Teile des
Autors seien. Natürlich sind sie das - aber doch nicht in einem
rein romantechnischen Sinne. Dazu ist die Identität des schreibenden Serenus Zeitblom mit der des schreibenden Thomas Mann
wiederum zu groß, und Thomas Mann hat selbst darauf aufmerksam gemacht, daß da mehr an Gemeinsamkeit sei als nur das,
was erzählte Figur und Autor normalerweise miteinander verbindet, wenn er sagte: "Daß Studienrat Zeitblom an dem Tage zu
schreiben beginnt, an dem ich selbst, in der Tat, die ersten Zeilen
zu Papier brachte, ist kennzeichnend für das ganze Buch: für das
eigentümlich W i r k l i c h e , das ihm anhaftet." So steht es
in der "Entstehung des Doktor Faustus". "Eine versetzte, verschobene, verzerrte, dämonische Wiedergabe und Bloßstellung meines
eigenen Lebens" - so Thomas Mann an Hans Reisiger 1947[8]. Das
entspricht der brieflichen Bemerkung vom 22. März 1948: "Es
ist ein Lebens- und Bekenntnisbuch von eigentümlicher, fast wilder Direktheit"[9], "Résumé meines Lebens und der Epoche"[10],
und so ist es denn mit der bloßen Durchheiterung eines tragischen
Stoffes in der Tat nicht sehr weit her. Was tatsächlich mit Zeitblom gemeint ist, ist auf der anderen Seite auf geradezu bedauer-
lich-erfreuliche Weise aber ebenfalls nicht eindeutig auszumachen. Das mag der Figur ihren untergründigen Reiz über alle humanistische Oberlehrerexistenz hinaus verleihen.

Zwei Deutungen scheinen zunächst möglich zu sein und widersprechen sich durchaus nicht, sondern belegen vielmehr die These
von der Mehrdimensionalität erzählter Figuren im Spätwerk Thomas Manns, die je nach der Beleuchtung, die über sie fällt, anders
erscheinen können. Gehen wir davon aus, daß entgegen dem treuherzigen Humanistenbild, das anfangs eher für eine lächelnde
Distanzierung des Autors von Zeitblom spricht, Thomas Mann
mit seinem Biographen mehr gemeinsam hat, als dieses der Kar-
tenabgabe nach zu vermuten ist, so ist aus der romaninhärenten
Konstellation heraus, die Zeitbloms Rang erst aus der freund-
schaftlichen Beziehung zu Leverkühn erschließen läßt, nicht unwahrscheinlich, daß auch Thomas Mann hier die Geschichte einer
ganz persönlichen Verehrung geschrieben hat, in die immer auch
einige Distanzierung miteingewoben ist. Der Hinweis auf Overbeck ist vermutlich ernstzunehmen und mehr als eine bloß geschichtliche Reminiszenz. Denn wenn auf der einen Seite auch
nur historisches Muster ist, was da in der Geschichte Leverkühns
und der Niederschrift Zeitbloms auftaucht, indem Zeitblom eben
den Nietzsche-Freund, Leverkühn aber das Nietzsche-Schicksal
rekapituliert, so stellt sich, einem literarischen Suchbild nicht
unähnlich, andererseits die Frage nach der dritten Figur, die hier
zweifellos hinzugehört, nämlich nach Thomas Mann selbst – immer
unter der Voraussetzung, daß seine Feststellung, hier sei, auch
in Zeitblom, die Lebenswirklichkeit seiner eigenen Person in hohem Maße mitanwesend, ernstgenommen wird. Sollte hier, im
Bilde des schreibenden Zeitblom und seiner Beziehung zu Leverkühn, nicht auch ein Bericht gegeben worden sein über die Beziehung des schreibenden Thomas Mann zu der Figur, die zitathaft
hinter Leverkühn steht, nämlich zu Nietzsche, sollte hier also,
mit anderen Worten, Thomas Mann nicht seine Beziehung zu
Nietzsche in der eigentümlichen Mischung aus Distanz und Nähe,
aus persönlicher Berührung und gleichzeitig aus kritischer, skeptischer Ferne heraus dargestellt haben? Natürlich nicht nur, wie
sich selbstredend versteht, aber doch so, daß auch dieses Thema
alles andere als ein bloßes Randthema des Buches ist, da es für
Thomas Mann, wie er es oft genug ja betont hat, ein Lebensbuch
eigener Art gewesen ist, in dem er sich aufs direkteste und doch,
wie es seinem Protestantismus gemäß war, auf verschleierte Weise dargestellt hat. Also nicht der Nietzsche-Roman, Nietzsche
erst recht nicht als bloßer Stoff für eine fiktive Musikerbiographie, sondern, unaufhörlich hineingebracht, auch Thomas Manns
Verhältnis zu Nietzsche, einem dieser Fixsterne an seinem geistig-
literarischen Firmament von früh an? Daß die Nietzsche-Beschäf-
tigung nicht von ungefähr kam, zeigt nicht nur der folgende Aufsatz über "Nietzsches Philosophie im Lichte unserer Erfahrung",
sondern lassen vorangegangene Äußerungen zu Nietzsche erkennen, die in der Zeit des aufkommenden Nationalsozialismus gemacht worden sind, deuten auch andere Figuren wie Breisacher

an. Sie sind nicht etwa deswegen wichtig, weil der Philosoph des
19. Jahrhunderts mit seiner fiebrigen Inspiration und seinem
schließlichen Erlöschen in der Umnachtung und Dunkelheit ein
nahezu ideales Korrelativ abgab für das Vorhaben Thomas Manns,
Deutschland im Bilde einer repräsentativen Gestalt zu schildern,
sondern vor allem deswegen, weil hier Fragen nach historischen
Ursachen, historischer Verantwortung und nach Schuld ohne
Schuldbewußtsein gestellt waren, die sich dann präsentieren mußten, wenn nach der wirkungsvoll-unglückseligen Rolle Nietzsches
am Zustandekommen der Dinge, die nach ihm in Erscheinung tra-
ten, gefragt wurde – und die indirekt auch Fragen an Thomas
Manns eigene Mitschuld ohne Schuldbewußtsein waren. Wir wissen
nur zu gut, wie sehr die Romane von essayistischen, das dort Be-
handelte kritisch ventilierenden Ablegern begleitet wurden, aber
kaum ein anderer Essay als der über "Nietzsches Philosophie im
Lichte unserer Erfahrung" hat deutlicher und bohrender die Fragen
weitergeführt, die sich mit Nietzsches historischer Rolle nun
einmal zwangsläufig stellten – "Goethe und Tolstoi" nimmt sich
dagegen noch wie eine essayistische Interlinearversion der Dinge
aus, die im "Zauberberg" ohnehin gesagt schienen. Aber hier, im
"Doktor Faustus", stellte sich nicht zufällig höchstpersönlich die
Frage, wie man sich zu Nietzsche verhalten müsse, da er einiges
historische Unglück ungewollt, aber nichtsdestoweniger wirkungs-
voll miteingeläutet habe: für Thomas Mann, für den eine der
Orientierungshilfen in der Evolution des eigenen Selbstverständ-
nisses von früh an gewesen war, eine fast zwingende Frage. Und
so läßt sich durchaus verstehen, warum Thomas Mann hier in der
Maske des schreibenden Serenus Zeitblom sein Verhältnis zu
Nietzsche neu darstellen wollte, geführt in einer Sphäre, in der
das Deutsche zum Generalthema geworden war, mit dem der Emigrant sich auseinanderzusetzen gedrängt sah.

Eine mögliche Erklärung. Eine andere scheint mehr erzähltech-
nischer Art zu sein, basiert aber wiederum auf existentiellen Erfahrungen der Entstehungszeit des Romans: Die eigentümliche
Doppelidentität des Autors mit Zeitblom und Leverkühn könnte
durchaus als Literarisierung einer Exilerfahrung[11] gewertet werden, die wir oftmals und nicht nur bei Thomas Mann zu beobachten
haben: die obskuren Paare treten überall auf, wo das Exil eigene
Identitäten verunsichert hat, von Anna Seghers' "Transit" bis zu
Werfels "Jakobowsky und der Oberst", und wir haben sie, wenn
auch in sehr starker Brechung, offenbar auch in anderen Exilromanen Thomas Manns: Daß Felix Krull eine Doppelexistenz führt,
mag seiner Neigung zum Betrügerischen noch anzurechnen sein,
aber daß er sein Doppelspiel so exzessiv spielt, scheint ohne den
Hintergrund des Exils nicht völlig verständlich. Dudu und Gottliebchen in den "Joseph"-Romanen sind gewiß nur kuriose Spiel-
arten derartiger Doppelwesen, aber der strahlende Joseph im
Ägyptenland und der Joseph, der in die Grube hinab mußte, sind

möglicherweise auch so zu deuten, als Doppelexistenz in e i n e m Dasein, so wie auch der Goethe-Roman insofern den doppelten Goethe vorstellt, als in dem alternden Goethe der junge Liebhaber Lottes einerseits noch durchaus präsent und dennoch zwangsläufig überlebt ist. Früher gab es eher ins Figurale übersetzte Grundsätzlichkeiten, die sich ausschlossen: mochten sie nun in Tonio Kröger und Hans Hansen figurativ benannt worden sein oder in Settembrini und Naphta, mochte es Bruder Leichtfuß, Christian, gewesen sein oder Thomas, der Strenge und Tiefsinnige, dem sein Bruder sagen mußte, daß er so geworden sei, wie er sei, weil er nicht habe werden wollen wie jener, nämlich wie Thomas. Aber dagegen, neben den "Joseph"-Romanen, neben "Lotte in Weimar" und "Doktor Faustus" der "Erwählte": quasi ein Tierwesen einerseits, auf dem Weg zum Papsttum andererseits – eine Doppelexistenz auch da. So wäre im Kontext der Exilliteratur die Duplizität wichtiger Figuren, oder besser: die Ambiguität des Ich in den Romanen durchaus kein singulärer Fall, sondern eher die Regel.

Man kann die Doppelexistenz von Zeitblom und Leverkühn also auch so deuten, wenn es einen schon nach Deutung dieses Sachverhaltes verlangt. Aber warum muß es dann gerade ein im Rahmen des Möglichen und Üblichen frommer Humanist sein, der die Folie abgibt für die wilde Künstlerexistenz des Leverkühn? Warum sollte es nicht so sein, könnte die ebenso wenig eindeutig zu beantwortende Gegenfrage lauten, aber wie dem auch sei: Da wir gesehen haben, daß es mit der Durchheiterung eines tragischen Stoffes ja nicht so furchtbar weit her ist, wäre am Ende doch wohl zu fragen, warum ausgerechnet eine bis ins Tiefste verstörte klassische Seele hier herhalten muß, um die Schrecken über sich ergehen zu lassen. Nebenfiguren geraten bei Thomas Mann oft in das bloße Streulicht des Lichtstrahls hinein, der sich eigentlich auf die Hauptgestalten richtet, aber damit wird man ihnen meist nicht gerecht, weil es, um im Bilde zu bleiben, interpretatorische Lichtblicke sein können, die durch sie gegeben werden, oder vielmehr: weil sie Aussagen tragen, die durchaus nicht ephemer zu sein brauchen. Nebenfiguren in diesem Sinne gibt es bei Thomas Mann eigentlich nur sehr wenig, so wenig, wie es in einem musikalischen Werk Nebentöne gibt. In einem Roman, dessen musikalische Komposition so sehr durchdacht ist, kann selbst ein Dreiklang, der bloß der Ouvertüre zugehörig ist, einiges bedeuten – wobei es sich, wie sich bei Serenus Zeitblom selbstredend versteht, nur um einen harmonischen Dreiklang handeln kann, gewiß nicht um einen solchen aus der Schönbergschen Zwölftonmusik.

Gehen wir davon aus, daß Thomas Mann mit Serenus Zeitblom also nicht nur ein humoristisches Medium hat einführen wollen, sondern daß er in seiner Biographenrolle ernstgenommen werden will, so sind seine Aussagen funktional zu verstehen, das heißt: auf ihren Stellenwert hin zu prüfen, den sie im intellektuellen Kontext Thomas Manns haben. Lesen wir nun von dieser nicht

ganz ernstzunehmenden Klassizität, vom harmonischen und human
gesunden Klang und Charakter, von den vernünftigen Gründen
und der heiteren Bildungsfreude, von der Liebe zu klassischen
Sprachen und von Vernunft und Menschenwürde, von den Humaniora und von der Studienreise nach Italien und Griechenland,
vom olympischen Griechentum und vom Kultus der Götter, in
den auch noch das Nächtig-Ungeheure einbezogen werden kann,
lesen wir von Schönheit und von Vernunftwürde des Menschen
und dem lebendig-liebevollen Sinn dafür, von humanistischer Weltanschauung und von dem Grauen vor allem Dämonischen und Wi-
dervernünftigen, so sind alle diese Mitteilungen zu massiv, als
daß man sie als studienrätliche Ängstlichkeit beiseiteschieben
könnte. Kein Zweifel, das alles reicht nicht aus, um dem Nächtig-
Ungeheuren ernsthaft entgegentreten zu können, so wenig wie
die Theologie ausreicht und die Musik, das Altdeutsche und der
altstädtisch-bürgerliche Hintergrund. Nichts reicht aus, um dem
Fürchterlichen Schranken entgegenzusetzen, das Dämonische
einzugrenzen oder den Teufel auszutreiben, und weil das alles
unzweideutig und schon zu Beginn des Romans geschieht – für
Thomas Mann nicht nur expositorisches Tummelgelände, sondern
ein Zeichen und Bedeutung setzender Abschnitt des Ganzen –,
haben wir die Sphäre des Humanistischen, so unzureichend und
komisch sie auch sein mag, ernstzunehmen. Wir haben sie ernstzunehmen gerade darin, daß sie unzureichend ist, und sie ist unzureichend, weil das Deutsche, das mit dem Dämonischen so weitgehend identisch ist, sich nicht davon beherrschen lassen will. Gewiß, Serenus konnte nicht anders, als er sich präsentiert hat. Aber
wird hier nicht die ganze Ohnmacht des Humanisten vor dem Verhängnis und der dämonischen Welt nicht nur des Künstlertums,
sondern auch eines wildgewordenen Deutschtums sichtbar? Natürlich ist Zeitblom kein Klassiker, sondern ein Klassizist, wenn man
etwas spitzfindig auf einem leichten Wortunterschied beharren
darf. Aber Zeitblom scheint von Anfang an und vor allem unmiß-
verständlich zu demonstrieren, daß diese Art von Klassizität kein
Bollwerk sein konnte gegen das, was da aufgekommen war, sei
es in Leverkühn oder in Deutschland, es sei denn, man flüchte
sich in die stille Existenz der Gelehrtenstube in Freising, in der
es sehr still, zu still geworden war. Sehen wir diese Feststellungen
Thomas Manns, auch wenn sie erzählerisch-fiktiver Natur sind,
im Zusammenhang mit seiner Beziehung zur Klassik, so muß man
sie wohl großräumiger interpretieren als im Rahmen der Eingangs-
situation dieses Romans. Mit anderen Worten: Hier scheint sich
eine scharfe Kritik an der klassizistischen Haltung des griechisch
und lateinisch gebildeten Schulmeisterleins auszusprechen, nicht,
weil es um den Schulmeister ginge, sondern vielmehr darum, weil
sie nicht fertig wird mit dem, was da hochkommt. Nun ist Zeitblom nicht Goethe, sondern nur sein bei aller Wortgewandtheit
doch eher etwas mittelmäßiger Nachfahre, aber es geht im Roman

auch nicht in erster Linie um den großen Weimaraner, sondern
um die Valenz einer Lebenshaltung, die hier als humanistisch vorgestellt wird – mit leichtem Spott, unüberhörbar, aber nicht deswegen, weil sie etwas weltfremd ist. Der Spott ist sarkastischerer
Art, es ist kritischer Spott über die Unfähigkeit einer solchen
humanistischen Position, mit den Zeitereignissen zurechtzukom-
men und ihnen etwas entgegenzusetzen. Da ist etwas von einer
deutschen, mehr oder weniger gutbürgerlichen Haltung mit im
Spiel, die nicht ausgereicht hat, um sich verteidigen zu können,
als es bedrohlich zu werden begann, und zunächst einmal wird
das attackiert, bei aller zugegebenen eigenen Verstrickung in
eine solche Haltung. Der Humanist, der Schreibende, und wir wollen ihn diesmal ruhig Thomas Mann nennen, nicht nur Serenus
Zeitblom, hat wohl in seinem Selbstgericht, das er hier führt,
erkannt, daß es mit dem Humanismus wie mit der Vernünftigkeit,
mit Kultur und Menschenwürde nichts war gegen das, was da in
Deutschland sich zeigte. Die Zeitblom-Passagen enthalten ein
nicht weniger großes Maß an Selbstkritik als das, was im Roman
unter dem Zeichen Leverkühns folgt, und angesichts der immer
wieder betonten Radikalität der Auseinandersetzung des Romans
mit sich selbst, dem eigenen Deutschtum und der eigenen Herkunft darf man doch wohl sagen, daß sich hier die Auseinandersetzung mit einem traditionellen, zweifellos eben klassizistisch ge-
prägten Kulturbegriff findet, der am Ende ebenso in die Enge
getrieben worden ist wie die Humanität Zeitbloms – bis hin nach
Freising, einem friedlichen, aber doch auch etwas hinterwäldle-
rischen Ort. Hier wird im Grunde genommen, in leicht humoristischer Verbrämung, eine scharfe Auseinandersetzung mit der eigenen Herkunft und der Bürgerkultur geführt, und daß sie zu diesen
etwas abstrusen Haltungen, wie Zeitblom sie verkörpert, fähig
ist, zeigt ihre Schwäche, nicht ihre Autarkie. Thomas Mann unter-
zieht sein bislang so unproblematisches Verhältnis zu Goethe einer
gründlichen, kritischen Revision[12].
Natürlich ist, so wenig Nietzsche für die Nazis in einem kausa-
len Sinne verantwortlich war, Goethe verantwortlich für die Haltung eines Zeitblom und seine am Ende doch sichtbare Inferiorität,
nicht, was seine Fähigkeit zur Darstellung der Leverkühnschen
vita betrifft, aber doch, was seine Haltung und Widerstandskraft
gegenüber dem braunen Verhängnis angeht. Kein Zweifel, daß
er seine Integrität wahrt – aber eben doch nur als innerer Emigrant, auf einem Rückzugsposten, der viel von einem verlorenen
Posten an sich hat. Die Frage ist vielmehr: Kann eine klassische
Ethik, wie sie nun allerdings direkt von Goethe und seiner Zeit
geprägt ist, das Bollwerk sein, das man sich von ihr erhofft hatte?
Haben Vernunft und Humanität standgehalten, sind im Namen
der Menschenwürde und der Humaniora, sind im Namen der Kultur
und einer vernunftorientierten Geisteswelt Antworten möglich
auf das, was in Deutschland geschehen war? Man wird schwerlich

Zustimmung aus dem "Doktor Faustus" herauslesen können. Vielmehr sieht es so aus, als sei hier das klassische 18. Jahrhundert, das klassische Weimar von Thomas Mann auf nicht unwürdige, aber dennoch bestimmte Art verabschiedet worden, aus der Erkenntnis heraus, daß sein von ihm geprägter Humanismus unfähig war, mit jener Dämonie fertigzuwerden, von der das Buch handelt - daß Zeitblom ihr Chronograph wird, entbehrt nicht einer hintergründigen Ironie, verschärft aber zugleich den Eindruck einer klassischen Insuffizienz und, um mit dem Numismatiker Dr. Kranich zu sprechen, der gänzlichen Unzuständigkeit jener Welt. So erscheinen die klassischen Jahrzehnte in Weimar, erscheint das humanistische Weltverständnis nicht anders denn als vernünftige Tünche, die, aber nun alt und verfallen, allzu rasch abgeblättert war: Die Barbarei war nicht überwunden, sondern ist wiedergekehrt, und das Humanistische ist kein Antidot, sondern allenfalls ein kurzfristiges Beruhigungsmittel. Natürlich ist Zeitbloms humanistische Lauterkeit auch ein Indikator, mit dessen Hilfe sich die Distanz jener Haltung zu den Ungeheuerlichkeiten der Zeit eindrucksvoll ablesen läßt. Aber Zeitblom bleibt nun einmal, bei aller Versatilität seiner Berichterstattung und seiner Verbalgewandtheit, der am Ende Hilflose, Überwältigte, nicht mehr Begreifenkönnende. Der Roman scheint, um es am Ende noch einmal deutlich zu sagen, nichts Geringeres zu enthalten als eine Absage an Weimar, eine Einsicht in die Unzulänglichkeit einer klassischen Haltung demgegenüber, was in Deutschland geschehen war. Goethe, seit 1932, nein: seit "Goethe und Tolstoi", also seit den zwanziger Jahren, ein immer strahlenderer Stern am geistigen Firmament Thomas Manns, hat zu leuchten aufgehört; zumindest ist er stark verdunkelt. Der Roman vom "Doktor Faustus" ist Dokument einer Goethe-Abwehr, die viel von einer Goethe-Kritik an sich hat[13], und das nicht nur dort, wo klassische Lebenswerte zur Sprache kommen, sondern mehr noch dort, wo n i c h t von Goethe die Rede ist, obwohl von ihm hätte die Rede sein müssen: in einem Roman von "Doktor Faustus", der ohne den Goetheschen "Faust" weitgehend auskommen kann. In den Selbstkommentaren zum "Doktor Faustus" ist von Goethes "Faust" kaum die Rede - ein mehr als deutliches Signal. Das Buch stehe "überall mit einem Fuß im 16. Jahrhundert"[14], schreibt Thomas Mann, aber eben nicht mit dem anderen im 18. Jahrhundert, und der Teufelsbund ist der Teufelsbund des ausgehenden Mittelalters, der frühen Neuzeit, nicht der der Aufklärung. Es gibt keinen Mephisto, der Faustens Weg begleitet, und der Teufelspakt schließlich ist entschieden anderer Natur als der, den Goethes Faust schließt. Eine "tragische Lebensgeschichte"[15] ist beider "Faust", aber das ist auch so ungefähr das einzige, was an Gemeinsamkeiten ins Auge springt. Nichts sonst vom Goetheschen "Faust", und das ist erstaunlich, nicht zuletzt deswegen, weil der Goethe-Roman ja keine zehn Jahre zurücklag. "Es ist die Geschichte einer

Teufelsverschreibung", schreibt Thomas Mann an Hesse[16]. "Der
'Held' teilt das Schicksal Nietzsches und Hugo Wolfs, und sein
Leben, von einer reinen, liebenden, humanistischen Seele berich-
tet, ist etwas sehr Anti-Humanistisches, Rausch und Collaps.
Sapienti sat." Etwas Antihumanistisches also, kein Faust, der
sich dann doch ins Weltbild des klassischen Humanismus, der humanistischen Klassik einpassen ließe. Deutschland habe sich in
Wirklichkeit "immer näher zu Luther als zu Goethe gehalten",
schreibt Thomas Mann in "Deutschland und die Deutschen"[17].
Gewiß, dort ist auch von Goethe die Rede, aber doch von einem
Goethe, der nichts Geringeres als die deutsche Diaspora herbei-
wünschte[18]. Nicht einmal den paralytischen Größenwahn hat
Thomas Manns Faustus mit dem Goetheschen gemeinsam. Man
muß die ausführliche Zitation der Klassischen Walpurgisnacht
im "Zauberberg" bedenken, um zu ermessen, welches Ausmaß
an Goethe-Ferne hier erreicht ist: Thomas Manns "Doktor Faustus" läßt sich nicht mehr aus der Nachfolge des Goetheschen
"Faust" verstehen, sondern nur noch als Kontrafaktur[19]. Und Serenus Zeitblom muß dafür herhalten, das gänzlich Ungenügende
einer klassizistischen Haltung, einer auf Vernunft und Humanität
gegründeten Lebensstellung zu demonstrieren, von der ersten
Seite an. Zwar finden sich noch gelegentlich Goethe-Zitate - aber
nur als Stoff, nicht als Bekenntnis zu Goethe.

Warum das alles? Warum eine mehr als deutliche Goethe-Ab-
kehr, indem Goethe verschwiegen wird, zu einer Zeit, als in
Deutschland eine neue Goethe-Renaissance begann? Thomas Mann
schrieb an Jean Cocteau 1947[20]: "Ich habe immer gefunden, daß
bei der Wertung von Werken die Umstände mit in Anschlag gebracht werden sollten, unter denen sie zustande kamen, gegen
die sie durchgesetzt wurden." Das ist in bezug auf den "Doktor
Faustus" gesagt, und der Satz verdient in der Tat im Zusammenhang mit diesem Roman zitiert zu werden. Er macht nämlich
auch von dorther das Aussparen und Ausschweigen des Goetheschen "Faust" verständlich. Die Erklärung dafür liegt zum Teil
sogar schon in "Lotte in Weimar". Über die Goethe-Nähe, ja Identität von Thomas Mann und dem weimarischen Goethe kann dort
kaum ein Zweifel herrschen. Nach dem Lever sinnierte Goethe
vor sich hin:

> Das aber ists, daß ich für die Versöhnung weit eher geboren,
> als für die Tragödie. Ist nicht Versöhnung und Ausgleich all
> mein Betreiben und meine Sache Bejahen, Geltenlassen und
> Fruchtbarmachen des einen wie des anderen, Gleichgewicht,
> Zusammenklang? Nur alle Kräfte zusammen machen die Welt,
> und wichtig ist jede, jede entwickelnswert, und jede Anlage
> vollendet sich nur durch sich selbst. Individualität und Gesell-
> schaft, Bewußtsein und Naivität, Romantik und Tüchtigkeit,
> - beides, das andre immer auch und gleich vollkommen, - auf-

nehmen, einbeziehen, das Ganze sein, die Partisanen jedes
Princips beschämen, indem man es vollendet – und das andre
auch ... Humanität als universelle Ubiquität, – das höchste,
verführerische Vorbild als heimlich gegen sich selber gerichtete Parodie, Weltherrschaft als Ironie und heiterer Verrat
des Einen und das Andre, – damit hat man die Tragödie unter
sich, sie fällt dorthin, wo noch nicht Meisterschaft – wo noch
m e i n Deutschtum nicht, das in dieser Herrschaft und Meisterschaft besteht, – repräsentativerweise besteht, denn
Deutschtum ist Freiheit, Bildung, Allseitigkeit und Liebe,
– daß sies nicht wissen, ändert nichts daran.

Wort für Wort ist das eine spielerische Umschreibung des Thomas
Mannschen Weltverhältnisses, von der Humanität bis zur Ironie,
vom Distanzieren von jenen Partisanen jedes Prinzips bis hin zur
Idealität der zusammengenommenen Kräfte. Goethe spricht es
aus, Thomas Mann hat es gedacht, und damals, 1939 also, schien
es noch ein Leichtes zu sein, mit einer solchen Einstellung über
das etwas ungemütlich gewordene Deutschtum, das sich tatsächlich in Deutschland eingenistet hatte, hinwegzukommen. Es heißt
weiter: "Tragödie zwischen mir und diesem Volk? Ah, was, man
zankt sich, aber hoch oben, im leichten, tiefen Spiel will ich
exemplarische Versöhnung feiern, will das magisch reimende Gemüt umwölkten Nordens mit dem Geist trimetrisch ewiger Bläue
sich gatten lassen zur Erzeugung des Genius." Alles schien 1939
noch machbar, mit einem Beiseiteschieben der Probleme, die
sich damals also nur vordergründig als lebensbedrohliche stellten. Natürlich waren Goethe und das Deutsche nicht mehr identisch, aber die Distanz wurde noch mit recht leichter Hand weggewischt. Wir lesen auch: "Sie mögen mich nicht – recht so, ich
mag sie auch nicht, so sind wir quitt. Ich hab mein Deutschtum
für mich – mag es mitsamt der boshaften Philisterei, die sie so
nennen, der Teufel holen. Sie meinen, sie sind Deutschland, aber
ich bins, und gings zugrunde mit Stumpf und Stiel, es dauerte
in mir. Gebärdet euch, wie ihr wollt, das Meine abzuwehren, –
ich stehe doch für euch." Die Identifikation mit Goethe und seiner
Haltung, hier und anderswo von der Literatur oft beschrieben[21],
war eben deswegen möglich, weil Goethe sich zwar gegen die
Deutschen stellte, aber dennoch die Inkorporation des wirklichen
Deutschtums zu sein schien, und sieht man auch über das spielerische Element einer solchen unio mystica zwischen Goethe und
Thomas Mann hinweg, mochte damals noch diese heitere Distanz
eine angemessene Haltung sein jenem gegenüber, was sich in
Deutschland tat – die deutsche Kultur war ohnehin dort, wo Thomas Mann war, und daß die Deutschen ihn nicht mochten, tat
ihm ebensoviel oder ebensowenig, wie es Goethe ausgemacht hatte. Nur gelegentlich kam eine Ahnung hoch, daß es damit allein
wohl nicht getan sei, etwa dort, wo es heißt: "Unseliges Volk,

es wird nicht gut ausgehen mit ihm, denn es will sich selber nicht
verstehen, und jedes Mißverstehen seiner selbst erregt nicht das
Gelächter allein, erregt den Haß der Welt und bringt es in äußerste Gefahr." Und: "Ihre Besten lebten immer bei ihnen im Exil,
und im Exil erst, in der Zerstreuung werden sie die Masse des
Guten, die in ihnen liegt, zum Heile der Nationen entwickeln und
das Salz der Erde sein ...". Aber 1943 und später war ein solches
fast leichtsinniges Darüber-Hinweggehen, war die spielerische
Distanzierung vom Deutschen nicht mehr angebracht, nicht mehr
möglich. Denn es war nicht gut ausgegangen mit dem Volk, "Dunst
und Rausch und all berserkerisches Unmaß" waren übergewaltig
geworden, und so hatten sie sich denn dem "verzückten Schurken"
gläubig hingegeben, um "Nationalität als Isolierung und Roheit
zu begreifen": Die Katastrophe ließ sich nicht mehr beschönigen,
mit einem heiteren ironischen Darüberstehen war es nicht mehr
getan, und aus diesem Zusammenhang heraus ist es verständlich,
daß Thomas Mann der klassischen Lehre, der Humanität eines
Weimar keinen rechten Reiz mehr abgewinnen konnte, weil sie
unglaubwürdig geworden waren angesichts der Greuel, die inzwischen geschehen waren. Man muß nur die Radiosendungen lesen,
die Thomas Mann damals über Deutschland schrieb, um zu ermessen, wie sich das Klima und die Temperatur der Auseinandersetzung verschlechtert und verschärft hatten, und so scheint denn
hinter der Absage an das Deutsche zugleich auch die Absage an
die Humanitätsphilosophie des Deutschen zu stehen: Goethes Position war nicht mehr möglich, und mehr als das. Sie war – vielleicht
– ein Selbstbetrug gewesen, eine Möglichkeit, sich mit Vernunft-
gläubigkeit und Humanität hinwegzuretten über das, was ein irra-
tionaler Ausbruch einer teuflischen Sphäre war – oder vielmehr:
Es war keine Möglichkeit gewesen, und alle Goethe-Imitation
hatte darüber nicht hinweggeholfen. Verständlich, daß nun eine
andere Seite des Deutschtums zum Vorschein kam, eben jene irra-
tionale Teufelei, die am Ende über Adrian Leverkühn herfällt.
Nichts von Versöhnung, auch kein visionäres Jahrhundertwerk,
selbst wenn es auf Täuschung und Einbildung gebaut ist, nur ein
furioser Untergang, ein herabstürzendes Volk, "von Dämonen um-
schlungen", das von Verzweiflung zu Verzweiflung heruntertau-
melt. Nichts wird gerettet, und vom "Licht der Hoffnung" ist
nur in Verbindung mit einem Fragezeichen die Rede – man täte
nicht gut daran, hier den Hoffnungsschimmer einer Analogie zum
"Ist gerettet" des Goetheschen "Faust" zu sehen. Keine Rede davon, nur davon, daß Gott am Ende dem Freund und dem Vaterland
gnädig sein möge, aber ob das eintreten wird, diese Frage entscheidet nicht mehr der Roman. Mit dem Humanismus, dem welt-
überwindenden, ist es nicht weit her: das ist die Lehre des "Doktor
Faustus". Oder vielmehr: Zeitblom, der gläubige, aber schwache und ohnmächtige Humanist, er wird zu nichts anderem als
zu einer "Karikatur des Humanismus", weil angesichts dessen,

was in Deutschland passiert war, der Humanismus überhaupt nur als Karikatur erscheinen konnte. Leverkühn mokiert sich über das Humanistenherz und die Humanistengläubigkeit, als sie und Zeitblom zusammen mit Rüdiger Schildknapp in Palestrina sind, wo Zeitblom an seiner Oper weiterschreibt: Er verspottet die antiken Studien, und das trifft den Humanisten Zeitblom. So wird der Humanismus nicht erst am Ende zur Karikatur, sondern schon sehr früh, was der inneren Chronologie des Romans nach nur hei-Ben kann, daß nicht erst 1943 ein so gearteter Humanismus ins Humoristische geraten mußte, war er doch vorher schon unglaubhaft in seiner sonderbar zeitlosen Idealität. Seine Bestätigung bekommt Leverkühn, bekommt Zeitblom im Teufelsgespräch, wenn davon die Rede ist, daß Leverkühn die Epoche der Kultur und ihres Kultus durchbrechen und sich der Barbarei erdreisten werde, "weil sie nach der Humanität, nach der [...] bürgerlichen Verfeinerung kommt". Und, noch schärfer: "Seit die Kultur vom Kultus abgefallen ist und aus sich selber einen gemacht hat, ist sie denn auch nichts anderes mehr als ein Abfall, und alle Welt ist ihrer nach bloßen fünfhundert Jahren so müd und satt." Gegen die Hölle war kein humanistisches Kraut gewachsen; eben das weiß auch Zeitblom, und so ironisiert er sich, der von Leverkühn der antiken Studien wegen Verspottete, am Anfang des Romans selbst: Ein böseres Urteil über die Ohnmacht einer klassisch-vernünftigen Humanitätsphilosophie ist kaum je gesprochen, ebenfalls kein radikaleres, wenn auch sorgfältig verhülltes Selbstgericht gehalten worden. Denn hier erscheint als eine Art höheren Schwindels, was in "Lotte in Weimar" noch eine honorige Haltung war. So ist verständlich, warum von Goethes "Faust" hier ebensowenig die Rede ist, wie von Erlösung gesprochen werden kann: eine nach klassischem Muster und Vorbild gibt es nicht, und wer sie zu finden hofft, irrt sich. Und eben das scheint Thomas Manns "Doktor Faustus" auch sagen zu wollen, und er sagt es keinem Geringerem als sich selbst und allen Verehrern von Goethes "Faust" – also der ganzen ehrfürchtigen Goethegemeinde – , so daß uns, genau besehen und gelesen, das leise Lächeln vergeht, wenn wir noch einmal auf den Anfang zurückblicken und auf Zeitbloms humanistisch verzierte Visitenkarte.

"DOKTOR FAUSTUS" – SCHWIERIGKEITEN MIT DEM
BÖSEN UND DAS ENDE DES "STRENGEN SATZES"

Kann ein kritischer Leser den Roman tatsächlich beiseitelegen
mit dem Eindruck, "dieses, von einem gewaltigen Form- und Stil-
willen und einer unerschöpflich reichen, um keine Auskunft verle-
genen Sprache in eine unauflösliche Einheit gezwungene Ganze"[1]
sei eine Umsetzung und literarische Realisation jener Lehre vom
"strengen Satz", so daß es "keine freie Note mehr" gebe?[2] Thomas
Mann wußte es denn doch besser als seine Laudatoren. Die Tage-
buch-Befürchtungen, daß ihm der epische Atem vorzeitig ausgehen
werde, mögen noch verständlich und trotzdem nicht allzu ernstzunehmen sein: "müde, zweifelnd, meinen Kräften nicht vertrau-
end"[3] ist der seelische Status des Schreibenden gelegentlich tatsächlich wohl gewesen – aber das ging vorüber. Doch dann die
Berichtigungen und Veränderungen in dem bereits Geschriebenen:
das Adrian-Rudi-Kapitel war nur eines unter vielen. "Er besserte
und bastelte noch drei Wochen lang an dem Manuskript herum",
berichtet der Herausgeber der Frankfurter Ausgabe.[4] Dazu gehörten das "Violinkonzert", die "Kammermusik" und die Nachschrift
zur "Wahnsinnsgesellschaft". Wiederholte Bedenken Adornos hatten Thomas Mann vorher schon zu Umarbeitungen veranlaßt, zur
gründlichen "Überholung"[5] verschiedener Seiten. Verständliche
Mutationen während und nach der Niederschrift, Selbstkorrektu-
ren, wie jeder sie kennt und anbringt? Auffälliger und bedenklicher ist die Unsicherheit in der Fragmentierung des Ganzen. XLVII
Kapitel umfaßt der Roman, dazu die "Nachschrift" – einzelne
Kapitel sind ungebührlich lang geraten, wie der Chronist es selbst
zugibt, andere sind behelfsmäßig unterteilt, da der Stoff für ein
Kapitel zu lang war, eine eigene Ziffer sich aber aus inhaltlichen
Gründen nicht empfahl. "Auch Sternchen sind eine Erquickung
für Auge und Sinn des Lesers; es muß nicht immer gleich der stärker gliedernde Neu-Anhub einer römischen Ziffer sein"[6], verteidigt sich der Erzähler – eher kläglich als überzeugend. Eigentlich
seien "Paragraphen und Sternchen in diesem Buche eine reines
Zugeständnis an die Augen des Lesers"[7] – wenn es nach dem Chronisten ginge, so würde er "das Ganze in einem Zuge und Atem,
ohne jede Einteilung, ja ohne Einrückung und Absatz herunter-
schreiben"[8]; er habe nur nicht den Mut, "ein so rücksichtsloses
Druckwerk der lesenden Welt vor Augen zu bringen". Strenger
Satz, keine freie Note mehr, "rationale Durchorganisation"? Noch
unmittelbar vor der Beendigung der Arbeiten am Roman hat Thomas Mann erwogen, das Ganze in sechs "Bücher" einzuteilen, um
es übersichtlicher zu machen. Er hat sogar eine Gliederung dafür
entworfen, "ließ aber", wie Peter de Mendelssohn uns mitteilt,
"dann doch alles wie es war und wie wir es heute kennen."[9] Adorno
sagt ihm zum Abschluß über den Roman "Tröstliches". Das kann

nur einem gegolten haben, der an seinem Werk am Ende doch gelegentlich zweifelte.

Wer den Roman unvoreingenommen liest, wird beim besten Willen nicht die "außerordentliche Geschlossenheit und Stimmigkeit" oder jene "Art von astronomischer Gesetzmäßigkeit" erkennen können – dazu sind Längen, thematische Digressionen, unintegrierte Materialien zu auffällig und zu zahlreich. Die Sonderlingsbeschreibungen von Kaisersaschern mögen noch hingehen, kann man sie doch der Aura des Dämonischen zurechnen, das dort noch immer in den Mauern wittert. Aber die Beethovengeschichten von der Arbeit an der Missa solemnis, das unheimliche Spektakel des heulenden und herumstampfenden Tauben – hat das in der "Gesamtkonstruktion" tatsächlich seine "motivische Funktion"?[10] Thomas Mann – oder vielmehr: Zeitblom hat sich an Ort und Stelle verteidigt, als er schrieb: "Wer wollte leugnen, daß es bildend sein kann, von unbekannter Größe auch nur zu hören? Allerdings hängt vieles ab von der Art, wie davon gesprochen wird"[11]. Allerdings – und wenn Zeitblom hinterher das Gefühl hat, er habe tatsächlich die Missa gehört, "zu welcher Illusion nicht wenig das Bild des übernächtigen und ausgehungerten Meisters im Türrahmen beitrug", so wird das niemand bezweifeln. Nur: ob es tatsächlich notwendig zum Ganzen gehört oder nicht vielmehr nur ausuferndes Erzählen ist – diese Frage wird sich der Leser stellen müssen, spätestens dann, wenn er an die Stelle vom "strengen Satz" gerät.

Fragen an die Tragfähigkeit der erzählerischen Konstruktion lassen sich auch sonst noch stellen. Was bringen die Beißel-Geschichten, von der musikalischen Theorie abgesehen? Was soll dessen absonderliche Bildungshistorie, was soll dessen Traktätchenschreiberei? "Alles ist Beziehung", meint Leverkühn – aber wie ist sie einsichtig? Was soll die grausig-komische Geschichte von Heinz Klöpfgeißel? Ist sie ein Beitrag zur romanimmanenten Dämonologie? Oder steht sie in untergründiger Beziehung zur Hetaera-Esmeralda-Geschichte? Einsichtig ist weder das Eine noch das Andere. Dann die weitschweifigen Gespräche der Deutschtümler – daß sich der Nationalsozialismus dort vorbereite, hätte weniger Ausführlichkeit bedurft. Glaubwürdige Studentengespräche sind es ohnehin nicht, die altkluge Renommisterei entlarvt das Künstliche, Gekünstelte der Gespräche auf dem Heuboden. Kann man sich solche Expektorationen vorstellen? Thomas Mann hat einschlägiges Material benutzt, ein Heft der "Freideutschen Kameradschaft". "Etwas Authentischeres konnte es nicht geben", hat Peter de Mendelssohn dazu gesagt. Gewiß nicht – aber die Unterhaltungen wirken steif, sind allzu wohlgesetzte Rede. Sie nehmen sich eher wie eine Parodie denn ernsthafte Dokumentation aus. "Ja, das waren angeregte Stunden, Tage und Wochen", bemerkt Zeitblom. Das soll nicht bezweifelt werden. Nur: so hat man gewiß nicht gesprochen.

Es geht nicht darum, Thomas Mann Unglaubwürdigkeiten vor-
zuhalten, auch nicht darum, daß hier allzuviel Fremdmaterial
in die Romankonstruktion eingeschleust worden sei. Thomas Mann
hat den "unverfrorenen Diebstahl-Charakter" der Übernahmen
offen zugegeben und diese zugleich damit verteidigt, daß "das
Ergriffene, Abgelernte sehr wohl innerhalb der Komposition eine
selbständige Funktion, ein symbolisches Eigenleben gewinnen
könne"[12] - aber womit begründen sich in den erwähnten Fällen
die so ausgedehnten Übernahmen? Sind die Heuschobergespräche
zwischen Deutschlin, Arzt und Hubmeyer in dieser Ausführlichkeit
funktionalisiert? Ist es die Schilderung des Möchte-gern-Gentle-
man und liebesabenteuernden Schildknapp? Sind es die Charakteristiken der Roddes-Töchter? Nimmt man den Roman als einen
großen Lebens-Teppich, mögen alle diese Partien ihre Berechtigung haben. Aber im offenbar intendierten kompositionellen Gefüge dieser allegorisch zu verstehenden Biographie wirken derartige
Partien wie überflüssige Digressionen. Und wenn das musikalische
Prinzip der Leverkühnschen Werke der "strenge Satz" ist, den
Leverkühn zuerst am Beispiel seines Brentano-Zyklus entwickelt
und dann in seinem letzten Tonwerk zur Vollendung bringt - die
Erzählkomposition folgt anderen Gesetzen. Wer immer erwartet,
im Prinzip des strengen Satzes auch das narrative Geflecht des
"Doktor Faustus" erkennen zu können, erliegt einem Trugschluß.
Eine Beziehung zwischen dem musikalischen Kompositionsprinzip
des "strengen Satzes" und dem Erzählen Thomas Manns läßt sich
beim besten Willen nicht feststellen.
    Wichtige romaninhärente Aussagen deuten darauf hin, daß
Thomas Mann selbst seine Lehre vom strengen Satz nicht auf
"Doktor Faustus" bezogen wissen wollte. So kommt im Roman
wohl nicht zufällig die Frage auf, "ob das Werk als solches, das
selbstgenügsam und harmonisch in sich geschlossene Gebilde,
noch in irgendeiner legitimen Relation steht zu der völligen Unsicherheit, Problematik und Harmonielosigkeit unserer gesellschaftlichen Zustände."[13] Ist das die Proklamation des Fragments,
das Ende des herkömmlichen Kunstwerks? Ist die Geschlossenheit
der Form als nicht mehr mögliche aufgehoben, das im traditionellen Sinne Amorphe als dem Zustand der Welt adäquate Darstel-
lungsmöglichkeit erkannt? "Es fragt sich dies", stellt Zeitblom
fest, und es ist eine Frage, die im Denk- und Entstehungsprozeß
des Romans aufgekommen ist - während die Vorstellung vom
strengen Satz, nicht zufällig im Irrealis gehalten, im wahren Wortsinn Zukunftsmusik ist. Die Wirklichkeit ist die des unvollendeten,
unvollendbaren Kunstwerks - und der Leser wird, bevor er überhaupt mit des Erzählers Frage nach dem "Werk als solchem" konfrontiert wird, bereits zu Beginn des Romans mit Fragmentari-
schem geradezu überschüttet. Denn schon als Serenus Zeitblom
sich anschickt, die Geschichte seines Freundes Adrian Leverkühn
aufzuschreiben, gerät er bekanntlich, kaum daß er begonnen hat,

in Schwierigkeiten. Geplagt vom Gefühl künstlerischer Insuffizienz, nennt er seine Biographie nicht nur eine erste, sondern
auch eine "gewiß sehr vorläufige", und die Vorläufigkeit seines
Schreibens demonstriert er dem Leser bereits auf den ersten Seiten seines Berichtes. Denn nicht nur, daß er sich der Fragwürdigkeit seines Unternehmens bewußt ist – seine Feder stockt ihm,
schon im ersten Absatz und dann immer wieder. Er zögert nicht
etwa, weil er die vorstehenden Zeilen noch einmal überlesen will,
sondern aus "dem beschämenden Gefühl artistischer Verfehlung
und Unbeherrschtheit"; und Zweifel kommt auf, ob er überhaupt
die zu seiner Aufgabe nötige "Affinität" besitze. Zwar setzt der
Berichterstatter mehrfach wieder an: aber sein Schreiben ist
durchtränkt von dem Wissen um die Unangemessenheit seiner
literarischen Bemühungen. Zeitblom deklariert sein Schreiben
von vornherein als unvollständig und unangemessen, als bloßen
Versuch, der seinem Vorhaben nicht genügen kann, als ein künst-
lerisch unvollkommenes Gebilde, das bei aller Eloquenz des Berichterstatters doch in so auffälligem wie unüberbrückbarem Gegensatz steht zu dem, was berichtet werden sollte. Die Form
der Darstellung ist inadäquat, das teilt Serenus Zeitblom dem
Leser in großer Eloquenz mit, und sie muß inadäquat bleiben,
weil der Gegenstand, so meint er, nicht mehr auf traditionelle
Weise vermittelbar ist. Der Zweifel an der Durchführbarkeit seines Vorhabens ist aber nicht nur an den Anfang der Niederschrift
gesetzt, sondern kommt auch im folgenden immer wieder auf.
Zeitblom bemüht sich aufs hartnäckigste, seinen Bericht bis zum
bitteren Ende hin fertigzustellen; und im gleichen Ausmaß demonstriert er wissentlich, daß an eine Fertigstellung, eine befriedi-
gende oder gar zureichende Schilderung jenes Lebens, das er beschreiben möchte, schlechterdings nicht zu denken ist. Die ersten
Seiten entwickeln ein ästhetisches Programm, das paradoxerweise
gerade darauf hinausläuft, daß ein Kunstwerk, wie es hier geschaffen werden soll, nicht geschaffen werden kann – und die ersten
Seiten der Niederschrift demonstrieren hier schon "die geradezu
unüberwindlichen Schwierigkeiten heutigen Komponierens", von
denen der Teufel erst in der Mitte des Romans sprechen wird.
    Was hat den Zweifel am Kunstwerk traditioneller Art, am
"selbstgenügsam-harmonisch in sich geschlossenen Gebilde", so
gründlich aufkommen lassen, daß hier das Versagen der Form
zu einem der Themen des Romans wurde? Zeitblom zweifelt nicht
an seiner Redefertigkeit oder daran, daß ihm der erzählerische
Atem ausgehen könnte. Er belehrt seinen Leser vielmehr schon
zu Anfang darüber, daß sein Thema hier notwendigerweise nach
einer besonderen und auf jeden Fall nicht mehr fraglos harmonischen Form verlange: denn er hat es mit dämonischem Gebiet
zu tun, mit Widervernünftigem und Grauenerweckendem. Thomas
Mann hat eher aus Gründen sparsamer Bewirtschaftung seiner
Formulierungen als etwa aus sklerotischer Einfallslosigkeit mehr-

fach wörtlich oder fast wörtlich wiederholt, daß das Thema des Romans eine "Teufelsverschreibungsgeschichte" sei[14] und darüber hinaus "das traurige Schicksal Deutschlands"[15]. Die Geschichte seines Landes präsentiert sich ihm als "das deutsche Elend", und so wird schon beim Durchblättern der ersten Selbstzeugnisse jedermann klar, daß Thomas Mann nichts Geringeres in Angriff nehmen wollte als ein Buch über die deutsche "Innerlichkeit"[16] – eine Geschichte der deutschen Seele also. Die aber war offenbar auf traditionelle Weise nicht mehr zu schreiben.

*

Auslegungen, die das Artistische an diesem Roman betonen, die ebenso neuartige wie radikale Montagetechnik, die unendliche Zitierkunst, die Umsetzung zeitgenössischer Musiktheorien, die formale Durchkomposition, die strukturelle Mehrdimensionalität, mögen ebenso ihre Berechtigung haben wie jene neueren Versuche, die Texte Thomas Manns diskursanalytisch zu untersuchen[17], Dekonstruktionsmomente aufzuspüren, psychoanalytisch zu befragen, Sozialgeschichtliches herauszulesen oder den Roman als Beispiel moderner Ambiguität zu verstehen[18]. Aber es sollte doch noch einmal betont werden, daß das "unselig dämonisch und tragisch Deutsche" zur "Grund-Conception des Buches gehört und seinen tiefsten Gegenstand bildet"[19]. Seelisches ist also von vornherein auf entscheidende Weise mit im Spiel, und die Exegese sollte das vordringlich berücksichtigen. Der Roman beschreibt eine Apokalypse, und es fragt sich, ob man hier ein bloß artistisches Werk sehen darf, das man unabhängig von Anlaß und Autorintention betrachten könne. So kann nur eine weitgehend geschichtslos denkende Generation argumentieren. An kaum einem anderen Werk wird die Formel vom Autor als nur dem ersten Leser seines Buches[20] fragwürdiger als an Thomas Manns "Doktor Faustus". Interpreten der älteren Generation haben zu recht betont, daß hier die deutsche Katastrophe thematisiert worden sei, und es scheint angesichts gerade der neueren Romandeutungen an der Zeit zu sein, dieses eine und eigentliche Thema wieder in den Vordergrund zu rücken. Der Roman will "das deutsche Schicksal" beschreiben – nichts anderes. Thomas Mann muß schon früh erkannt haben, daß es mit der Dämonisierung einer genialen Musikergestalt allerdings noch nicht getan war, und so gehört vermutlich bereits zur Urkonzeption des Romans auch die Vorstellung, daß "das deutsche Schicksal" und seine dämonischen Züge nur mit Hilfe seiner Vergangenheit dargestellt werden könnten. Daher spielt sie von Anfang an in die Geschichte des genialen Musikers mit hinein. Damit aber waren Ausuferungen möglich, Abschweifungen, konnte sich Erzählmaterial verselbständigen: das formale Dilemma des Romans war vorprogrammiert.

Das derart eingebrachte Geschichtliche nimmt sich zunächst

allerdings bloß wie atmosphärische Begleitmusik aus, wie historische Patina. Dennoch täte man dem Autor wie dem Buch unrecht, sähe man in den altdeutschen Drapierungen nur Dekorationsmaterial, um damit den Stoff vom Doktor Faust auch sprachlich angemessen auszustatten. Der Roman entwickelt sich vielmehr im Verlauf des Erzählens zu einem historischen Roman im doppelten Sinne: nicht nur, daß eine Figur aus der freilich nicht sehr tiefen Vergangenheit vorgestellt wird, deren fiktives Schicksal deutlich mit dem einer historischen Gestalt verknüpft ist; hinter ihr sollte auch eine eigentlichere Vergangenheit sichtbar werden, die etwas von der Jahrhunderte alten seelischen Instabilität des Deutschen erkennen ließ. Das war nach den vielen historischen Romanen der mittleren und späten dreißiger Jahre durchaus etwas Neues. Denn kam in einigen jener anderen Geschichtsromane gelegentlich auch Legendäres oder Mythisches zur Sprache, so ging es Thomas Mann um weit mehr, nämlich um die Visualisierung eines eigentlich Unsichtbaren, das dennoch eine so mächtige historische Wirkung gehabt hatte: der dämonisch-irrationalen Züge der deutschen Geschichte. Dabei verfiel Thomas Manns "Doktor Faustus" nicht der Gefahr vieler historischer Romane, den Bezug zur Wirklichkeit zu verlieren; denn da die Geschichte der Deutschen vom 16. Jahrhundert an in den Bericht über eine darin spät erscheinende fiktive Figur (Leverkühn) mit historischer Referenz (Nietzsche) integriert war, war diese Geschichte in ihrer Eigenwertigkeit relativiert und ließ jedenfalls das Moderne, Zeitgenössische immer wieder zum Vorschein kommen. Das war nach den manchmal sehr antiquarischen Romanen um Caesar, Maria Stuart oder Erasmus von Rotterdam, nach denen über Struensee, Catilina, Ignatius von Loyola oder Ferdinand und Isabella, über Kassandra oder über den falschen Nero Ausdruck eines veränderten historischen Bewußtseins. Nur so, in der Verschränkung von Individual- und Nationalgeschichte, das heißt in den symbolischen Beziehungen der unheimlichen Musikerbiographie zum "deutschen Schicksal" ließ sich, wie Thomas Mann meinte, die deutsche Geschichte mit all ihren problematischen Zügen noch einmal überzeugend darstellen.

Die Geschichte der deutschen Seele also, in Abbreviaturen, anstelle einer nur gegenwartsbezogenen Analyse eben dieser Seele und ihrer Untiefen: daß dieses das erklärte Ziel Thomas Manns war, zeigt auch sein Vortrag über "Deutschland und die Deutschen", an dessen Ausarbeitung Thomas Mann sich machte, als etwa die Hälfte seines Romans fertig war und der sich wie eine Interlinearversion zum Roman liest. Wie in dem Roman reihen sich auch in dem Vortrag in loser Folge Eindrücke aus der deutschen Vergangenheit zu einer Bild- und Beispielkette, die stellvertretend für Phasen einer Geschichte der deutschen Innerlichkeit stehen kann. Die Methode einer historischen Auslotung psychischer Phänomene war ja seit den Josephsromanen bereits er-

probt und bewährt, und damit bot sich für "Doktor Faustus" wie
für den Vortrag ähnliches an. So malte Thomas Mann das Drama
der seelischen Deterioration in seinen einzelnen Stationen aus:
die Dürerzeit und das Elementa-Spekulieren, Kaisersaschern und
die seit dem Mittelalter dort in den Gassen wuchernde Dämonie
und Kinderkreuzzugsmentalität; die Lutherzeit und die phanta-
stisch-dubiose Frömmigkeit der Beißel-Brüder, dann reichlich
unvermittelt die Freigeisterei der Jugend- und Studentenbewegung
mit ihren gefährlichen Nationalideen; schließlich die Untergangsstimmung nach dem Ersten Weltkrieg, von Breisacher mächtig
angeheizt. Die Geschichte endet, drei Jahre vor dem eigentlichen
Ende der Geschichte, mit der Katastrophe des Zusammenbruchs
Leverkühns, synchronisiert mit der deutschen Katastrophe 1945:
die zeitlich verschobenen Handlungsstränge haben sich erzählerisch schließlich wieder vereinigt.

Es ist leicht zu erkennen, daß hier die Geschichte, die die Geschichte der deutschen Innerlichkeit sein soll, mehrfach persona-
lisiert ist: die dämonischen Züge der auf- und abtretenden Figuren
stehen stellvertretend für ganze Epochen. Das ist ein allegorisches
Verfahren, das Thomas Mann später selbst als Grundzug seines
Romans bezeichnet hat. Dabei fällt auf, daß die dämonischen
Komponenten der Frühzeit ungleich stärker in den Blick fallen
als die der Gestalten, die spätere Geschichtsepochen vertreten.
Die Dürerzeit, die Lutherzeit, das immer noch mittelalterliche
Kaisersaschern: dort vor allem sind die Untiefen einer seelischen
Verfassung zu orten, die immer wieder auszuarten droht in Unge-
heuerliches. Die unheimlichen Züge des 20. Jahrhunderts, wenn
man sie überhaupt so benennen will, sind im Roman auf akademi-
sches oder gesellschaftliches Terrain beschränkt; das 18. Jahrhundert fehlt völlig, und so auch der größte Teil des 19. Jahrhunderts.
Das ist verwunderlich angesichts einer Geschichte der deutschen
Innerlichkeit, deren Entartungsphänomene ja immer stärker zu-
nahmen, je weiter es auf das Jahr 1933 zuging. Nun kann man
kaum Geschichtsblindheit auf seiten des Autors dafür ins Feld
führen, daß die dämonischen Züge des 18., 19. und 20. Jahrhunderts so unzulänglich berücksichtigt sind. Eine Erklärung für dieses sonderbare Mißverhältnis bietet sich von Thomas Manns Ver-
fahrensweise in seinen anderen Romanen an: wenn das Romangeschehen sich fast gegenläufig zur tatsächlichen Psychohistorie
der deutschen Innerlichkeit entwickelt, Dämonisches also immer
mehr zurücktritt, je stärker sich der Roman der Zeit vor 1933
nähert, so möglicherweise deswegen, weil Thomas Mann hier einem Kompositionsprinzip folgt, das sich seit den "Buddenbrooks"
angeboten und bewährt hatte: schon zu Beginn des Romans die
entscheidenden Themen und deren bildliche Entsprechungen zu
benennen, damit diese von vornherein einen (vorausweisenden)
Hintergrund abgeben können und auch jederzeit wieder zitabel
sind. Das war schon mit den am Anfang gezeigten Stigmata des

Verfalls in den "Buddenbrooks" so und so auch mit den Symbolen der Hades-Welt im "Zauberberg". Von dorther könnte sich also die starke Dämonisierung der Frühzeit in dieser Geschichte der deutschen Innerlichkeit erklären. War eine derart magische Sphäre einmal geschaffen, konnte sie jederzeit wieder abgerufen und jeweils neu konnotiert werden – und die zahlreichen Erwähnungen Kaisersascherns den ganzen Roman hindurch zeigen, wie das einzurichten war. Aber der Roman macht in seiner zweiten Hälfte von diesem Dämonie-Potential überraschend wenig Gebrauch – und es sieht so aus, als habe Thomas Mann den Versuch einer generellen Dämonisierung des deutschen Schicksals, der deutschen Geschichte mit Hilfe dieser erprobten Erzähltechnik doch bald wieder aufgegeben. Die Lutherzeit ist im Roman tatsächlich dämonische Zeit, aber das 19. und erst recht das 20. Jahrhundert enthüllen sich eher in ihrer trivialen Ideengläubigkeit; die unheimlich-magischen Komponenten des 16. Jahrhunderts sind fast vergessen. Wo wäre auch die Dämonie des Kridwißkreises zu suchen? Schon vorher konnte das Diabolische sich nicht ohne Vorbehalte präsentieren. Das Widervernünftige mochte glaubhaft gewesen sein im 15. und 16. Jahrhundert, aber seine Wiederkehr im 20. entbehrt nicht einer grotesken Komik – die Gestalt Kumpfs, an skurrilen Allüren reich, demonstriert das hinreichend. Wird hier nicht die Geschichte der deutschen Innerlichkeit zur bloß noch anekdotischen Ereigniskette? Das Auffälligste bei alledem aber ist das Verschweigen eines der bedeutsamsten Zeugnisse zur Geschichte der deutschen Innerlichkeit: Goethes "Faust" ist sorgfältig ausgespart. Das ist beim Erscheinen des Romans natürlich sofort bemerkt worden, aber dieses Ausblenden des wichtigsten Dokumentes einer deutschen Seelengeschichte gibt bis heute Rätsel auf und stellt das Vorhaben, eine Geschichte der deutschen Innerlichkeit zu erzählen, noch stärker in Frage als die unzureichende Behandlung des Dämonischen in unserem Jahrhundert.

War die Imitatio Goethes hier an ein Ende gekommen? Daß Thomas Mann mit viel mehr Recht als andere "von Goethes Familie" sei, hatte er noch 1933 geradezu triumphierend notiert[21], und ein Jahr zuvor war Goethes "Faust" ihm als "das exemplarisch Nordische und Deutsche" erschienen.[22] Nichts mehr von alledem im "Doktor Faustus", nur verspätet die Feststellung: "Mit Goethe's 'Faust' – das will auch gesagt sein – hat mein Roman n i c h t s gemein, außer der gemeinsamen Quelle, dem alten Volksbuch"[23]. Damit aber wird der Roman nicht nur, wie man schon früh bemerkt hat, zu einer Widerlegung der Neunten Symphonie, sondern auch zu einer solchen des Goetheschen "Faust", und daß Thomas Mann um Goethes Gedicht einen so großen Bogen gemacht hat, war wohl nötig, weil Leverkühns "Dr. Fausti Weheklag" das Gegenteil dessen verkündigen will, was Goethes "Faust" als Botschaft für den Leser bereithält: bei Leverkühn gibt es keine Erlösung, und Einsamkeit und Asozialität des Doktor Faustus werden nicht

visionär, wie im Goetheschen Drama, überwunden. Leverkühns
letztes Werk, so lesen wir, beschreibt die "Negativität des Reli-
giösen", und wenn Zeitblom es auch beschönigend ein dennoch
religiöses Werk nennt, weil aus seiner Sicht selbst der Abfall,
die Verdammnis letztlich theologisch motiviert sind, so spricht
doch auch er von der "Umkehrung", von der "Sinnverkehrung"
und davon, "daß Faust den Gedanken der Rettung als Versuchung
zurückweist"; dazu gehört, daß er die "Positivität der Welt, zu
der man ihn retten möchte, die Lüge ihrer Gottseligkeit, von gan-
zer Seele verachtet". Zeitblom verstärkt diese Deutung noch dadurch, daß er im orchestralen Schlußsatz der Kantate die "letzte
Verzweiflung" Ausdruck geworden sieht, den "unheilbaren
Schmerz" im Werk, und sein Resümee ist folgerichtig: "Nein, dies
dunkle Tongedicht läßt bis zuletzt keine Vertröstung, Versöhnung,
Verklärung zu"[24]. Wo immer derartige Ideen aufkommen, sind
sie interpretatorische Zutat Zeitbloms, der es nicht bei der Hoffnungslosigkeit bewenden lassen will - würde das doch seiner eigenen humanistischen Anschauung aufs tiefste widersprechen. Er
gibt denn auch zu erwägen, ob nicht am Ende doch in religiöser
Paradoxie aus der tiefsten Heillosigkeit die Hoffnung keime -
aber selbst er kann nur hinzusetzen, daß es "die Hoffnung jenseits
der Hoffnungslosigkeit, die Transzendenz der Verzweiflung" sein
könne, ein Wunder, das über den Glauben gehe. An der Negativität
der musikalischen Aussage zweifelt auch er nicht, denn da sei
am Ende ja nichts mehr, nur "Schweigen und Nacht". Daß er dennoch den letzten ausklingenden Ton als "ein Licht in der Nacht"
deutet, ist menschlich, verständlich, entspricht seinem humanistischen Optimismus. Aber das ist eben des Interpreten Zutat,
die nicht darüber hinwegtäuschen kann, daß Leverkühns Werk
selbst auf eine letzte "Sinnesverkehrung" hinausläuft und darauf,
"daß Faust den Gedanken der Rettung als Versuchung zurückweist". Damit aber weist Thomas Mann auch Goethes "Faust"
zurück. Bei ihm wird niemand mehr erlöst.

Daß Goethes "Faust" Thomas Mann bei der Konzeption seines
"Doktor Faustus" mehr beschäftigt hat, als er zugab, geht aus
einer Reihe von Anspielungen hervor, die mehr oder weniger gut
versteckt in den Roman eingegangen sind.[25] Echo als Euphorion,
Leverkühns Vater als Vater Faustens, Fitelberg (vielleicht) als
Mephisto - einige Übernahmen sind deutlich zu lokalisieren. Aber
der Roman als Ganzes ist gegen Goethes "Faust" angeschrieben.
Zu Beginn der Beschäftigung mit dem Fauststoff hat Goethes
"Faust" zwar noch in den Plan mit hineingespielt. Das zeigen die
frühen Notizen: "Der syphilitische Künstler nähert sich von Sehnsucht getrieben einem reinen, süßen, jungen Mädchen (...)". Ähnlich lauten auch andere Bemerkungen. Im Roman ist daraus aber
dann eine Prostituierte geworden - die Gretchen-Tragödie ist
zur Parodie geraten, und parodiert ist, auf seine Weise, auch der
Pakt: Leverkühn wird nicht mehr zum Augenblicke sagen, daß

er verweilen möge. Vom faustischen Streben ist wenig geblieben, von Fausts Zukunftswerk am Ende der Tragödie gar nichts, denn Zukunft gibt es, so meint Zeitblom, für Deutschland und in Deutschland nicht mehr. Am deutlichsten werden die Gegensätze nicht nur an der im Roman nicht mehr gewährten Erlösung, sondern auch an der Darstellung des "Ewig-Weiblichen", das, wie man zu Recht bemerkt hat[26], Goethes wichtigste Zutat zum Faust-Mythos ist. Was wird daraus bei Thomas Mann? Die Prostituierte gibt ihm Liebe u n d Verderben, Madame Tolna bleibt unsichtbar, und von einer Identität beider Figuren, wie das gelegentlich behauptet worden ist, kann nicht die Rede sein;[27] Marie Godeau schließlich entzieht sich seiner Werbung. Wo Leverkühn dem Weiblichen wirklich begegnet, da zieht es ihn hinab – und wie sollte es das auch nicht bei einem Autor, der in diesem Buch der Idee männlicher Freundschaften so extensiv gehuldigt hatte, daß die fast schon manische Fixiertheit Zeitbloms auf Leverkühn sich gerade noch am Rande des Verständlichen bewegt? Die Mütter mögen in dieser Welt zwar ihren Platz haben, das Ewig-Weibliche hat es gewiß nicht. Oder sollten Jeannette Scheurl oder Kunigunde Rosenstiel es repräsentieren? Man kann, was die Beziehung des Romans zu Goethes "Faust" angeht, nicht einmal von einer negativen Abhängigkeit sprechen.

Überlegungen, warum Thomas Mann Goethes "Faust" so nachdrücklich mied, sind natürlich immer nur spekulativ. Daß Goethes Ethik, wie Thomas Mann sie im "Faust" präsentiert sah, sich als nicht tragfähig erwiesen hatte, als der Nationalsozialismus hochkam, mag eine Erklärung sein, daß der Goethesche Faust ihm (in seinem Princetoner Kolleg über Goethes Faust 1939) zu wenig dämonisch, als allzu "positiv, liebreich, vernünftig" erschien,[28] als deutsche Variante des "good boy", eine zweite. Eine dritte könnte dahin gehen, daß Thomas Mann, zu jener Zeit in die langwierigen Diskussionen um das gute und das böse Deutschland verwickelt, das Ineinander, die geheime Identität des guten und bösen Deutschen gesehen hat; wer das tat, konnte Mephistopheles aber nicht brauchen, da das Böse ja nicht etwas für sich Lokalisierbares war. Thomas Manns Standpunkt in der Frage nach dem guten und dem bösen Deutschland war auch in jener Rede über "Deutschland und die Deutschen" klar markiert, als er sagte, "daß es nicht zwei Deutschland gibt, ein böses und ein gutes, sondern nur eines, dem sein Bestes durch Teufelslist zum Bösen ausschlug. Das böse Deutschland, das ist das fehlgegangene gute, das gute im Unglück"[29]. Innerhalb eines solchen Geschichtsbildes aber war das Böse zwangsläufig i m guten Deutschland angesiedelt, der Teufel konnte nicht Mephistopheles heißen, sondern mußte (mit Dostojewskis Hilfe) internalisiert werden: und das Teufelsgespräch zeigt, wie das bewerkstelligt wurde. Wir haben bei der Frage, wie die Geschichte der deutschen Innerlichkeit im Roman denn nun zu erzählen war, auch Kapitel XXV genauer zu betrachten

– nicht nur deswegen, weil sich der Verdacht aufdrängt, daß das
Teufelsgespräch an die Stelle des langwierigen Dialogs mit Mephistopheles in Goethes "Faust" getreten ist, sondern auch, weil sich
von diesem Kapitel her das auffällige Zurücktreten des Dämonischen in der zweiten Romanhälfte beantworten läßt.

*

Kapitel XXV steht in einem doppelten Sinne am Wendepunkt des
Romans. Das Erscheinen des Teufels, hier als Emanation innerer
Vorgänge Leverkühns beschrieben, ist in gewissem Sinne ein Versuch, das Dämonische nun in Leverkühn selbst zu visualisieren
– und zugleich eine Widerlegung dessen, was Thomas Mann als
Erklärung für das Aufkommen des deutschen Übels ins Feld zu
führen gedacht hatte. Thomas Mann hatte ursprünglich das böse
Deutschland als das fehlgegangene gute charakterisieren wollen,
wie das "Deutschland und die Deutschen" noch festhält – und die
historischen Rückblenden, die einmontierten Zitate aus der Zeit
vom 16. bis zum 18. Jahrhundert sollten offenbar das leisten.
Aber so wie der Roman als ganzes eine Zurücknahme anderer
Erlösungsmythen ist, so ist das Teufelsgespräch eine Zurücknahme
dieser seiner eigenen Strategie. Denn der Roman konnte nicht
überzeugend zeigen, wie aus dem guten Deutschland das fehlge-
leitete böse wurde. Der Versuch, historisch zu argumentieren,
hatte sich schon hier ad absurdum geführt, und in der Tat endet
jetzt im Zusammenhang des Romangeschehens das Ausloten der
Geschichte auf der Suche' nach dem Bösen; Kapitel XXV des Romans tritt den literarischen Beweis dafür an, daß das gute und
das böse Deutschland im Grunde genommen eines sind. Demon-
strierte das Teufelsgespräch so die Identität von Gut und Böse,
so mußte sich aber umso dringlicher die Frage stellen, was denn
das Diabolische eigentlich war: mit dem Hinweis darauf, daß das
jetzige Böse das entartete, frühere Gute sein könnte, war es nun
nicht mehr getan. Das Böse verlangte nach einer anderen Interpretation, und die Frage nach dessen Wesen, nach seiner Bedeutung
auf der allegorischen Ebene des Romans stellte sich damit noch
einmal neu. Das Böse trat nach den eher grotesken Erscheinungs-
formen in den Abschnitten zuvor jetzt als der Böse in Kapitel
XXV in Erscheinung. Aber wofür stand es?
    Das Teufelsgespräch gibt alles andere als klare Antworten
auf dessen Natur. Nur eines ist sicher daraus abzulesen: das Böse
ist nicht mehr benennbar, auch wenn es sich in mannigfacher Figuration präsentiert, denn keine kann für sich beanspruchen, es eindeutig zu visualisieren. Im Teufelsgespräch werden denn auch
für das Böse so viele Deutungen angeboten, wie der Teufel Gestalten hat. Dieser parodiert Kumpf, die Theologenwelt der Studen-
tenzeit, den Musik-Intelligenzler, er erscheint als Mitwisser um
die Keller-Hölle des KZs, als Mannsluder und anderes mehr. Es

gibt also viele Emanationen des Bösen, aber keine erklärt, was
es sei. Als der Teufel auftritt, erweist sich, daß ihm wirklich Dämonisches sogar entschieden abgeht. Denn wenn er sich auch in
seiner physischen Erscheinung mehrfach wandelt, so bleibt er
doch der immer gleiche Analytiker. Der Böse, nach dem Luther
ein Tintenfaß und Schleppfuß eine Semmel geworfen hatten, enthüllt sich als Aufklärer, eben als alles durchschauender "Intelligenzler". Und die Geschichte der deutschen Innerlichkeit wird
damit zur Geschichte des deutschen Geistes – Dämonie ist diesem
nicht eigen, aber Einsamkeitsbedürfnis, utopisches Denken, Kunst-
bewußtsein und Asozialität in hohem Maße, auch Leidensfähigkeit,
ja Leidensbedürfnis und darin etwas genuin Deutsches; ebenfalls
suchende Vernunft, spekulatives Grübeln, ja auch eine gewisse
Treue und dazu ein eigentümliches Rechtfertigungsbedürfnis.
Leverkühn wirkt nach außen hin als Sonderfall. In Wirklichkeit
ist er der Prototyp einer deutschen Spiritualität – ein Intellektuel-
ler, nichts anderes. Der Teufel ist sein Spiegelbild. Sollte sich
von hierher das Dämonische vielleicht noch ganz anders definieren
lassen – als gefährlich gewordene Intellektualität? Deutet sich
ein Paradigmenwechsel in der Klassifikation des Bösen an? Tritt
hier an die Stelle einer derb-volkstümlichen Bilderbuchdämonie
eine neue, die mit dem Verstand zu tun hat und die sich deswegen
auch nicht mehr so leicht visualisieren läßt wie das Dämonische
des ausgehenden Mittelalters? Von dieser Möglichkeit, den Bösen
als Intellektuellen zu kennzeichnen, nahm Thomas Mann aber
offenbar von vornherein sofort wieder Abstand. Es hätte vom
Teufelsgespräch aus gesehen zwar sehr nahe gelegen; immerhin
war der Teufel ja schon als Intelligenzler aufgetreten. Warum
im folgenden aber nun die Musik dämonisches Gebiet wurde und
die Intellektualität, ohne selbst zur Rechenschaft gezogen zu
werden, darin einging, das ist nur zu vermuten. Hätte die Intellek-
tualisierung des Bösen zu sehr den Intellektuellen überhaupt getroffen, Thomas Mann also auch sich selbst? Intellektualität als
das Böse, als Dämonie? Thomas Mann hätte dem niemals zustim-
men können – und das erklärt vielleicht auch, warum das 18. Jahrhundert und so weite Teile des 19. im Roman ausgespart bleiben.
Das Intellektuelle, der Intellektuelle muß sich am Ende nicht ver-
antworten.

Bezeugt Kapitel XXV das Scheitern der Bemühungen, eine Geschichte der deutschen Innerlichkeit schreiben zu wollen, in dem
Dämonisch-Böses eine so große Rolle gespielt hatte? Am Ende
ist es sogar weniger identifiziert als in allen Kapiteln zuvor. So
wie wir uns den entscheidenden Durchbruch des Teuflischen irgendwo im Bereich zwischen dem ausgehenden 18. Jahrhundert
und den zwanziger oder dreißiger Jahren unseres Jahrhunderts
denken dürfen, so beliebig läßt es sich mit den verschiedenartig-
sten Zeiterscheinungen in Verbindung bringen. Und hier zeigen
sich die Grenzen der von Thomas Mann praktizierten und propa-

gierten Polyvalenz. Natürlich steckt hinter dem Scheitern der
Versuche, das Böse zu erklären und dingfest zu machen, nicht
etwa erzählerische Inkompetenz. Es gibt bislang eigentlich nur
eine einleuchtende Erklärung: die, daß das Böse aus Emigranten-
sicht unerklärbar blieb. Auch andere hatten keine überzeugende
Deutung anzubieten, wohl aber fanden sich Mythisierungen in
erheblicher Zahl. Heinrich Mann etwa hat das 12. Kapitel seiner
Memoiren mit "Hitler oder der Fluch des Glückes" überschrieben
und damit auf seine Weise Irrationales zur Erklärung der deutschen Geschichte benannt. Auch Thomas Mann weist das Böse
schon am Anfang seines Romans einer Instanz zu, die man eher
in einem antiken Drama oder in einer sehr volksmäßigen Auslegung historischer Vorgänge antreffen möchte, wenn sein Erzähler
von der "vorläufigen Biographie des teuren, vom Schicksal so
furchtbar heimgesuchten, erhobenen und gestürzten Mannes und
genialen Musikers" spricht. Das Böse als Schicksal? Es ist wohl
das endgültige Eingeständnis der Unerklärbarkeit des Bösen, hier
als conclusio qua präfatio in den ersten Satz des Romans hineingebracht. Das Dämonische und Böse, das in diesem Roman als
integraler Bestandteil der deutschen Innerlichkeit und ihrer Geschichte beschrieben werden sollte, war anders nicht und damit
gar nicht zu beschreiben; Thomas Manns Explikationskunst war
an ein Ende gekommen. "Die verzweifelte Lage der Kunst ein
stimmiges Moment", notierte er am 26. 7. 1943 in sein
Tagebuch.[30] Um die verzweifelte Lage der Kunst ging es in der
Tat: sie war nicht mehr fähig, einen Weltzusammenhang zu
deuten, und zum ersten Mal im Werk Thomas Manns fehlte der
Darstellung eine überzeugende Interpretation des Dargestellten.
   Nun ist das alles Thomas Mann nicht einfach unterlaufen, sondern von ihm sehr bewußt gesehen worden. Der Roman verkündet
nicht nur das Ende Deutschlands, sondern auch das Ende der Kunst
in dem Sinne, daß sie angesichts dieser Thematik unfähig geworden ist, etwas Erklärendes auszusagen: sie erschöpft sich in der
Beschreibung, die aber auf spezifische Weise hier sinnlos wird.
Wissend darum, hatte Thomas Mann konsequent denn auch das
letzte Werk seines Romanhelden ursprünglich als Fragment konzipiert - es war bekanntlich Adorno, der ihn bewog, es nicht dabei
zu belassen. Die Beschreibung dieses letzten Werkes füllt Seiten.
Noch einmal wird in "Dr. Fausti Weheklag" etwas versucht, was
der Roman selbst eigentlich leisten wollte und dennoch nicht leisten konnte: Beziehungen quer durch die Geschichte herzustellen.
So wird davon gesprochen, daß die Faustus-Kantate sich an Mon-
teverdi und das 17. Jahrhundert anlehnt; es ist von der Echo-Wir-
kung die Rede, auch von der "Rekonstruktion des Ausdrucks" -
die Musik dokumentiert "ein allerdings bewußtes Verfügen über
sämtliche Ausdruckscharaktere, die sich in der Geschichte der
Musik eh und je niedergeschlagen, und die hier in einer Art von
alchimistischem Destillationsprozeß zu Grundtypen der Gefühls-

bedeutung geläutert und auskristallisiert werden". Die Musik vermag das – in dieser Beschreibung – wohl zu leisten, der Roman
aber leistet es nicht. Oder vielmehr: er leistet es in einer Art
von Bezugnahme, die die kompositorischen Zusammenhänge nur
noch andeutungsweise erkennen läßt. Von der Musik wird gesagt,
daß es in ihr "nichts Unthematisches mehr gibt, nichts, was sich
nicht als Variation eines immer Gleichen ausweisen könnte". Ein
Gespräch mit dem Komponisten machte früher schon deutlich,
daß das Ideal dieses musikalischen Schreibens ein Stil sei, der
keine freie Note mehr zuließe, kein Ton, "der nicht in der Gesamtkonstruktion seine motivische Funktion erfüllte". Aber das war
ein musikalisch-stilistisches Ideal; der Roman hat dem auf der
Deutungsebene nichts Entsprechendes entgegenzustellen; "Mehrdeutigkeit" ist im Roman nur ein Euphemismus dafür, daß das
Entscheidende, nämlich die Frage nach dem Bösen und seiner
Heraufkunft, nicht mehr beantwortet werden konnte. Die Musik,
für Thomas Mann zwar auch dämonisches Gebiet, konnte das Böse
auch nicht erklären.

*

Die Zweifel Thomas Manns, ob er das Begonnene wirklich fertig-
stellen könne, erscheinen von hier aus verständlich – nicht aus
seiner Altersmüdigkeit heraus, sondern aus dem Wissen um die
Unlösbarkeit der Aufgabe. Ein Roman, der tatsächlich die Geschichte der deutschen Innerlichkeit erzählen wollte, mußte
zwangsläufig fragmentarisch bleiben – und es ist das Teufelsgespräch, das dem Leser den veränderten Kunstcharakter vor Augen
führt. "Der Anspruch, das Allgemeine als im Besonderen harmonisch enthalten zu deuten, dementiert sich selbst": Lessings Satz
aus seiner Abhandlung über die Fabel, Grundsatz eines klassischen
Kunstverständnisses, "Das Allgemeine existiert nur in dem Besondern, und kann auch nur in dem Besondern anschauend erkannt
werden"[31] – dieser Satz wird hier von dem "Theoretiker und Kritiker", als der der Teufel sich ausweist, ad absurdum geführt.
   "Die positiven Schwierigkeiten des Werks liegen tief in ihm
selbst" – keine andere Bemerkung könnte die Probleme dieses
Romans besser verdeutlichen. Zwar ist das im Teufelsgespräch
von der musikalischen Konstruktion gesagt, aber es geht am Ende
um den "Scheincharakter des bürgerlichen Kunstwerks" schlechthin; die Musik hat daran ihren Anteil wie jede andere Kunst. An
die Stelle der "Harmonie des selbstgenügsamen Werks" tritt sein
Fragmentcharakter, das Unfertige und Unvollendbare, und das
umso stärker, je disparater sich die Wirklichkeit präsentiert. Mit
dem Glauben an den Kosmos des Kunstwerks gibt der "Intelligenzler" zugleich den Anspruch auf Objektivität auf: er bekennt sich
zur Subjektivität. Die Geltung klassischer Kunstvorstellungen
ist an ihr Ende gekommen, und Thomas Mann konstatiert dieses

Ende angesichts seines eigenen Versuchs, am Beispiel Leverkühns den Roman seiner Epoche zu schreiben. Es ist für ihn der Bankrott des bisherigen Romans, das Scheitern der traditionellen Erzählkunst, des epischen Kunstwerks. Seine Wiederentdeckung hatte Thomas Mann im Verein mit Alfred Döblin und Hermann Broch selbst eingeläutet. Das Ende dieses in seiner Beziehungsfülle so anspruchsvollen Erzählens kam, als es sich den diabolischen Zeitereignissen gegenüber als unzureichend erwies. Der Untergang des traditionellen Romans: eben das ist von Kapitel XXV an auch das Thema des "Doktor Faustus". Der Roman nach dem Ende des "selbstgenügsamen Werks": das ist ein zu Digressionen neigendes Gebilde ohne explikatorischen Anspruch, und so ist aufgegeben, was eigentlich Absicht des Romans war. Der Roman verfügt hier nicht mehr über das, was ihn in der Moderne so wichtig gemacht hatte: die Fähigkeit zur Exegese. Es fehlt ihm an Aussagekraft; die deutsche Geschichte war durch ihn nicht mehr zu deuten. Und es ist auffällig, wie diese Einsicht fortan auch die Romankomposition mitbestimmt; an die Stelle eigener Aussagen treten jetzt auffällig gehäuft Entlehnungen, der Roman wird endgültig zur Parodie großen Formats. Wir kennen die Lieferanten: Schönbergs und Adornos Theorien mußten herhalten, das Gedankengespinst weiterzuknüpfen. Doch alles Diabolische, um das es dem Autor mit seiner Geschichte der deutschen Innerlichkeit eigentlich gegangen war, blieb weiterhin unerklärt und unerklärlich. An die Stelle einer Theorie des Bösen trat anderes: eine Theorie des musikalischen Kunstwerks.

Sie ist im Roman mehrfach formuliert; erstmals begegnet sie im Gespräch Leverkühns mit Zeitblom. Es ist die Theorie des "strengen Satzes": das Ideal der absoluten Beziehungsfülle, der vollkommenen tonalen Determination, der "rationalen Durchorganisation", – "eine Art von astronomischer Gesetzmäßigkeit und Richtigkeit wäre damit gewonnen". Zeitblom bringt hier noch "eine arge Verdürftigung und Stagnation der Musik" dagegen vor – ein Einwand, der hundert Seiten später hinfällig wird, als er vom "Monstre-Werk der Klage" spricht und dort die "Formveranstaltung von letzter Rigorosität" rühmt, "die nichts Unthematisches mehr kennt, in der die Ordnung des Materials total wird, und innerhalb derer die Idee einer Fuge etwa der Sinnlosigkeit verfällt, eben weil es keine freie Note mehr gibt". Und der Verfasser kann sich, in Übereinstimmung mit den Einsichten des Teufelsgespräches, völlig "der Subjektivität überlassen".

Das musikalische Werk soll hier offenbar leisten, was der Roman nicht mehr erfüllen kann. Der utopische Charakter dieser Tonkunst ist überdeutlich – und hier findet sich auch eine Verteidigung der Montage-Technik, wenn von dem "bewußten Verfügen über sämtliche Ausdruckscharaktere, die sich in der Geschichte der Musik je und je niedergeschlagen", die Rede ist. Kann die Musik erbringen, was dem Roman offensichtlich nicht mehr vergönnt ist? Haben Schönberg und Adorno Thomas Mann mit einer Theorie des musikalischen Kunstwerks ausgestattet, die der des Wortkunstwerks eindeutig überlegen ist? Wird hier erneut sichtbar, daß die Form des Romans unzulänglich geworden ist und eben nur noch als "Parodie" weiterleben kann? Ist das so charakterisierte Musikwerk tatsächlich dem Sprachwerk so unendlich überlegen - oder ist es nur ein herbeigewünschtes Substitut für das episch nicht mehr Erfüllbare?

Der Roman gibt nicht zu erkennen, was über das fiktive Werk der "Weheklag" hinaus tatsächlich mit dieser Kunsttheorie gemeint ist. Sicher ist nur, daß Thomas Manns Roman nicht das ist, was die Lehre vom "strengen Satz" forderte. Ob andererseits, aus der Sicht Thomas Manns Wagners Oper die Forderung des "strengen Satzes" vorbildhaft erfüllt, wie man behauptet hat[34], mag dahingestellt sein. Manches spricht aber auch dafür, daß Wagners Oper gerade dort verurteilt wird, wo der Musikintelligenzler feststellt, daß die Kritik "Schein und Spiel nicht mehr" erträgt, und wo er zugleich sagt: "Der Schein der Gefühle als kompositorisches Kunstwerk, der selbstgenügsame Schein der Musik selbst ist unmöglich geworden und nicht zu halten".[32] "Die historische Bewegung des musikalischen Materials hat sich gegen das geschlossene Werk gekehrt", heißt es auch. Welches Werk könnte aus der Sicht Thomas Manns geschlossener sein als das Wagners?

"Ich kleide in Fragen, was nichts weiter ist als die Beschreibung eines Tatbestandes" - ist man versucht zu zitieren. Antworten sind auch hier nicht mehr möglich, weil der Roman seine Aussagekraft und Eindeutigkeit nicht nur in bezug auf das Böse, sondern damit auch an sich verloren hat. "Doktor Faustus" entläßt den Leser in Zweideutigkeit und Unsicherheit - eine Botschaft hat er nicht. Selbst das, was Zeitblom am Ende über das Licht der Hoffnung schreibt, ist nicht das letzte Wort, sondern will in seiner Relativität gelesen werden. So bleibt nur eines: die vom Autor und seinem Chronisten mehrfach festgestellte Unzulänglichkeit der Romanform. Der Roman hat als Erkenntnisinstrument überall dort ausgespielt, wo er Werte, Eindeutigkeit, Einsicht vermitteln will. So bleibt eigentlich nur das Nichts übrig. Zwar ist Thomas Mann kein Nihilist, auch wenn Anwandlungen dieser Art schon das Teufelsgespräch durchziehen. Aber ist Leverkühns Höllenfahrt schließlich nicht eine Fahrt in das Nichts? Setzt Leverkühn nicht die Tradition des europäischen Nihilismus fort, und besteht darin nicht seine eigentliche Identität mit Nietzsche? Sind wir im Roman, der davon spricht, daß die Kultur vom Kultus abgefallen sei und "denn auch nichts anderes mehr als ein Abfall" ist, dem Nichts als der eigentlichen Hölle konfrontiert? Des Musikers grausiges Ende in der Umnachtung, in Gedankenleere und Sinnlosigkeit spricht sehr dafür.

Der Roman gibt auch hierauf keine klare Antwort - und daß

es überhaupt Antworten nicht mehr gibt, macht wohl die Modernität des Werks aus, vor Beckett und Ionesco. Fragen sind, als Sinnfragen, schlechterdings unzulässig geworden, denn Weltzusammenhänge gibt es nicht mehr. Die vielfach zerteilte, undeutbar gewordene Wirklichkeit – eben sie spiegelt der Roman. In ihm vollendet sich ein Prozeß, der mit der Künstlergeneration kurz nach 1800 begonnen hatte, als die sichernden Netze der Religion, also der Sinngebung aus einem größeren Zusammenhang heraus, dünn und löchrig geworden waren.

So bleibt dem Roman Thomas Manns nur noch, dieses Scheitern und damit zugleich das Unzulängliche seiner Form zu bekunden. Es ist denn auch unschwer zu sehen, daß "Dr. Fausti Weheklag" eine nur wenig verhüllte Darstellung des eigenen Romans ist, und so wiederholt sich in der Beschreibung dieses Werkes noch einmal die Entstehungsgeschichte und das Scheitern des ganzen Romans. Das musikalische Werk, das "Monstre-Werk der Klage": das i s t der Roman. Daß das Variationenwerk "textlich vorgetragen wird, ansteigend bis zur Mitte, dann absinkend", entspricht genau der Sonderstellung des Teufelsgespräches in der Mitte des Romans. Der Versuch einer Exegese bricht in sich zusammen, und noch einmal wird die Tragödie der Kunst darin deutlich, daß hier ihre Aussagefähigkeit geleugnet wird. So mußte die Beschreibung des Teufelspaktes denn zur leeren Imitation werden, insofern nämlich, als sich die Darstellung längst vorgegebener Stoffe und Formen bediente und sie nutzte, ohne daß dem ein eigener Sinn entsprach. Oder, um einen zentralen Begriff des Romans zu nehmen: der ernsthafteste Roman Thomas Manns war von seiner Anlage und von seiner nicht erreichbaren Zielsetzung her nichts als Parodie.

Hegel hatte noch gemeint, daß der Teufel für sich eine schlechte, ästhetisch unbrauchbare Figur sei.[33] Ästhetisch brauchbar war Thomas Manns Teufel sehr: nur stand er, eine Mischung aus Harlekin und Dämon, für nichts mehr. Erscheinung und Gehalt waren identisch – um den Preis der Aussage. Am Ende war der Teufel nur noch der Teufel, nicht aber das, was er symbolisieren sollte. Im Roman bleibt er, aller ihm gewaltsam zugelegten Epitheta zum Trotze, damit ein Bilderbuchschreck; ein bloß ästhetisches Gebilde. Auch das ist parodistisch. Im Verhältnis Leverkühns zum Teufel ist das Verhältnis des Autors zu seinem Werk trefflich illustriert – mehr auch nicht. Dahinter taucht vage nur noch die Fratze des Nihilismus auf.

*

War Thomas Mann sich des so erschreckend Unfertigen seines Romans, seiner eigentlichen Aussagelosigkeit, des Scheiterns jener Absichten, mit denen er den Roman begonnen hatte, bewußt? Hier war zum erstenmal etwas Entscheidendes nicht mehr

benennbar – und der seit den "Buddenbrooks" auf Benennungen
hin orientierte Roman war damit in der Tat an ein Ende gekommen; er konnte sich allenfalls als Fragment legitimieren. Die
Kunst, von Thomas Mann immer als zureichendes Welterklärungs-
instrument betrachtet, war unzureichend, ja obsolet geworden,
und der Numismatiker mußte groteskerweise dazu herhalten, das
am Ende scherzhaft-ernsthaft zu formulieren. Daß der Roman
derart unzuständig sei: das prägt denn auch das Schreibbewußtsein
des Autors wie Zeitbloms.

Auch von daher werden die Schreibverzögerungen verständlich,
vielleicht sogar erst eigentlich verständlich. Sie deuten ja bereits
an, daß in der Tat das Vorhaben undurchführbar ist. In nur zu auffälligem Gegensatz zur Theorie von der musikalischen Gesamtkonstruktion, in der es keine freie Note mehr gäbe – Thomas Mann
bedient sich nicht zufällig des Konjunktivs – steht der Roman-
beginn, der schon zum Ausdruck bringt, daß die Sache nicht zu
Ende zu führen ist. Das Thema des unvollendbaren Romans wird
dort vorausdeutend behandelt, und wie sehr sich mit der versuch-
ten Darstellung des Bösen von vornherein die Einsicht in das Miß-
lingen dieses Versuchs verbindet, zeigen die folgenden Teile. Denn
auf die Schreibstockungen folgen weitere Berichte über Unferti-
ges, nicht zu Ende zu Bringendes; sie durchziehen den ganzen
Roman. Dazu gehört schon bald der Vortrag Kretzschmars darüber, "warum Beethoven zu der Klaviersonate Opus 111 keinen
dritten Satz geschrieben habe", dazu gehört am Ende dann schließlich der Bericht über die nicht zum Schluß gekommene Arbeit
an "Dr. Fausti Weheklag". Dazwischen verhinderte Besuche, abge-
brochene Viten; unterbrochene Entwicklungen, nicht eingegangene
Beziehungen; zerstörte Bindungen, nicht gehaltene Versprechun-
gen; zu früh beendete Lebensläufe, zu wenig ausgelebte Freundschaften – ständig ist etwas in Frage gestellt, ein Vorhaben ge-
scheitert, ein Plan ad absurdum geführt. Einer der Kritik zufolge
vollkommensten Romane der deutschen Literatur unseres Jahrhunderts handelt unaufhörlich von Unvollkommenem. Am Ende
dieser Reihe ständig scheiternder Bemühungen steht die Einsicht
in die Unmöglichkeit, das zu erklären, was eigentlich erklärt werden sollte.

Doch etwas bleibt, jenseits des so unheimlich heraufdämmern-
den Nihilismus, und auch das zeigen schon die ersten Seiten des
Romans. Der Anfang des "Doktor Faustus" hat, was die auf den
ersten Blick hin ebenso betulich wie verschreckt wirkende Beschreibung angeht, früher einmal die launige Imitationskunst eines
Armin Eichholz provoziert.[34] Aber zur humoristischen Nachahmung herausfordernde Elemente fehlen in dieser Einführung völlig.
Denn dazu war Thomas Manns eigene Betroffenheit zu groß, als
daß auch nur der Anflug einer Selbstpersiflage sich hätte ein-
schleichen können. Die eigentümlichen Schreibverzögerungen,
von denen der Biograph so freimütig berichtet, sind dennoch mehr

als nur Zeichen eines derart schriftstellerisch ausgedrückten Mitgefühls, mehr als Unterbrechungen aus dem Bewußtsein literarischen Ungenügens. Schon nach den ersten Absätzen wird deutlich, daß durch den immer wieder neu ansetzenden Erzähler in die Beschreibung von vornherein eine Reflexionsschicht eingebracht ist, die gleichsam in einem beständigen Wechselspiel mit den zu berichtenden Fakten ein sicherndes, zugleich kritisches und zweifelndes Bewußtsein zu Worte kommen läßt: das wirkt fast wie eine Realisation frühromantischer Dichtungsvorstellungen. Wie fruchtbar und tragfähig diese jetzt derart vollkommen beherrschte Methode einer doppelten Optik bei Thomas Mann wurde, zeigt sich daran, daß sowohl "Der Erwählte" wie auch "Felix Krull" dem gleichen Schema folgen: dort ist es der irische Mönch, der kommentierend, amplifizierend, räsonierend in die Erzählung eingreift, hier ist es der Autobiograph, der aus der Retrospektive sich selbst zum Stoff und Gegenstand eines Dauerkommentars hat. Es handelt sich durchaus nicht bloß um ein erzähltechnisches Verfahren. Vielmehr scheint Thomas Mann sein in den späten Jahren zunehmend stärker von Distanz zur Welt geprägtes Selbstverständnis ins Formale übersetzt zu haben: ergab sich doch damit die Möglichkeit, die flüchtigen Erscheinungen der erzählten Welt festzuhalten und zugleich sehr ernsthaft zu bedenken, um ihre Vorläufigkeit, die sich in ihrer Abhängigkeit von Raum und Zeit ausdrückt, dem vor Augen zu führen, der hier Endgültiges, Unabänderliches, Eindeutiges erwartet. Zeitblom, der immer wieder abbricht und die vorstehenden Zeilen überliest, tut das nicht bloß, weil er mit dem Gegenstand nicht fertig würde, aber auch nicht nur, um derart seinen eigenen Gemütszustand zu enthüllen; eigentlich kommentiert er aus der Distanz des wahrhaft Einsichtigen heraus nichts Geringeres als das Weltgeschehen – so wie es sich in seiner Erzählwelt vor seinen immer entsetzteren Augen abspielt. Wer spricht hier, wenn Zeitblom spricht? Befreit man ihn aus dem Kostüm des treuherzigen Humanisten und etwas biedermännischen Studienrats und nimmt man seine Kommentatorenrolle ernst, so spricht hier ein Kritiker – nicht nur Leverkühns, sondern des Lebens schlechthin. Haben wir es in Zeitblom mit einer Präfiguration des ähnlich die Welt und dazu das ganze Erdgeschehen kommentierenden Professors Kuckuck zu tun? Mit einem, der das Handeln aus der Sicht dessen betrachtet, der bereits weiß, und zwar aus Einsicht nicht nur in den Gang dieser Geschichte, sondern in den der Welt schlechthin? Es sieht in der Tat so aus, als ob Serenus Zeitblom mit seinem Nachfolger aus Lissabon einiges gemeinsam hat – nur daß dieser aus tiefer Bedrückung, jener aus fast heiterer Retrospektive heraus schreibt. Zeitblom hat zu berichten über eine Erhebung zum Feinsten und Besten, die er kennenlernte, aber nicht weniger vom furchtbaren Ende des Erwählten. Daß der Gregorius-Roman die gleiche Geschichte gewissermaßen spiegelverkehrt erzählt, da erst vom

Sturz und dann von der Erhebung die Rede ist, steht auf einem
anderen Blatt und soll hier nur erwähnt, aber nicht weiter diskutiert werden. Zeitbloms Bericht von der Erhebung und dem an-
schließenden Sturz wird noch einmal aufgenommen, wenn Kuckuck
im Speisewagen davon spricht, daß oft das Feinste seiner müd
werde und trunken ins Wilde zurücksinke[35] - vielleicht doch eine
Leverkühn-Reminiszenz oder jedenfalls in auffälliger Parallele
zu dessen Schicksal niedergeschrieben. So bleibt nicht nur am
Anfang, sondern auch am Ende des Romans dann doch etwas?
Hoffnung auf künftig Besseres ist es kaum, Erlösung erst recht
nicht, ein traditioneller Glaube ebenfalls nicht - das alles ist endgültig dahin. Was bleibt, ist das Bewußtsein - und sei es auch das
Bewußtsein, einer Spätzeit anzugehören; Thomas Mann hat es
oft genug artikuliert, nicht nur angesichts des "Doktor Faustus",
sondern auch nach der Niederschrift des "Erwählten", und Profes-
sor Kuckuck respondiert darauf im Eisenbahngespräch mit Felix
Krull. Am Ende bleibt Erkenntnis, und sei es auch die in das Ende
und den eigenen Untergang. Nur sie verheißt Freiheit - jene Freiheit, die der Schein des Kunstwerks nicht mehr zu geben vermag.
"Schein und Spiel" können nicht mehr ertragen werden, aber die
Erkenntnis ist tragbar: sie ist das einzig Humane, und wenn der
Roman dennoch eine Botschaft haben sollte, dann eben diese.
Es will nicht zufällig erscheinen, daß der alternde Thomas Mann
sich so auffällig wieder Schiller zuwandte. Der gelehrte Dr. Kranich zitiert ein Wort aus Schillers Geist: "Gemein ist alles, was
nicht zum Geiste spricht und kein anderes als ein sinnliches Interesse erregt". Adrian entgegnet: "Ein nobles Wort (...). Man
tut sehr gut, es eine Weile nachklingen zu lassen, bevor man das
geringste dagegen erinnert". Erkenntnis als Kritik, Kritik des
Lebens als Erkenntnis des Lebens, Bewußtsein als das, was bleibt,
und dessen Auslöschung als das Nichts: auch davon berichtet der
Roman. Schillers Wort hat in Thomas Mann bis zur großen Schil-
lerrede 1955 nachgeklungen. Zeitblom demonstriert die Macht
des Bewußtseins schon hier, und das sichert ihn gegen alle Versu-
chungen und Verlockungen. Leverkühn schilt seinen Kommentator
einmal einen Verkünder von "Humanistenflausen". Aber der behielt
am Ende das letzte Wort.

NARZISS IM EXIL
ZU THOMAS MANNS "FELIX KRULL"

Thomas Mann hat sich bekanntlich seit dem Jahre 1905 mit einem Hochstaplerroman beschäftigt, in dem eines der zentralen Themen der Jahrhundertwende, nämlich die Frage nach der angemessenen Existenzform des Künstlers, noch einmal in einer Art humoristischer Travestie des an sich ernsten und persönlich bedeutsamen Sujets durchgespielt werden sollte. Aber schon die frühen Notizen lassen erkennen, daß es sich hierbei nicht nur um die Verschiebung des Künstlerthemas in die problematische Existenzform eines liebenswerten Gauners handeln sollte, sondern daß Thomas Mann bereits damals gewillt war, damit auch den deutschen Bildungsroman zu parodieren[1] – was jedoch nicht von der Künstlerthematik abführen, sondern ihr zusätzlich noch eine historische Dimension verleihen sollte. Das Hochstaplertum sollte freilich nichts Bösartiges an sich haben, sondern eher erfreulicher Natur sein. Krull ist schon in den frühen Notizen überall das Sonntagskind, der der Welt Liebenswürdige, immer in die eigene schöne Gestalt verliebt – auch wenn er die Aussicht, stets nur er selbst zu sein, gelegentlich als tödlich langweilig empfindet.[2] Daraus sprach damals allerdings keine hypertrophe Dekadenzempfindung, sondern Bedeutsameres: der Hinweis zeigt, daß Krulls Hochstaplertum letzten Endes sozusagen philosophisch fundiert ist. So hat der erste Entwurf durchaus mehr zum Hintergrund als das Künstlerthema, nämlich eine frühe Lebenserfahrung ganz anderer Art. Die Einflüsse Schopenhauers sind unverkennbar, das "mundus vult decipi" ein Hinweis darauf, wie sehr das Maja-Thema auch hier noch hineinspielt. Thomas Manns Satz aus den Notizen "Die Welt, diese geile und dumme Metze will geblendet sein – und das ist eine göttliche Einrichtung, denn das Leben selbst beruht auf Betrug, und Täuschung. Es würde versiegen ohne die 'Illusion' "[3] macht vollends deutlich, in welchem Ausmaß der Roman weniger die Geschichte eines letztlich gutartigen Betrügers als vielmehr die Instabilität der menschlichen Verhältnisse behandeln sollte: ein Künstlerroman also mit philosophischem Unterbau.

Am Ende der ersten frühen Arbeitsperiode waren die anfangs nur stichwortartigen Pläne zu einem gewaltigen Themenkonvolut zusammengebracht, innerhalb dessen allerdings noch eine weitere für den Roman entscheidende Dimension sichtbar geworden war. Thomas Mann hat darüber in seinem "Lebensabriß" berichtet, wenn er schrieb:

> Nach der Zurücklegung von 'Königliche Hoheit' hatte ich die Bekenntnisse des Hochstaplers Felix Krull zu schreiben begonnen – ein sonderbarer Entwurf, auf den, wie viele erraten haben, die Lektüre der Memoiren Manolescu's mich gebracht

hatte. Es handelte sich natürlich um eine neue Wendung des Kunst- und Künstlermotivs, um die Psychologie der unwirklich-illusionären Existenzform. Was mich aber stilistisch bezauberte, war die noch nie geübte autobiographische Direktheit, die mein grobes Muster mir nahelegte, und ein phantastischer geistiger Reiz ging aus von der parodistischen Idee, ein Element geliebter Überlieferung, das Goethisch-Selbstbildnerisch-Autobiographische, Aristokratisch-Bekennerische, ins Kriminelle zu übertragen.[4]

Hier ist noch einmal der ganze von Anfang an mit dem Stoff verbundene Motivkomplex genannt, dazu aber nun das, was dieses Sujet erst so ungewöhnlich attraktiv machte: das eminent Persönliche daran, die ungeahnten Möglichkeiten der Eigendarstellung, wobei wir natürlich wissen, daß diese sich im Grunde genommen nicht auf die "geliebte Überlieferung" beschränkte, also auf wichtiges Bildungs- und Lebensgut, das Thomas Mann als zu seiner Existenz gehörig betrachtete, sondern daß das Autobiographische daran weit mehr einschloß: das Narzißhafte des eigenen Daseins, das hier, wie Hans Wysling das genannt hat, in einer illusionären Existenzform wiedererscheint, und wir wissen natürlich auch, wie die Travestie ins Kriminelle zu verstehen ist: als Schutzmantel, der die Darstellung der eigenen Persönlichkeit verhüllen soll, obwohl er nicht dicht genug gewebt ist, um das zu leisten. Denn Thomas Mann hat sich hier wohl noch direkter zur Schau gestellt als in allen seinen anderen Schriften vom Künstler.[5] Dieser erste Teil des "Krull", als einziger Roman Thomas Manns in der Ichform geschrieben, hat derart viel autobiographisches Material in sich, daß beinahe unverständlich ist, wieso er lange Zeit nur als Schelmenroman in der Deszendenz seiner spanischen Urbilder gedeutet werden konnte.[6] Daß das Geburtsjahr Krulls und Thomas Manns identisch ist, ist ebensowenig Zufall wie die Ähnlichkeit der Passagen des "Lebensabriß" und des Romans: Schlafbedürfnis und Rollenspiel, Schulabneigung und früher Vaterverlust, Wegzug der Mutter und Auflösung des Geschäftes, wechselnde Berufe und Tagträumereien, umgangener Militärdienst und Bühnenlaufbahn der Schwester. Es ist Thomas Mann selbst, der sich beschreibt, wenn Krull zu Anfang seiner Memoiren feststellt: "Was ich da sage, ist bezeichnend für meine Natur, die von jeher im tiefsten Grunde leidend und pflegebedürftig war, so daß alles, was mein Leben an tätiger Wirksamkeit aufweist, als ein Produkt der Selbstüberwindung, ja als eine sittliche Leistung von hohem Range zu würdigen ist".[7] Die bislang erschienenen Tagebuchbände bestätigen diese Selbstanalyse über Jahrzehnte hinweg und dokumentieren, was der Hochstaplerroman vielleicht noch entlarvender beschrieben hatte. Was Thomas Mann allerdings weder um 1905 noch später geschrieben hat: daß er mit dem "Krull" auch einen brüderlichen Streit auszufechten gedachte, in dem er bislang eher den kürzeren gezogen hatte. Denn "Krull" hat seinen unmittelbaren literarischen Vorläufer in der Figur des Andreas Zumsee in Heinrich Manns "Schlaraffenland", jenes naiv-gerissenen Glückskindes, das nicht zu Unrecht im Roman als "Pulcinell" identifiziert wird, als Bajazzo und Fortunato; er verfügt über die Gunst, ein reizendes Gesicht als glückliches Naturkapital einsetzen zu können, und ist, mit diesem Kapital ausgestattet, bei nicht zu unterdrückender Neigung zu eleganter Kleidung als altersloser Charmeur nachdrücklich den Frauen zugetan. Eine entzückende Existenz – Heinrich Mann hatte diese merkwürdig androgyne Figur, diese eloquente Spielernatur glänzend beschrieben, zum offenbar doch etwas neidischen Verdruß des jüngeren Bruders, der aber nun, im "Felix Krull", eine einzigartige Gelegenheit sah, sich literarisch zu revanchieren und dazu noch spielerisch drapiert sich selbst darzustellen. Krull: das war nicht nur der übersteigerte Fortunato aus dem "Schlaraffenland"; das war er, sein Verfasser, selbst.

Aber bekanntlich wurde damals nichts Endgültiges daraus. Auf die Frage, warum Thomas Mann seinen Krull 1911 abbrach, hat er selbst verschiedene Antworten gegeben. Häufiger findet sich der Hinweis darauf, daß die "parodistische Künstlichkeit des Stils" schwer durchzuhalten gewesen sei[8], und ebensoviel oder wenig Gewicht hatte wohl der allmählich aufgekommene Wunsch Thomas Manns nach mehr "Meisterlichkeit und Klassizität"[9]. Doch das erklärt den Abbruch des Vorhabens nicht zureichend. Viel bedeutsamer war offenbar die Thomas Mann wohl bewußt gewordene Diskrepanz zwischen seinem Vorhaben und der Möglichkeit seiner Verwirklichung. Denn es ist vermutlich gerade die Künstlerthematik gewesen, die ihn zum Abbruch veranlaßt hat: das Thema war um 1910 wohl doch noch nicht parodistisch abzuhandeln, zumal die autobiographischen Komponenten immer stärker geworden waren – tragische Lösungen lagen, wie der "Tod in Venedig" erkennen läßt, näher und entsprachen stärker dem damaligen eigenen Lebensgefühl. In der Zeit nach dem Ersten Weltkrieg war aber für einen parodistischen Künstlerroman erst recht kein Raum, Raum auch nicht für das Egozentrische einer Existenz, deren Phantastik nichts zu tun hatte mit den neuen Ideen vom Menschen, vom Sozialen und der Humanität, wie Thomas Mann sie im "Zauberberg" entworfen hatte. Genauere Begründungen kann man bei Thomas Mann nicht finden, aber von der allgemeinen Tendenzwende in seinen Ansichten her gesehen wäre eine Weiterarbeit am Hochstaplerroman geradezu anachronistisch gewesen. Der Brief vom 21. XI. 1933 an Félix Bertaux macht das auch hinreichend deutlich. Thomas Mann schrieb: "Ich weiß nicht, warum ich damals steckengeblieben bin. Vielleicht weil ich den extrem individualistischen, unsozialen Charakter des Buches als unzeitgemäß empfand".[10] Was Thomas Mann wiederum nicht sagt: daß sich der brüderliche Wettstreit inzwischen von selbst erledigt hatte. Nicht nur, daß das Verhältnis der Brüder nach 1910 einen vorläufigen Tiefpunkt erreicht hatte – auch das eigene Identifikationsmodell hatte gewechselt, an die Stelle des leichtfüßigen Felix Krull war der ernste Aschenbach im "Tod in Venedig" getreten. Das Thema schien verbraucht, ehe es ausgeformt worden war.

Umso erstaunlicher ist die Wiederaufnahme des Stoffes nach vier Jahrzehnten, gegen Ende seines Lebens. Man kann freilich nur Mutmaßungen darüber anstellen, was ihn dazu bewogen haben könnte – explizite Begründungen fehlen auch hier. Einiges ist freilich auszumachen. Thomas Mann selbst hat darauf aufmerksam gemacht, daß er öfters alte Themen wieder aufgegriffen habe – wie ja auch den Faustus-Roman. Der Satz "Meine Stoffe haben meist sehr lange Wurzeln"[11] erklärt die späte Verarbeitung früher Pläne beinahe zum Regelfall. Dahinter wird eine haushälterische Umsicht, ein besorgtes Umgehen mit seinen Stoffen, eine Art geistiger Ökonomie sichtbar, die er auf selbstenthüllende Weise auch an Goethe bewundert hat. Ein zweiter Grund ist ebenfalls von Thomas Mann selbst genannt worden: dieser Stoff hatte mit seiner eigenen Lebenskontinuität zu tun, sicherte ihm diese, und das umso mehr, als die äußeren Umstände dazu angetan waren, seine Daseinsumstände gründlich zu zerstören. So hat Thomas Mann es jedenfalls einmal beschrieben: "Die umstürzenden Abenteuer dieser Jahrzehnte, die Zumutungen, die zwei große Kriege stellten an Herz und Hirn, Revolution, Exil und Wanderschaft in immer erneuter Arbeit durchgestanden, – und nun reizt mich der Trotz, zurückzugreifen auf das, worüber so viel Sturm und Mühe, Zeit und Leben hinweggegangen, und ein Beispiel heiterunbeirrbarer Treue, überlebender Ausdauer zu geben mit der Durchführung des vor Alters abgebrochenen epischen Capriccio".[12] Ein drittes Argument spielt eine Rolle: es hat mit der Wendung zum Typischen, zum Überindividuellen zu tun, wie sie literarisch am deutlichsten in den Josephsromanen zu beobachten ist, aber zugleich hat diese ja auch Thomas Manns eigenes Lebensgefühl aufs innigste mitbestimmt. Unter diesem Aspekt war der früher begonnene Roman natürlich nicht mehr um seiner Travestie des Künstlerthemas willen interessant, sondern seiner typischmythischen Aussagemöglichkeit wegen, und daß Krull in der zweiten Arbeitsperiode nicht mehr als heruntergekommener, abseitiger Künstler erscheint, sondern als Figuration des schönen Gottes, verdeutlicht die Wendung zum Mythisch-Allgemeinen in der Tat. Hinzu kommt die Idee der Wiederholung, des Wandelns in mythischen Spuren, der Nachfolge: und so wie dieser Gedanke schon in den Josephsromanen so erhebliche Bedeutung gewonnen hat, so auch im "Krull", wenn der schelmische Dieb, das Glückskind, der Liebeskünstler und Menschenerlöser eben jenes Urbild inkarniert, das im griechischen Gott und seiner phantastisch-überirdischen und dennoch menschlichen Existenzweise vorgezeichnet ist. Felix Krull: das war die Geschichte eines übermenschlichen

Daseins, ein Musterfall im eigentlichen Wortsinn, und nirgendwo
ist der Weg vom Individuellen ins Allgemeine eindringlicher, amü-
santer, großartiger beschrieben worden als im "Felix Krull".

Diesen Begründungen hat Hans Wysling neuerdings eine weitere
hinzugefügt: er hat den Roman als Überwindungsbuch gedeutet,
nicht als "neurotische Flucht aus narzißtischer Ohnmacht in die
Illusion der Allmacht",[13] sondern als grandiosen Triumph des Narziß: Triumph über die Welt und sich selbst. Eine radikale Autobiographie also, wie sie genauer, deutlicher, enthüllender kaum
geschrieben werden konnte, und weil die autobiographische Neigung bei Thomas Mann im Laufe seines Lebens nicht ab-, sondern
ohne jeden Zweifel zunahm, ist wiederum verständlich, warum
er dieses Buch als seine Form von "Dichtung und Wahrheit" am
Ende geschrieben hat: nicht Memoiren, hier in ästhetische Dimension neu gebracht, wie sie das 18. Jahrhundert kannte, also Berichte über die Zeit, in der das Ich nur deren Produkt ist; sondern
vielmehr umgekehrt der entlarvendste, verräterischste Blick auf
sich selbst, eben Autobiographie im modernen Sinne des 19. Jahrhunderts, wie Thomas Mann sie als Buch über sich selbst vielfach
angefangen, niemals aber so vollendet hat wie in diesem unvollendeten Roman vom Hochstapler Felix Krull.

Alles das stimmt. Doch kommt nicht noch etwas Entscheidendes hinzu? Jene Deutungen, die in der Weiterarbeit am Krull-
Stoff nur die Kontinuität des Thomas Mannschen Denkens und
Lebens sehen oder auch den Weg vom Persönlich-Individuellen
zum Typisch-Mythischen, sind natürlich nicht unberechtigt; aber
sie können den Gehalt des Thomas Mannschen Spätwerks allein
nicht ausloten. Das Selbstdarstellerische überwiegt in diesem
Roman zweifellos, und über dessen Ausmaß kann kein Zweifel
bestehen. Denn wie hatte doch Klaus Mann einmal geschrieben:
"Alle seine Bücher, und noch die großen literarischen Essays, haben den autobiographischen Charakter, der etwa in den 'Buddenbrooks' und im 'Tonio Kröger' sich deutlich manifestiert; der in
'Königliche Hoheit', 'Der Tod in Venedig' und in den 'Bekenntnissen
des Hochstaplers Felix Krull' gleichsam durch Masken hindurch
zu erraten ist"[14]. Also auch "Felix Krull" - und nach Wyslings
großer Darstellung kann hier nicht der geringste Zweifel bestehen.
Aber in welchem Sinne ist hier Autobiographisches eingeschmolzen? Der Roman liefert in der Tat das ewige Spiegelbild seines
Verfassers, seine Wesenssignatur, gibt eine Ausstellung seines
Innenlebens, seiner Fähigkeiten, Möglichkeiten und Grenzen, ins
Erzählerische übersetzt. Doch liegt nicht die Annahme nahe, daß
Thomas Mann nicht nur jenes selbstsichere Dasein eines allein
mit sich beschäftigten Spielers geführt habe, sondern daß darüber
hinaus die Erfahrungen seiner Zeit, die auch seine Erfahrungen
wurden, in einem erheblichen Ausmaß in sein Werk eingegangen
sind? Autobiographie, echte Autobiographie ist niemals nur reine
Selbstbeschreibung, sondern Darstellung des auch von außen her

Erlebten, wiederholte Spiegelung, Erfahrungsreflex, und wenn
wir Klaus Mann glauben, also auch die "Bekenntnisse des Hochstaplers Felix Krull" als autobiographisch motiviertes Werk lesen
wollen, so würden wir den Roman dann nicht vollkommen ausschöpfen, würden wir hier nur die Künstlerparodie als Selbstpersiflage erkennen, gemischt mit einem In-die-Spuren-Gehen, was
das geliebte Vorbild des Hermes betrifft. Können wir uns über
den eminent autobiographischen Charakter auch des Krull-Romans
verständigen, so bedeutet das fast zwangsläufig, daß auch d i e
entscheidende Erfahrung Thomas Manns in den dreißiger Jahren,
nämlich die des Exils, in diesen Roman ebenfalls eingegangen
sein muß.

Über das Ausmaß, auch über die seelischen Tiefendimensionen
dieser Exilerfahrung kann es nach den Selbstberichten Thomas
Manns kaum einen Zweifel geben. Im März 1933 notiert er:
"Schreckliche Excitation, Ratlosigkeit, Muskelzittern, fast Schüt-
telfrost und Furcht, die vernünftige Besinnung zu verlieren".[15]
Das ist eine Bemerkung von vielen. Die Tagebücher konstatieren
beinahe täglich "Nervenschwäche", "Überreizung", "Beängstigung"
oder einen "nervösen Beklemmungsanfall". Es gibt zwar Äußerungen, mit denen er sich von dem allgemeinen Emigrantentum
abzugrenzen sucht, wenn er etwa schreibt: "Meine Haltung, mein
Urteil sind nicht vom Emigrantengeist bestimmt oder beeinflußt.
Ich stehe für mich und habe mit dem in der Welt verstreuten deutschen Emigrantentum überhaupt keine Fühlung. Im Übrigen hat
dieses deutsche Emigrantentum im Sinne irgendwelcher geistigen
und politischen Einheit gar keine Existenz. Die individuelle Zer-
splitterung ist vollkommen"[16]. Aber das tangiert nicht die Psyche
und deren Reaktion, sondern ist nur ein Versuch, sich gegen die
politische Auswertung der Emigrantensituation, die Volksfront-
bewegung und andere, nicht literarisch orientierte Sammelaktio-
nen unter den Emigranten zur Wehr zu setzen. Die psychische
Verstörung ist davon unberührt; was ihn bedrückte, waren nicht
Emigrantengeist und Emigrantentum, sondern die Ausbürgerung
und Entwurzelung, die Thomas Mann als einen in der bürgerlichen
Kultur Deutschlands unendlich tief Verwurzelten außerordentlich
treffen mußte. Wir kennen jenes Bekentnnis in seinem ersten Brief
aus dem Exil, an Lavinia Mazzucchetti gerichtet: "Ich bin ein
viel zu guter Deutscher, mit den Kultur-Überlieferungen meines
Landes und der Sprache viel zu eng verbunden, als daß nicht der
Gedanke eines jahrelangen oder auch lebenslänglichen Exils eine
sehr schwere, verhängnisvolle Bedeutung für mich haben müßte"[17]. Sie hatte es in der Tat, und über das tief Bedrohliche, Zerstörerische, Lebensgefährliche dieser Exilerfahrungen kann kaum
ein Zweifel bestehen. Kleinigkeiten sind oft noch aufschlußreicher
für das Ausmaß des Verlustes als Grundsatzbekenntnisse. Am
3. XI. 1933 notiert er, was er oft notiert hat: meteorologische
Beobachtungen: "Regen, grau, windig. Übrigens soll es auch in

München so sein".[18] Könnte etwas stärker verdeutlichen, wie er, oft als "hartnäckiger Villenbesitzer" verspottet, mit dem noch verklammert ist, was er verlassen mußte?

Daß sich nach einigen Jahren dennoch so etwas wie eine Uminterpretation des Exils verbunden mit einer Entwertung des Deutschen vollzog, wissen wir aus mannigfachen Belegen; für Thomas Mann war dem Verlust des deutschen Lebensraumes nach einigen Jahren ein Bekenntnis zum Weltbürgertum gefolgt, und wiederholt erklärt er, er wolle auch nach einer Wandlung nur besuchsweise nach Deutschland zurückkehren[19]. Was in Deutschland vorgeht, erscheint ihm "fremd", "schaurig" und "grotesk". Hand in Hand damit geht die Anerkennung Amerikas als des Landes, in das "die Pflege und Bewahrung unserer abendländischen Kultur [...] übergegangen" ist.[20] Thomas Mann domiziliert sich erneut, und es ist eine ebenso symbolische als auch reale Handlung, daß er 1944 die amerikanische Staatsbürgerschaft annimmt, "das Ergebnis eines natürlichen und ganz von selbst sich abspielenden Prozesses"[21]. Wir kennen die leicht amüsierte und gleichzeitig doch hintergründig verzweifelte Feststellung zu seiner tschechischen Staatsbürgerschaft, wenn er schrieb: "Tscheche zu sein; das war höchst liebenswürdig und dankenswert, aber es gab keinen Reim und Sinn".[22] Umso überzeugter wurde Thomas Mann zum Amerikaner. Man kann die amerikanischen Jahre in ihrer vielfältigen Fruchtbarkeit für Thomas Mann kaum zureichend ausloten; aus dem unpolitischen Schriftsteller ist ein eminent politischer Literat geworden, der sich niemals zuvor so stark der Öffentlichkeit ausgesetzt hat wie in diesen Jahren. Die Zahl der im amerikanischen Exil entstandenen Aufsätze, Reden, Gelegenheitsschriften und poetischen Produktionen ist beinahe Legion, diese Produktivität ein vielleicht besserer Gradmesser dafür, daß Thomas Mann sein Exil schließlich angenommen hat, als alles andere. Lion Feuchtwanger hat gewissermaßen stellvertretend für viele Exilanten diese Exilerfahrung, die Vielschichtigkeit dieses Erlebnisses und auch den Vitalisierungsprozeß, den er für manche bedeutete, mit wenigen Worten charakterisiert, als er schrieb: "Denn wenn das Exil zerreibt, wenn es klein und elend macht, so härtet es auch und macht groß (...) Manche unter uns hat das Exil eingeengt, aber den Kräftigeren, Tauglicheren gab es mehr Weite und Elastizität, es machte ihren Blick freier für das Große, Wesentliche und lehrte sie, nicht am Unwesentlichen zu haften".[23] Das ist eine kosmopolitische Perspektive, die Feuchtwanger hier meint – kaum ein anderer als Thomas Mann hat sie so dezidiert vertreten. Und ist denkbar, daß Thomas Mann die Geschichte eines Kosmopoliten schreiben konnte, wie er sie im "Felix Krull" schrieb, ohne seine eigenen Erfahrungen und Erlebnisse einzubringen, da wir ja nur zu genau wissen, in welchem Ausmaß dieser Roman der Roman Thomas Manns selbst ist, das travestiert Fremde nur Maske, er selbst der Schreiber seiner eigenen Memoiren, die umso leichter zu dechiffrieren sind, je grotesker die Camouflage ist?

Spuren der Exilerfahrung finden sich im "Felix Krull" aufs deutlichste. Wir wollen zunächst einmal Beobachtungen sammeln. Überall haben wir im "Krull" Aufbruchs- und Reisemotive, Identitätsfragen, Isolationsprobleme. Hier sind auffällige Unterschiede zum Frühwerk zu konstatieren. Reisemotive gibt es natürlich schon in den "Buddenbrooks", ebenso Heimkehrsituationen. Die Reisen damals sind freilich anders als die Krulls. Denn sie sind kurzfristig, die Heimatstadt bleibt Zentrum der Welt. Das Elternhaus ist konstanter Fluchtpunkt selbst noch für die verlorenen Söhne und Töchter, nur eine Ausnahme findet sich: Christian in den "Buddenbrooks", eine bezeichnenderweise scheiternde Figur, ein früher Wahlverwandter freilich auch Engelbert Krulls und seines Sohnes Felix. Die Fremde ist im Frühwerk immer Ort der Verzweiflung, der Zerstörung, Stätte des Todes. Gustav Aschenbachs Abfahrt aus Venedig wäre für ihn die Lebensrettung gewesen; sein Entschluß, in der Fremde zu bleiben, ist der Entschluß zum eigenen Untergang. Reisemotive füllen auch Anfang und Ende des "Zauberbergs" aus, und dort findet sich der absurde Fall, daß jemand, obwohl geheilt, ins Sanatorium zurück möchte: es ist ihm zur Heimat geworden. Die spektakulär-großartige Abreise Settembrinis, der Abschied im Morgengrauen, sieht nach endgültigem Aufbruch aus, aber sie steht nur am Beginn seiner Umsiedlung ins nächste Dorf; man reist nicht ab, und wenn man abreist, so kehrt man wieder, wie die schöne Russin, wie Vetter Joachim. Es gibt kaum internationale Dimensionen des Reisens – aber dann, vom Josephsroman an, tauchen sie endgültig auf und werden viel gewichtiger als jene kleinen, kurzfristigen Reisen, die von der Heimat nur wegführen, um wieder dorthin zurückzukommen. Von den Josephsromanen an ändern sich die Aspekte. Josephs Aufenthalt in Ägypten währt Jahre, und wenn Goethe auch in Weimar bleibt, so ist er doch gewissermaßen in eine innere Form des Exils gegangen, lebt eigentlich seit langem von seiner Heimat getrennt und hat ein mehr als zwiespältiges Verhältnis zu seinem Land. Über die von Thomas Mann hier praktizierte Imitatio gibt es nicht den geringsten Zweifel, zumal Goethe Dinge äußert, die sich nur aus Thomas Manns eigener unmittelbarer und aktueller politischer Situation her erklären lassen. Im Exil leben ebenfalls Leverkühn und Zeitblom, beiden ist der Kontakt zur Welt endgültig abgeschnitten. Aber das Reisemotiv ist noch weiter verfächert. Am bizarrsten tritt es im "Erwählten" auf, und dort bereits in der Vorgeschichte des Helden: Wiligis, Gregorius' Vater, muß auf Anraten des Herrn Eisengrein "zum heiligen Grabe [...] fahren", und das ist eine Reise, von der er nie wieder zurückkehren wird. Seinem Sohn bleibt das Exilleben ebensowenig erspart: auf grotesk märchenhafte Weise beginnt es früh, denn 17 Tage nach der Geburt wird er von seiner Mutter in einer Tonne im Meer ausgesetzt, verbringt seine Jugend bei einer fremden Familie in einem frem-

den Land, und was folgt, ist eine Weltfahrt, die in etwa die des
Felix Krull vorwegnimmt und die sein ganzes späteres Leben bestimmt. Am Ende des Romans steht die Beschreibung der
schlimmsten Form des Exils, die Thomas Mann jemals dargestellt
hat: Gregorius verbringt 17 Jahre auf einem Felsen im Meer ange-
schmiedet – eine überdimensionale symbolische Situation, das
Äußerste an Exil, was sich denken läßt, das freilich auf glorio-
se Weise endet: denn schließlich erscheinen die beiden Römer,
die ihn als Papst nach Rom führen sollen. Die Reise, die eine lebenslange Reise ins Exil war, kommt ans glückliche Ende. Aber
sie war eine Reise ohne vergleichbare Dimensionen – ein Weg
in die Fremde, ohne Rückkehr, die Heimat irgendwo in der Zukunft liegend, nicht im Vergangenen. Von daher gesehen nimmt
sich der Aufbruch des Felix Krull ebenfalls wie ein endgültiges
Verlassen seiner Heimat aus: daß eine Reise, die zugleich Lebensreise ist, nahezu um den ganzen Erdball geht, zeigt, daß die supra-
nationalen Dimensionen eher noch gewachsen sind. Wo verfaßt
Krull am Ende seine Memoiren? Es ist merkwürdig unklar, wo
er sich befindet, und auch das Notizmaterial Thomas Manns gibt
nur wenige, ziemlich nichtssagende Hinweise. Aber wir dürfen
wohl davon ausgehen, daß Felix wie Thomas Mann deutschen Boden nicht mehr endgültig betreten hat. Der Roman zeigt aber
auch, daß Felix Krull (oder sollen wir sagen: Thomas Mann?) die
Abreise nach Übersee immer wieder hinauszögert. So endet der
fertiggestellte Roman schließlich in Portugal, also auf dem Boden
der "alten Erde", und Krulls Vita und das Leben Thomas Manns
differieren allenfalls darin, daß Krull den Boden der alten Erde,
wonach Thomas Mann sich am Ende seines Lebens so sehr zurück-
gesehnt hat, gar nicht erst verläßt. Vielleicht ist es ein Zufall,
vielleicht auch mehr als das, daß das erste Aufenthaltsland Felix'
auch das beliebteste Emigrantenland 1933 war: Frankreich war
eine der wichtigsten Exilstationen, aber was auffälliger noch ist,
ist der Reiseweg, der Felix weiterführen wird: es geht auf die
iberische Halbinsel, nach Portugal: die große Fluchtroute der
Emigranten, und es waren ja Heinrich und Golo, die eben den Weg
nahmen, der später zum Weg Felix Krulls wurde. Nun, das mag
man zur Not alles noch als Zufall auslegen. Aber Krull führt ohne
jeden Zweifel das unruhige Leben der nicht mehr Seßhaften, so
wie Anna Seghers es in ihrem "Transit"-Roman beschrieben hat:
Die Szenerie wechselt vom Hotel zum Café, von Zügen zu Schif-
fen; Rastlosigkeit, Bewegung ohne Ende charakterisiert Krulls
Dasein, und sein vorläufiger Beruf als Liftboy paßt zu alledem
nur zu sehr. Und dann die Cafésituationen, wie sie für Krulls Dasein typisch sind! Es heißt einmal: "Vor den Cafés saßen unter
schützender Markise Leute in Hut und Mantel an kleinen Tischen
und blickten, den Stock zwischen den Knien, wie von gemieteten
Parkettplätzen in den sich vorüberwälzenden Verkehr, während
dunkle Gestalten zwischen ihren Füßen Zigarrenstummel aufsam-

melten".[24] Eine pariserisch vertraute Szene zweifellos; aber so etwas könnte auch in Anna Seghers "Transit" stehen, und es tut nichts zur Sache, ob es hier ein kleines Café in Paris oder ein Bistro in Marseille ist. Hut und Mantel haben die Cafégäste anbehalten, und sie sind stets zum Aufbruch bereit; aber es ist nicht der Wirbel der Großstadt, der sie für kurze Zeit hier in die Cafés geschwemmt hat, sondern das Vergänglich-Vorübergehende, das ihrer Existenz schlechthin anhaftet. Daß sie dabei, in der Fremde lebend, zu sich selbst verurteilt sind, eingesperrt in die Grenzen ihrer Existenz und in einer teilnahmslosen Umwelt ausgesetzt, macht das Provisorische-Sinnlose ihrer Existenz nur umso deutlicher. Das Caféhaus ist eine Exilchiffre wie das Hotelzimmer, die Gästestube: dort werden sie alle zusammengewirbelt, dieses Strandgut der Völker, unter denen sie nicht mehr geduldet sind, in Werfels "Jacobowsky und der Oberst" so gut wie in Hasenclevers "Die Rechtlosen". Der Exilant ist immer nur vorübergehend irgendwo. Transitäre sind sie alle, die Emigranten so gut wie Felix Krull.

Dem widerspricht nicht, daß sie sich in einer internationalen Welt bewegen, und kaum anderswo hat sich diese Internationalität deutlicher geäußert als im Hochstaplerroman. Das Personal des Romans liefert eine Liste, wie sie farbiger kein anderes Exilwerk kennt. Schon der junge Felix Krull erinnert sich an einen Generalkonsul Åckerbloom, einen Schweden; eine russische Fürstin lobt sein kindliches Violinspiel; Rozsa, das Freudenmädchen, ist Ungarin, Herr Stürzli Schweizer, Stanko Kroate und der Maître d'hôtel, Machatschek, ist offensichtlich osteuropäischer Herkunft. Die Familie Twentyman und Lord Kilmarnock repräsentieren den englisch-schottischen Bereich, die Familie de Venosta ist über halb Europa verstreut. Louis ist ein Kind eines luxemburgischen Vaters und einer deutschen Mutter, lebt in Paris. Verwandte dieser Familie finden sich in Italien, Österreich und in der Tschechoslowakei. Sind es nicht alle Exilierte, die sich in Krulls Lebensraum treffen? Mit Einheimischen hat Felix kaum Berührung - selbst Madame Houpflé ist nicht Französin, sondern kommt aus dem Elsaß, dem deutsch-französischen Grenzgebiet. Professor Kuckuck, aus Deutschland stammend, lebt in Lissabon gewissermaßen seit 25 Jahren im Exil; er ist mit einer Portugiesin verheiratet. In ihr mischt sich "allerlei Phönizisches, Karthargisches, Römisches, Arabisches". Ähnlich sehen die Familienverhältnisse bei der Familie Meyer-Novaro aus: Die Mutter ist geborene Venezulanerin und hat nach dem Tode ihres Mannes Novaro einen deutschen Konsul Meyer geheiratet. Auf den Empfängen in Lissabon sind die Ausländer im wesentlichen unter sich. Ein luxemburgischer Botschafter, ein rumänischer Prinz, ein österreichisch-ungarischer Botschaftsrat, ein griechischer Geschäftsträger und ein holländischer Baron liefern die Personalkulisse. Auch in Portugal findet Krull keinen Kontakt zur einheimischen Bevölkerung, dafür wiederholt sich, was für seine Existenzform in Paris charakteristisch war: eine vielzüngige, multisprachliche Gettoexistenz. Sie ist die Kehrseite der Internationalität, des Unter-Sich-Seins – die Lebensform derer, die, aus welchen Gründen auch immer, in die Verbannung gegangen sind, und so wie die Fremde spielend-spielerisch überwunden wird, so bleibt sie doch das unveränderlich Andersartige, die Heimat das Verlassene, die Existenz im Exil – eben die Lebensform jener, die letztlich immer wieder nur auf sich selbst verwiesen sind.

Derartiges ist nicht aus der Luft gegriffen. Es ist die Daseinsweise, die Thomas Mann als Emigrant nur zu sehr kannte. Diesen seinen Exilalltag beschrieb er etwa in einem Brief, der paradigmatische Bedeutung hat: "Wir leben zwischen unseren Palmen und lemon trees so den längst gewohnten Wartesaal-Tag, in geselligem Reihum mit Franks, Werfels, Dieterles, Neumanns, immer dieselben Gesichter, und wenn es mal was Amerikanisches ist, so ist es auch so sonderbar öde und freundlich stereotyp, daß man für längere Zeit wieder genug hat"[25]. Ein Vertriebenendasein, das sich gleichsam in den eigenen vier Wänden abspielt: amerikanische Alltagswirklichkeit für Thomas Mann lange Jahre hindurch. In der "Entstehung des Doktor Faustus" finden wir diese Wirklichkeit des Exilanten ebenfalls porträtiert: "[...] Der Zwang, mich in etwas Neues hineinzufinden, eine irritierende, halb krank machende nervöse Belastung", so heißt es dort etwa[26], oder auch: "Andauerndes Stimmungstief". Die vielsprachige Emigrantengruppe hat Thomas Mann nur zu lange erlebt, und er hat sie in dieser Entstehung des Doktor Faustus wiederholt charakterisiert. "Man fand dort eine internationale Gesellschaft, kunterbunt und elegant", so ist die Emigrantenkolonie beschrieben – "Das Exil schafft eine gemeinsame Daseinsform, und die Verschiedenartigkeit seiner Ursachen macht wenig Unterschied [...] Schicksalsgemeinschaft und Klassensolidarität sind entscheidender als solche Gesinnungsnuancen, und man findet einander"[27]. Aber auch das ist eine Gettoexistenz, wie die Krulls. Viel Verständnis für die fremde Umwelt ist da nicht zu erwarten, und es ist nicht zufällig, daß Felix den Gepflogenheiten des Landes keinen Reiz abgewinnen kann: die Stierkampfgeschichte, zu der er in absolut falscher Kleidung kommt, zeigt das aufs schönste, und wenn Krull auch seinen Fauxpas mit einem "Das war etwas gênant, aber der Unbelehrtheit des Fremden mochte es nachzusehen sein" entschuldigt, so ist das doch auch die Unbelehrtheit des Fremden, des Exilanten, und daß es hier Lissabon ist und dort Los Angeles, tut nichts zur Sache. Krull hat bei aller Versatilität doch immer wieder Anpassungsschwierigkeiten, bleibt der Außenseiter, so sehr er sich um Angleichung bemüht. Das tut er schon im Pariser Hotel, als er sich dem Empfangschef an der Rezeption mit den Worten empfiehlt: "Ich hoffe, meinen Vorgesetzten rasch zu beweisen, daß meine Intelligenz sich genau in den richtigen Grenzen hält". Das

tut sie gewiß - aber dennoch ist der Emigrant endgültig nicht
einzugliedern, Krull so wenig wie sein literarischer Schöpfer.
Von Klaus Mann gibt es eine Skizze, die das trefflich erläutert.
Sie ist - verräterisch - mit "Fast zu Hause. Bei Bruno Frank" überschrieben, und dort heißt es:

> Als wir die Franks in Beverly Hills zum ersten Mal besuchten,
> waren wir ganz gerührt. 'Aber es ist ja fast wie in München!'
> riefen wir aus. 'Es sieht ja fast genau so aus wie in der Mauer-
> kirchenstraße!' Dabei war in Wirklichkeit manches recht an-
> ders: Es gab Palmen vor der Tür, und das Mädchen, das nun
> den Tee hereinbrachte, war eine stattliche Negerin - keines-
> wegs mehr ein 'Münchner Mädel' im Dirndl-Kleid - , und auf
> dem Tisch lagen die Zeitungen aus Los Angeles und New York
> und ein paar neue englische Bücher statt der Novitäten des
> Ullstein-Verlages: kurzum, es war alles ein bißchen anders
> geworden.[28]

Alles ein bißchen anders, aber doch fast zu Hause - ist nicht auch
Krull immer wieder, wo er auch hinkommt, fast zu Hause, aber
doch am Ende unfähig, sich zu akkulturieren?

Thomas Mann mochte auf seine Weise das Schicksal eines Konfinierten führen - sein Wunsch- und Idealbild, sein hochstilisiertes
Selbstportrait, seine überirdische Spielfigur Felix Krull ist freilich
alles andere als limitiert. Krull ist ein Meister der Grenzüber-
schreitungen, und es geht für ihn immer glatt und komplikationslos
ab. Die hinderliche Ladenglocke des Delikatessengeschäftes, diese
imaginäre Grenze zur Moral, weiß er ebenso geschickt zu umgehen, wie er sich in der wartenden Menge vor dem Frankfurter
Theater unerlaubterweise nach vorne drängt. Die französischen
Zollbeamten lenkt er durch eine frankophile Bemerkung von seinem Gepäck ab, und die Fahrt von Paris nach Lissabon wird an
der Grenze zur respektvollen Verneigung des Schaffners gegenüber
dem reisenden Adeligen. Aber auch in Paris, als er bescheiden
den Lieferanteneingang nehmen will, wird er auf den großen
Haupteingang des Hotels verwiesen, überschreitet spielend auch
dort sie scharfmarkierte Grenzlinie zwischen dem Domestiken
und dem Gast, und er kommt an der Rezeption bis zum Empfangschef, was dem ordinären Liftboy wohl nicht gelungen wäre. Auf
und ab geht es mit Krull in dieser Tätigkeit - ist nicht auch sie
symbolisch zu nehmen, Sinnbild der Höhen und Tiefen, die er so
leichtfüßig im "schwebenden Kämmerchen" durcheilt? Schranken,
Grenzen, Hindernisse kennt er nicht, dieser Idealemigrant. Natürlich zahlt er in Portugal nicht, als er in das naturwissenschaftliche
Museum Kuckucks gehen will. Aber Krull überschreitet auch
Grenzen anderer Art. Er kommt mit allen Schichten der Gesellschaft zusammen, aber durchaus nicht in einliniger Richtung,
im Sinne einer sozialen Aufwärtsbewegung von unten nach oben.

Kellner und Marquis, Zuhälter und Dieb, alles kann er sein, weil er nichts ganz ist, und Heimat, Familie, Sprache und Kultur sind alles andere als Fesseln, die ihn irgendwie binden könnten. Von der Gesundheit zur Krankheit, vom Wachen zum Traum, vom Wunsch zur Wirklichkeit ist es bei ihm nur ein winziger Schritt, so wie für ihn auch die Grenze zwischen Moral und Unmoral eine kaum sichtbare ist, leicht zu überspringen in dieser oder jener Richtung. Er stiehlt gleichermaßen Bonbons, Schmuckschatullen und Bargeld, und das Nachmachen von Unterschriften hat er schon früh gelernt, auf den Entschuldigungsschreiben für die Schule ebenso wie dort, wo Bankbescheinigungen und Briefe gefälscht werden. Konten laufen bei ihm unter falschem Namen, und im Handel mit dem luxemburgischen Grafen vermag er die Grenzen des Ich zur vollsten Zufriedenheit aller Beteiligten so mühelos zu überschreiten, wie es dem Exilanten tatsächlich niemals gelingen konnte. Als Marquis de Venosta ist er überzeugender, als Louis de Venosta es je gewesen wäre, und wenn Anna Seghers in ihrem Transit-Roman diesen Existenzwechsel, der mit dem Namenswechsel verbunden ist, als einen qualvollen, nicht endenden Prozeß der Selbstbefragung und Selbstvergewisserung beschreibt, so hat Krull mit alledem nicht die geringsten Sorgen. Der Liftboy als Graf - selbst dahinter scheint noch ein Exilphänomen zu stecken. Hilde Spiel hat in ihrem Aufsatz über die "Psychologie des Exils" auf etwas aufmerksam gemacht, das bei Emigranten häufig auftrat und das sie als "Bernhardiner-Syndrom" bezeichnet. Es ist eine Notwehrhandlung derer, die früher eine bedeutende gesellschaftliche Position innehatten und sich plötzlich als Handlanger oder Bediente wiederfanden: sie reagierten mit Kompensationen, umgekehrten Minderwertigkeitskomplexen sozusagen. Bei Hilde Spiel lautet das: "Man neigte also dazu, die eigene Bedeutung in der Heimat maßlos zu übertreiben, sie allen, mit denen man in Berührung kam, mit vielen erfundenen Einzelheiten auszumalen, so lange, bis man selbst an sie zu glauben begann. Von Leuten dieser Art wurde gesagt, sie gäben sich als Bernhardiner aus, obschon sie in ihrem Herkunftsland nur Dackel gewesen wären"[29]. Ein wenig davon haftet auch Krull an, wenn er den gesellschaftlichen Rang des Vaters, der einen problematischen Schaumwein produzierte, nachträglich verschönt - wie dieser sein zweifelhaftes Erzeugnis. Noch stärker wird dieses Syndrom, als Krull in die Rolle des Grafensohnes hinüberwechselt. Er ist ebenso rasch ein anderer, wie der Held des Transit-Romans niemals ein anderer werden kann, obwohl er gezwungen ist, in die fremde Existenz zu schlüpfen. Krull wird spielerisch und unauffällig ein Fremder, ohne freilich damit seine eigene Identität restlos aufzugeben. Dennoch bleibt er bei allem Beziehungsreichtum innerlich beziehungslos, und das einzige, was er an familiären Bedingungen aufrechterhält, sind "hier und da Ansichtskarten mit kurzem Text", die er seinem Paten Schimmelpreester

schickt - nicht etwa der Mutter oder der Schwester. Er bleibt
der Einzelne, der die Distanz zu den anderen immer wieder herzustellen weiß, alles andere als ein Gruppenmensch, eher eine elitäre
Existenz, ein Erwählter, wie er eben, wenn auch in sehr viel un-
deutlicherer Form, schon im Gregorius-Roman beschrieben worden
war. Der auserwählte Einzelne: das ist, so sehr damit Krulls Un-
verwechselbarkeit getroffen zu sein scheint, nichts Spezifisches,
sondern ein generelles Thema von Exilromanen. Georg Heisler
in Anna Seghers' "Das siebte Kreuz" ist ebenso der auserwählte
Einzelne wie Jacobowsky in Werfels "Jacobowsky und der Oberst",
und sie alle symbolisieren den Sieg des Einzelnen über ein Kollek-
tiv, das Macht ausübt. 1923 hatte Thomas Mann diesem übersteigerten Individualismus noch eine Absage gegeben.[30] Aber nun,
in der Situation der Entrechteten und Verfolgten, der Exilanten
und Lebensbedrohten, ist der Individualismus nur zu willkommen,
und Krull lebt ihn aus, in einem Ausmaß, das die Egozentrik aller
anderen Thomas Mannschen Romanfiguren weit übersteigt. Das
bindungslose Ich: in Felix Krull ist es dargestellt, und die Ähnlichkeit mit dem bindungslosen Ich des Emigranten ist frappant -
auch dort, wo ganz unemigrantenhafte Themen behandelt werden.
Seine Panerotik hat so eine Kehrseite: die mangelnde Fähigkeit
zur Hingabe. Felix wird geliebt, aber viel kümmern tut ihn das
nicht, und während er in Rozsa nur die Lehrmeisterin sieht, empfindet er sein Abenteuer mit Diane Houpflé beinahe merkantil
als die Begleichung einer alten Schuld. Eleanor Twentyman wird
von Krull registriert, aber nicht geliebt, und selbst dort, wo Krull
eine erotische Bindung einzugehen scheint, in seiner Beziehung
zu Zouzou nämlich, ist diese Identifikationsersatz, weil sie für
Krull eben das sein soll, was Zaza für Louis de Venosta ist. Panerotik, Allsympathie, wie Kuckuck es nennt, Neubegierde, wie
er selbst sagt: es ist eine Form der Weltsehnsucht, aber sie ist
unbestimmt und nicht an eine Person gebunden, eher der Frei-
heitsdrang des Exilanten, ins Erotische übersetzt.

Wer ist nach alledem Krull? Daß er das Rollenspiel liebt, macht
ihn irgendwo ungreifbar und unangreifbar. Im "Krull" ist die Not
des Emigranten zur Tugend geworden. Stefan Zweig hat einmal
gesagt: "Und ich zögere nicht, zu bekennen, daß seit dem Tage,
da ich mit eigentlich fremden Papieren und Pässen leben mußte,
ich mich nie mehr ganz als mit mir zusammengehörig empfand.
Etwas von der natürlichen Identität mit meinem ursprünglichen
und eigentlichen Ich blieb für immer zerstört"[31], und wie sehr
diese Erfahrung eine paradigmatische Exilerfahrung ist, zeigt
ein ganz ähnliches Bekenntnis Alfred Döblins: "Ich erinnere mich
nicht, je zu irgendeiner Zeit meines Lebens so wenig 'Ich' gewesen
zu sein. Ich war weder 'Ich' in den Handlungen (meist hatte man
nichts zu handeln, man wurde getrieben oder blieb liegen), noch
war meine Art zu denken und zu fühlen die alte".[32] Für Felix
Krull ist diese Nichtidentität mit sich selbst freilich eher Anlaß

zum Glücksgefühl. Auf groteske Weise ist diese Ich-Vertauschung, diese fehlende Selbstzentrierung und damit die Unmöglichkeit einer Selbstbestimmung schon im "Erwählten" vorweggenommen, in einem Verwirrspiel mit genealogischen Bezeichnungen, die schlechterdings abstrus und paradox anmuten müssen, wenn es über das Kind Gregorius heißt: "Leider! habe es sich so gefügt, daß es seiner Eltern Geschwister sei und zur Mutter seine Base, demgemäß zum Vater seinen Oheim habe".[33] "Die vertauschten Köpfe" kennen ein ähnliches Spaltungsphänomen, und selbst Lotte trat schon mehrfach auf: einmal als die Lotte des Werther, dann wiederum als die Charlotte Kestner, die auf der Suche nach Werther ist oder vielmehr nach dem, was daraus geworden ist: Verwirrungen, Identitätsprobleme auch hier. Die transitäre Existenz zeigt sich in der buntfarbigen, stets wechselnden Außenseite, in Krulls Garderobe, im Kleiderwechsel als sichtbarer Form des Namenswechsels, des Identitätswechsels, und so wenig er eine exakt umgrenzbare Figur ist, so wenig ist es sein Name. Herr Stürzli macht den Anfang in der Reihe, wenn er von der Reihe der Knolls oder Krolls spricht, und er gibt sein Bestes, Krull richtig zu benennen, kommt aber über einen Knoll, Knall und Knull nicht hinaus. Das ist Komödientechnik, aber hier initiiert sie die Identitätsprobleme auf treffende Weise. Louis schließlich spricht von "Armand – ich meine Felix – ich meine Loulou"[34], und er landet am Ende bei Armand de Kroullosta, ein Name, zu dem es die Person nicht gibt.

Das ist in einem höheren Sinne sogar nur zu richtig. Denn nichts ist Krull ganz, eine eigene Identität hat er in der Tat nicht, und als der Zöllner ihn fragt, ob er Franzose sei, gibt er bezeichnenderweise zur Antwort: "Oui et non. [...] A peu près. A moitié – a demi, vous savez."[35] "Hans oder Fritz, wie heißt Du?", so wird er gefragt, als er zum ersten Mal den Hotelschlafsaal betritt, und was Stanko begründet hat, setzt Herr Stürzli fort, indem er Krull den Namen Felix nimmt, um ihn, dem allzu Privaten entgegennend, Armand zu benennen. Zu den Identitätsvertauschungen gehören die Doppelbilder: Madame Kuckuck und Zouzou, die Geschwister Meyer-Novaro, Zouzou und Zaza, und wenn sie uns auch schon in der Konfiguration von Tonio Kröger und Hans Hansen bzw. von Naphta und Settembrini vertraut sind, so haben sie hier doch die Funktion, die Identität endgültig aufzuheben. Nur: das wird hier sieghaft, triumphierend erlebt, wie es im Roman eben möglich ist und in der Wirklichkeit nur zu unwahrscheinlich. Das gespaltene Ich des tatsächlichen Emigranten erfährt hier so etwas wie seine Glorifikation.

Man hat die narzißhaften Züge des Krull mit seiner ursprünglichen Anlage in Verbindung gebracht, und Wysling hat überzeugend gezeigt, in welch ausführlichem Maße dieser Genotypus des Narziß Krulls und Thomas Manns Existenz mitbestimmt hat. Mag nun also auch das Narzißhafte angelegt gewesen sein, so hat die Emigrantenexistenz es zweifellos noch befördert. In diesem Zusammenhang bekommen die narzißhaften Accessoires ihre besondere Bedeutung. Das Spiegelmotiv durchzieht den Roman; fast überall finden sich Hinweise Krulls, wie es mit den Spiegeln bestellt sei. Schon in der Jugend steht er vorm Spiegel, und der Hotelschlafsaal in Paris ist besonders unangenehm, denn, so heißt es: "An Spiegeln fehlte es ganz". Die gespiegelte, sich selbst widerspiegelnde Existenz des Krull: auch das ist Symbol der Exilexistenz. Die schützende Umgebung der gewohnten Alltäglichkeit - wer hat sie dringlicher vermißt als Narziß im Exil? Es ist nicht nur Adonis, der sich selbstgefällig in den Spiegeln betrachtet, um sich seiner eigenen schönen Erscheinung zu vergewissern - es ist die Spiegelwelt als Symbol der hermetischen Abgeschlossenheit, in die der Exilant zu geraten pflegt. Narziß, der sich gern vor Spiegeln aufgehalten hat, war plötzlich auf die Spiegelwelt beschränkt, und aus der Panerotik konnte eine gefährliche, vielleicht sogar bedrohliche Selbstliebe werden, Einsamkeit in ihrer zerstörerischen Form.

Thomas Mann wird das alles sehr genau gewußt haben. Ein Mittel gab es nur, um diese zerstörerische Isolation zu überwinden: die Überwindung der eigenen engen Weltgrenzen, die Erweiterung des eigenen Ich zur Welt. Ist nicht unter diesem Aspekt auch der Satz Thomas Manns "Wo ich bin, ist die deutsche Kultur?" neu zu deuten, nämlich so, daß es der Versuch des Exilanten ist, die Einsamkeit des Konfinierten dennoch zu durchbrechen, ideell und intellektuell, um so die Allsympathie herzustellen, die der Exilierte notwendig vermissen mußte? So kommt es zum imaginären Reisen, von dem Krull gar nicht genug bekommen kann. Reisen sind in diesem Roman nicht nur Fluchtbewegungen, sondern Bemühungen, die engen Schranken der eigenen Welt immer wieder zu durchbrechen. Und damit haben wir einen Schlüssel zum Verständnis des Krull gewonnen. Man sähe die Beziehung zwischen Leben und Roman falsch, fände man hier, im Hochstaplerroman, nur die Widerspiegelung dessen, was Thomas Mann als Exilant erfahren hatte. Es geht um mehr. Krull, der alle Hindernisse so spielend überwindet, der erster Klasse reist, mit ausgezeichnetem Gepäck, der Paßsorgen nicht hat und dessen Fahrkarte stets in Ordnung ist, der die Länder wechselt und dennoch ins Vertraute kommt, der sich in der Gesellschaft von Adeligen und Professoren bewegt, der leichtfüßige Charmeur, der eines Visums nicht bedarf, um die Grenzen dieser Welt überschreiten zu können, er, der auf einer Weltreise ist, die zugleich seine Lebensreise darstellt - ist er nicht das Urbild, das hochstilisierte Urbild des Emigranten, dem das erspart bleibt, was den wirklichen Exilanten täglich bedrohte? Im "Felix Krull" ist der unterdrückte Exilant umgewandelt zum Weltbeherrscher, Krull selbst das Ideal des Unbehinderten, nicht Vertriebenen - und wir sehen, in welchem Ausmaß der Roman die umgekehrte Welt beschreibt, den guten Mythos vom Exilanten, während seine Wirklichkeit oft so erbärmlich und andersartig aussah. Den wirklichen Emigranten hat bis aufs Blut gequält, daß er seine Identität zu verlieren drohte oder sie gar schon verloren hatte – das Motiv des Menschen ohne Schatten war hier grausame Wirklichkeit geworden, die Sprache die oft einzige Brücke zu dem, was man hatte verlassen müssen. Im "Felix Krull" ist aus der Not freilich auf vertrackte Weise eine Tugend geworden: der behende Sprachartist erlebt den Identitätsverlust als Befreiung, als seinen größten Triumph, und in seiner allseitigen Zungenfertigkeit bestätigt er, in welchem Ausmaß er glücklich ist ohne seinen Schatten. Der Bruch mit sich, das Aufgeben alter Existenzformen ist sein Sieg über die Welt, und er kostet ihn aus, so oft er dazu Gelegenheit findet. So, aber auch nur so, wäre er der ideale Emigrant – wenn diese Formulierung nicht schon wieder um jenes zuviel wäre, was Krull vom wirklichen Emigranten trennt. Persönlichkeitstausch, neue Existenzgewinne – sicherlich sind hier zugleich auch wieder alte Schopenhauersche Ideen virulent geworden. Aber sie konnten nur noch einmal so mächtig wieder aufsteigen, weil jene Lehre des Philosophen hier zum Alibi des Rollenwechsels geworden war, der in Wirklichkeit den Emigranten so entsetzlich schwer fiel. Thomas Mann hat sich in gewissem Ausmaß selbst darin versucht – die Fotos aus seiner amerikanischen Zeit zeigen das vielleicht verräterischer als manche Tagebuchnotiz. Aber gelungen ist es ihm nie, und am Ende verließ er das amerikanische Exil ja auch wieder, welche Gründe sonst noch immer mitgespielt haben mögen. Krull hingegen, sein ins Spiegelbildliche verkehrte Selbstbildnis, ist ewig im Exil, ist auf paradoxe Weise dort mit sich identisch, wo er nicht an eine temporäre Erscheinungsform gebunden ist. Identitätsverluste kennt er nicht, weil er keine Identität kennt – und hier geraten die Formulierungen zwangsläufig wieder ins Absurde, weil er nur dort mit sich identisch ist, wo er nicht mit sich identisch sein muß. Das nimmt dem ernsten Thema des Ichverlustes im Exil nicht sein Gewicht. Es zeigt vielmehr in seiner spielerisch-unsinnigen Variante, w i e ernst es zu nehmen war – auch von seinem Verfasser. Nirgendwo anders ist der Traum vom Wanderer, dem das Verlassen der Heimat keinen Schmerz bedeutet, glühender und farbenprächtiger geträumt worden als im "Felix Krull". Das ist der willentlich unbehauste Mensch, der das verachtet und weit hinter sich gelassen hat, was dem Emigranten normalerweise den größten Kummer brachte, nämlich die Entfernung vom Heimatlichen, das Aufgeben des gewohnten Lebensbereiches. Mochte das Dasein der Emigranten Absturzgeschichten in sich bergen, so ist "Felix Krull" eine Erhöhungsgeschichte, Krull selbst ein Erwählter, wie es schon Gregorius vor ihm war, und damit wird die Literatur zum Lebenswunschtraum, zum Surrogat, zur Möglichkeit, die eigene, so bedrohte und als erbärmlich empfundene Existenz hochzustilisieren, um in der Literatur noch einmal die Höhen des Daseins auszuleben, die im wirklichen Leben dem Emigranten in der Regel verschlossen waren. Es ist überflüssig hinzuzusetzen, daß sich die gutartige Lebensreise des Krull als lebensstärkende Utopie darstellt, wie wir sie auch in den dunkelsten Exilromanen immer wieder finden: sogar bei Anna Seghers' "Das siebte Kreuz", im "Transit"-Roman, in Heinrichs "Henri Quatre". Das Ende ist gut, wider alle Erwartung und Wahrscheinlichkeit, aber es ist eben auch nur literarisch gut, muß allerdings dort ein gutes Ende sein, weil es in Wirklichkeit nicht sicher war, ob es je kommen würde. Beschreibt "Doktor Faustus" den Roman der inneren Emigration, so "Felix Krull" den der äußeren - allerdings keine wirklich erlebte, sondern eine gründlich idealisierte, bei der alles gelingt, was realiter niemals möglich war. "Krull" ist alles andere als eine Absturzgeschichte - seit Josephs Grubenfahrt haben wir nur diese Erhöhungsfabeln, und wenn natürlich der biblische Stoff Thomas Mann längst an die Hand gegeben war, bevor er zu ahnen begann, welche persönliche Bewandtnis es mit der Grubenfahrt auch für ihn haben sollte, so hat er dann doch offenbar dieses Modell, dieses biblische Gleichnis nur zu gerne benutzt, um sich, um sein Dasein im Exil darzustellen. Joseph in der Grube, Joseph in Ägypten - Thomas Mann im Exil, Thomas Mann in Kalifornien: die Nähe ist zu deutlich, als daß man sie übersehen könnte. Und dann die Sprachproblematik - ist sie nicht auch im Roman ins absolute Gegenteil verwandelt? Wir kennen Thomas Manns Geständnis:

> Die Frage, wie ich es mit dem Kosmopolitismus halte, ist mir schon manchmal gestellt worden, und immer hat das Examen mich in eine gewisse persönliche Verlegenheit gesetzt. Ich bin nämlich, für meine Person, gar kein Kosmopolit, durchaus kein Weltmann, nichts weniger als polyglott. Man tut nicht wohl, mich zu repräsentativen Zwecken ins Ausland zu schicken: sobald es nicht deutsch hergeht, wie in Ungarn, Holland und Skandinavien, beginnt meine Mißlage. Mein Englisch, Französisch und Italienisch ist schlechthin kümmerlich; ich spreche das alles nicht nur wie ein Schuljunge, ich lese es auch ohne Bequemlichkeit.[36]

Das war 1925, also zu Beginn der Zeit, als Thomas Mann öffentlich zum Kosmopoliten zu werden schien. Wie hat sich das im "Krull" geändert! Als Wunschtraum, versteht sich, dem auch in der damaligen Wirklichkeit nicht allzuviel entsprach. Aber in den Romanen ist Thomas Mann auf eine Weise polyglott geworden, die die Wirklichkeit, die erstrebte Wirklichkeit, weit in den Schatten stellt. Geschmeidig wechselt Krull von einer Sprache in die andere, und er tut es schon im Hotel. Englisch und Französisch geraten in eine bunte, aber ununterscheidbare Mischung, und erst von hier aus ist verständlich, in welchem Ausmaß im "Doktor Faustus" Wendell Kretzschmar, Sohn deutsch-amerikanischer Eltern, die

Sprache verloren hat - sein Sprachverlust ist durch Stottern ausgedrückt, und das mag die Wirklichkeit des Emigranten gewesen
sein, während das Ideal im "Krull" sich bunt ausbreitet. Und wie
geschickt Krull ist im Sprachgebrauch! "Es ist hier der Ort, eine
Anmerkung über meine Begabung überhaupt für allerlei Zungen
der Völker einzuschalten, die stets enorm und geheimnisvoll war",
sagt er zu Herrn Stürzli. "Universell von Veranlagung und alle
Möglichkeiten der Welt in mir hegend, brauchte ich eine fremde
Sprache nicht eigentlich gelernt zu haben, um, wenn mir auch
nur etwas davon angeflogen war, für kurze Zeit wenigstens den
Eindruck ihrer flüssigen Beherrschung vorzuspiegeln, und zwar
unter so übertrieben echter Nachahmung des jeweiligen nationalen
Sprachgebarens, daß es ans Possenhafte grenzte". Was hätte der
wirkliche Emigrant darum gegeben, auch nur halbwegs so geschickt zu sein! Literatur als Surrogat, auch als Sprachsurrogat:
hier wird es deutlich, und nicht nur hier, denn wir kennen ja auch
den Mönch Clemens aus dem Gregorius-Roman, der von gleicher
Sprachfertigkeit und Vielzüngigkeit ist wie Felix Krull, und er
weiß es auch, wenn er sagt: "Aber es ist ganz ungewiß, in welcher
Sprache ich schreibe, ob lateinisch, französisch, deutsch oder
angelsächsisch, und es ist auch das gleiche, denn schreibe ich
etwa auf thiudisc, wie die Helvetien bewohnenden Alamannen
reden, so steht morgen Britisch auf dem Papier, und es ist ein
britunsches Buch, das ich geschrieben habe. Keineswegs behaupte
ich, daß ich die Sprachen alle beherrsche, aber sie rinnen mir
ineinander in meinem Schreiben und werden eins, nämlich Sprache".[37] So sieht es auch im Josephs-Roman aus, das Ägyptische,
Jüdische, Griechische, Mittelalterliche gehen bunt durcheinander,
es ist auch in diesem Sinne Sprachwerk, oder sollen wir auch hier
deutlicher sagen: Sprachwerk des Emigranten, sein lingualer
Wunschtraum? Der Schriftsteller in der Fremde: "Felix Krull"
ist der authentische Rechenschaftsbericht darüber, wiederum
nicht so sehr über die Wirklichkeit als über ein Emigrantenideal.
Es ist müßig, darüber zu spekulieren, ob Thomas Mann den Roman
ohne die Exilerfahrung noch einmal wieder vorgenommen hätte.
Aber daß er ein später Reflex dieser Erfahrung ist, ist wohl unbe-
streitbar.

Dabei wäre es falsch, in Felix Krull das Idealbild Thomas Manns
zu sehen. Das ist es, aber nicht das einzige. Es gibt ein anderes
Selbstportrait, das auch die Charakteristik eines Emigranten ist,
eines hoffnungslos und hemmungslos Vereinsamten, der verzwei-
felt eine Brücke zu anderen sucht: es ist Lord Kilmarnock. "Der
Lord", so heißt es,

war ein Mann von sichtlicher Vornehmheit [...], mäßig hoch
gewachsen, schlank, äußerst akkurat gekleidet, mit noch ziemlich dichtem, eisenfarbig ergrautem, sorgfältig gescheiteltem
Haar und einem gestutzten, ebenfalls leicht ergrauten Schnurr-

bart, der den bis zur Anmut feinen Schnitt des Mundes der
Beobachtung freigab. Gar nicht fein geschnitten und wenig
aristokratisch war die überstarke, fast klobige Nase, die, einen
tiefen Einschnitt bildend zwischen den etwas schräg gesträub-
ten Brauen, den grün-grauen Augen, welche sich mit einer
gewissen Anstrengung und Überwindung offen zeigten, gerade
und schwer aus dem Gesicht hervorsprang[38].

Von Klaus Mann haben wir irgendwo ein Portrait, in dem er die
stark vorspringende Nase beschreibt, das exakt geschnittene
Schnurrbärtchen seines Vaters, und er nennt seine Größe und Ge-
stalt "gerade mittelgroß und ziemlich schmal", und schließlich
kommen auch die schrägen Brauen, "die sehr hochgezogen werden
können, wenn das Gesicht erstaunt oder empört ist". Das ist der
Sohn, der den Vater sieht, - aber es ist zugleich auch der Exilant
Thomas Mann, der sich hier beschreibt, in dieser ausweglosen
Isolation. Wollten wir diese beiden Bilder Thomas Manns auf eine
Formel bringen, so müßten wir sagen: Felix Krull, das ist sein
Wunschtraum, der Wunschtraum eines jeden Emigranten - Lord
Kilmarnock ist die Wirklichkeit, die Wirklichkeit des einsam an
einem Tisch Sitzenden, dessen Versuche, sich mit der Welt zu
arrangieren, ihre Sympathie zu empfangen, so hoffnungslos zum
Scheitern verurteilt sind. Wirklichkeit und Ideal des Emigranten:
nirgendwo sind sie deutlicher miteinander vereinigt, nirgendwo
auch deutlicher beschrieben als in diesem Buch vom Hochstapler
Felix Krull.
Daß Thomas Mann im Lord Kilmarnock ebenso anwesend ist
wie in Felix Krull, deutet erneut auf ein eigentümliches Spaltungs-
bewußtsein, gehört zu den Verdoppelungsphänomenen, wie sie
uns im Werk Thomas Manns immer wieder begegnen, von den
"Buddenbrooks" an über "Wälsungenblut" bis zum "Zauberberg",
bis zum Schluß des Goetheromans. Am deutlichsten freilich kennen wir das aus dem "Doktor Faustus", denn wo anders sollte sich
Thomas Mann verbergen als hinter Leverkühn u n d Zeitblom
zugleich? Hier sind es Lord Kilmarnock u n d Krull. Mit literarischer Schizophrenie hat das freilich nichts zu tun. Es ist hier vielmehr das Nebeneinander von Realität und Ideal, von Wunschtraum
und Wirklichkeit des Emigranten, von Einsamkeit und Allsympathie. Mochte dieser Zwiespalt für den wirklichen Exilanten auch
grausam spürbar sein, so gab es aber dennoch einen Ort, an dem
er überwunden werden konnte: im Roman, der damit so real und
zugleich irreal ist, wie jede Dichtung von Rang zu sein pflegt.

ANMERKUNGEN

Hanno Buddenbrook, Tonio Kröger und Tadzio. Anfang und Begründung des Mythos im Werk Thomas Manns.

(1)   Thomas Mann: Buddenbrooks. Berlin/Frankfurt/M. 1956, S. 547.
(2)   Ebd., S. 549.
(3)   Ebd.
(4)   Ebd., S. 426.
(5)   Ebd., S. 476.
(6)   Ebd., S. 549.
(7)   Ebd., S. 518.
(8)   Ebd.
(9)   Ebd., S. 461.
(10) Thomas Mann: Erzählungen. Frankfurt/M. 1959, S. 292.
(11) Ebd., S. 469.
(12) Ebd., S. 469f.
(13) Ebd., S. 479.
(14) Brief an Heinrich Mann vom 17. XII. 1900. In: Thomas Mann/Heinrich Mann: Briefwechsel 1900-1949. Hg. von Hans Wysling. Frankfurt/M. 1968, S. 5.
(15) Brief an Heinrich Mann vom 13. II. 1901. Ebd., S. 13.
(16) Brief an Josef Ponten vom 4. X. 1919. In: Thomas Mann: Briefe 1889-1936. Hg. von Erika Mann. Frankfurt/M. 1961, S. 171.

Zum Mythos bei Thomas Mann vgl. vor allem Hans Wysling: Mythos und Psychologie bei Thomas Mann. Zürich 1969; Manfred Dierks: Studien zu Mythos und Psychologie bei Thomas Mann. An seinem Nachlaß orientierte Untersuchungen zum "Tod in Venedig", zum "Zauberberg" und zur "Joseph"-Tetralogie. Bern/München 1972 (= Thomas-Mann-Studien. Bd. 2); Herbert Lehnert: Thomas Mann. Fiktion, Mythos, Religion. Stuttgart/Berlin/Köln/Mainz 1965; sowie Herbert Singer: "Die schöne Helena und der Senator". In: Stuttgarter Zeitung vom 13. 4. 1963. Neu abgedruckt in: Helmut Koopmann (Hg.): Thomas Mann. Darmstadt 1975 (= Wege der Forschung. 335), S. 247-256.

Über den asiatischen Umgang mit der Zeit in Thomas Manns "Zauberberg".

(1)   Thomas Mann: Der Zauberberg. Frankfurt/M. 1959, S. 211.
(2)   Ebd.
(3)   Ebd., S. 339.

166

(4) Ebd.
(5) Ebd., S. 468.
(6) Børge Kristiansen: Unform - Form - Überform. Thomas Manns Zauberberg und Schopenhauers Metaphysik. Kopenhagen 1978, S. 198. (inzwischen 2. Auflage, Bonn 1985)
(7) Ebd., S. 199.
(8) Friedrich Nietzsche: Werke in drei Bänden. Hg. von Karl Schlechta. Bd. 2. München 1956, S. 717.
(9) Ebd., S. 1016.
(10) Ebd., S. 824.
(11) Ebd., S. 216.
(12) Friedrich Nietzsche: Werke in drei Bänden (s. Anm. 8), Bd. 3, S. 456.
(13) Friedrich Nietzsche: Werke in drei Bänden (s. Anm. 8), Bd. 1, S. 461.
(14) Vgl. Friedrich Nietzsche: Werke in drei Bänden (s. Anm. 12), S. 446.

Philosophischer Roman oder romanhafte Philosophie? Zu Thomas Manns lebensphilosophischer Orientierung in den zwanziger Jahren.

(1) Dazu hat neuerdings Hans Wysling eine ebenso umfangreiche wie gründliche Studie über den "Felix Krull" vorgelegt: Narzißmus und illusionäre Existenzform. Zu den Bekenntnissen des Hochstaplers Felix Krull. Bern/München 1982.
(2) Der Begriff fällt in den "Betrachtungen eines Unpolitischen". Frankfurt/M. 1956, S. 12: "Wozu, woher überhaupt Schriftstellertum, wenn es nicht geistig-sittliche Bemühung ist um ein problematisches Ich?" Die Formel vom problematischen Ich könnte Thomas Mann von Georg Lukács: Die Theorie des Romans. Berlin 1920, übernommen haben; bei Lukács ist wiederholt vom "problematischen Individuum" die Rede; Lukács bestimmt den Roman schlechthin als Lebensweg des "problematischen Individuums" zu sich selbst (S. 75).
(3) So lautet bekanntlich der letzte große Nietzsche-Aufsatz Thomas Manns: "Nietzsches Philosophie im Lichte unserer Erfahrung" aus dem Jahr 1947.
(4) Thomas Mann: Die Kunst des Romans. In: Altes und Neues. Kleine Prosa aus fünf Jahrzehnten. Frankfurt/M. 1961, S. 363-377. Die Auseinandersetzung mit Friedrich Theodor Vischer eröffnet den Vortrag. Vischers so negative Charakteristik des Romans steht in seiner "Ästhetik". Hg. von R. Vischer. Bd. 6. München 1923. Vischers negatives Urteil steht vorerst am Ende einer langen Entwicklung, die im

späten 18. Jahrhundert begann und über Hegels ebenfalls schon abwertende Charakteristik zu dem so kritischen Urteil Vischers führte. Näheres darüber bei Bruno Hillebrand: Theorie des Romans. Bd. '1 und 2. München 1972 und Verf.: Vom Epos und vom Roman. In: Handbuch des deutschen Romans. Düsseldorf 1983.

(5) Thomas Mann: Die Kunst des Romans (s. Anm. 4), S. 374.

(6) Döblin äußert sich darüber in seiner Schrift "Der Bau des epischen Werks" von 1929, die darauf hinausläuft, dem "epischen Werk", dem neuen, wirklichen Roman also, ein philosophisches Vermögen zuzuerkennen, das das epische Werk weit über den "Tagesroman" hinaushebt. Der Aufsatz ist abgedruckt in: Alfred Döblin: Aufsätze zur Literatur. Olten 1963.

(7) Georg Lukács: Die Theorie des Romans (s. Anm. 2), S. 75.

(8) Ebd., S. 86.

(9) Broch hat darüber vor allem in seinem Aufsatz über "Das Weltbild des Romans", 1933, gehandelt. In: Hermann Broch: Kommentierte Werkausgabe. Hg. von Paul Michael Lützeler. Bd. 9/2 = Schriften zur Literatur 2. Theorie. Frankfurt/M. [2]1981; bes. S. 115: "Der Roman hat Spiegel aller übrigen Weltbilder zu sein".

(10) Über die metaphysischen Dimensionen des Romans geht ebenfalls der Aufsatz über "Das Weltbild des Romans", vor allem der Schluß, wo ausdrücklich davon die Rede ist, daß "der neue Roman" die neuen "metaphysischen Bedürfnisse" des Menschen befriedigen könne (S. 117). Ausführlicher abgehandelt wird dieses Thema in: "Die mythische Erbschaft der Dichtung". In: Hermann Broch: Kommentierte Werkausgabe (s. Anm. 9), S. 202-211 und in "Mythos und Altersstil". Ebd., S. 212-232. In der Broch-Literatur ist wegen der nicht immer klaren Definitionen Brochs eine mehr indirekt als direkt geführte Auseinandersetzung darüber entstanden, wie der mythische Roman sich zum polyhistorischen Roman verhalte; über den polyhistorischen Roman hat sich vor allem Hartmut Steinecke geäußert. In: Hermann Broch und der polyhistorische Roman. Studien zur Theorie und Technik eines Romantyps der Moderne. Bonn 1968; über den "erkenntnistheoretischen Roman" Ernestine Schlant: Die Philosophie Hermann Brochs. Bern 1971; auch Leo Kreutzer hat den "erkenntnistheoretischen" Roman behandelt (Erkenntnistheorie und Prophetie. Hermann Brochs Romantrilogie 'Die Schlafwandler'. Tübingen 1966). Kreutzer hat daneben auch den Begriff des "prophetischen Romans" benutzt. Zur Bedeutung des mythologischen Romans vgl. Verf.: Der klassisch-moderne Roman in Deutschland. Thomas Mann, Alfred Döblin, Hermann Broch. Stuttgart u. a. 1983, S. 113-125. Die folgenden Überlegungen berühren sich teilweise mit denen des Buches.

(11) Hermann Broch: Kommentierte Werkausgabe (s. Anm. 9), S. 114.

(12) In: Thomas Mann: Reden und Aufsätze. Bd. I. Frankfurt/M. 1965, S. 74-113, hier: S. 80.

(13) Ebd., S. 112f.

(14) Thomas Mann: Die Kunst des Romans (s. Anm. 4), S. 370.

(15) Die Diskussion darüber ob Thomas Manns Roman ein Bildungsroman (oder auch die Parodie eines Bildungsromans) sei, ist nahezu uferlos geführt worden. Sie soll hier nicht in all ihrer Ausführlichkeit vorgestellt werden; hinzuweisen ist nur auf die gründliche Arbeit von Jürgen Scharfschwerdt: Thomas Mann und der deutsche Bildungsroman. Eine Untersuchung zu den Problemen einer literarischen Tradition. Stuttgart u. a. 1967, ebenso auf Jürgen Jacobs: Wilhelm Meister und seine Brüder. Untersuchungen zum deutschen Bildungsroman. München 1972 und, was den Stand der Diskussion um den Bildungsroman betrifft, auf den Forschungsbericht von Hermann Kurzke: Thomas-Mann-Forschung 1969 - 1976. Ein kritischer Bericht. Frankfurt/M. 1977, S. 205-209.

(16) Børge Kristiansen: Unform - Form - Überform. Thomas Manns Zauberberg und Schopenhauers Metaphysik. Kopenhagen 1978, Bonn ²1985, S. 51.

(17) Hermann Weigand: The Magic Mountain. A Study of Thomas Mann's Novel "Der Zauberberg". New York/London 1933, Nachdruck Chapel Hill, N. C. 1967, S. 13. Thomas Mann hat nicht nur in seiner "Einführung in den Zauberberg", vor Studenten der Princeton University gehalten, die These Weigands ausdrücklich bestätigt, sondern auch noch in "On myself" geradezu definitorisch bemerkt: "Diese Auffassung von Krankheit und Tod als eines notwendigen Durchganges zum Wissen, zur Gesundheit und zum Leben, macht den 'Zauberberg' zu einem Initiations-Roman". In: Dichter über ihre Dichtungen. Bd. 14/I: Thomas Mann. Teil I, 1889 - 1917. Hg. von Hans Wysling unter Mitwirkung von Marianne Fischer, Heimeran/S. Fischer 1975, S. 558f. An Weigands Buch über den "Zauberberg" hat Thomas Mann auch später noch "seine unglaubliche Akribie" gerühmt (Ebd., S. 546).

(18) Die Arbeit von Howard Nemerov: The Quester Hero. Myth as Universal Symbol in the Works of Thomas Mann. Harvard University, Cambridge/Mass. Phil. Diss. 1940 ist ebenfalls in "On Myself" erwähnt. In: Dichter über ihre Dichtungen: Thomas Mann (s. Anm. 17), S. 559.

(19) Derartige Überlegungen bei Erich Heller: Thomas Mann. Der ironische Deutsche. Frankfurt/M. 1959 (²1970); Heller findet im "Zauberberg" Schlegels "Idee der progressiven Universalpoesie" realisiert. Dazu früher auch schon Käte Hamburger: Thomas Mann und die Romantik. Berlin 1932.

(20) So Hermann Weigand: The Magic Mountain. A Study of Thomas Mann's Novel "Der Zauberberg" (s. Anm. 17), S. 13.

(21) Dazu Eckhard Heftrich: Zauberbergmusik. Über Thomas Mann. Frankfurt/M. 1975; neuerdings auch Lotti Sandt: Mythos und Symbolik im Zauberberg von Thomas Mann. Bern 1979.

(22) Thomas Mann: Briefe 1889 - 1936. Hg. von Erika Mann. Frankfurt/M. 1961, S. 323.

(23) Dichter über ihre Dichtungen: Thomas Mann (s. Anm. 17), S. 455.

(24) Ebd., S. 459.

(25) Thomas Mann: Reden und Aufsätze. Bd. I (s. Anm. 12), S. 548.

(26) Thomas Mann: Briefe 1889 - 1936 (s. Anm. 22), S. 239.

(27) Vgl. dazu auch einen Brief Thomas Manns, in dem er die zentrale Bedeutung dieser Einsicht noch einmal herausstellt: Dichter über ihre Dichtungen: Thomas Mann (s. Anm. 17), S. 490f.

(28) Vgl. dazu grundlegend Walter Sokel: Robert Musil und die Existenzphilosophie Jean-Paul Sartres. Zum 'existenzphilosophischen Bildungsroman' Musils und Sartres. In: Jürgen Brummack (u. a.): Literaturwissenschaft und Geistesgeschichte. Festschrift für Richard Brinkmann. Tübingen 1981, S. 658-691.

(29) Vgl. dazu Verf.: Der klassisch-moderne Roman in Deutschland (s. Anm. 10), Kap. 3 und 4.

(30) Thomas Mann: Reden und Aufsätze. Bd. I (s. Anm. 12), S. 644.

(31) Thomas Mann: Altes und Neues (s. Anm. 4), S. 335.

(32) Über das Erzromantische dieser Liebe zum Tode auch "Von deutscher Republik". In: Thomas Mann: Reden und Aufsätze. Bd. II. Frankfurt/M. 1965, S. 51f.

(33) Thomas Mann: Betrachtungen eines Unpolitischen. Frankfurt/M. 1956, S. 84.

(34) Thomas Mann: Briefe 1889 - 1936 (s. Anm. 22), S. 241.

(35) Dichter über ihre Dichtungen: Thomas Mann (s. Anm. 17), S. 487. Ähnliche Überlegungen auch in einem Brief aus dem Jahre 1941; vgl. ebd., S. 560.

(36) Thomas Mann: Altes und Neues (s. Anm. 4), S. 158.

(37) Ebd., S. 162.

(38) Über das "neue Humanitätsgefühl" vgl. auch Äußerungen aus dem Jahre 1925. In: Dichter über ihre Dichtungen: Thomas Mann (s. Anm. 17), S. 503.

(39) Thomas Mann: Einführung in den Zauberberg. In: Th. M.: Gesammelte Werke in XIII Bänden. Bd. XI. Frankfurt/M. 1974, S. 617.

Der Untergang des Abendlandes und der Aufgang des Morgenlandes. Thomas Mann, die Josephsromane und Spengler.

(1)   Thomas Manns Aufsatz erschien zuerst 1924. Immerhin befand er ihn für so bedeutsam, daß er ihn in "Altes und Neues" aufnahm, in die Sammlung also, die "in tagebuchartiger Folge", so Mann selbst, aufreihte, "was, über die Jahrzehnte hin, zwischen den Werken gewachsen, guten Freunden meines Lebens beinahe als Ersatz für eine Autobiographie willkommen sein mochte".

(2)   Über die Wirkung gibt es genügend Zeugnisse. Um nur eines zu zitieren: Hans Freyer hat retrospektiv berichtet, daß "im Jahre 1919" alles Spengler las und diskutierte; "die Bildungswelt im breitesten Sinne, die aus dem Krieg zurückgekehrte Jugend und die Fachwelt, auch diese im breitesten Sinn - denn welches Fach war nicht betroffen gewesen?" (Vgl. Hans Erich Stier, "Zur geschichtlichen Wesensbestimmung Europas", in den weiter unten erwähnten Spengler-Studien, S. 193.) Die wissenschaftliche Diskussion um Spengler wurde etwas später, vor allem 1921 und 1922 geführt; umfangreichere Auseinandersetzungen oder Widerlegungen waren jedoch selten, die Hauptmasse der Stellungnahmen bestand aus Aufsätzen. Um nur einiges aus der damals großen Flut von Veröffentlichungen zu nennen: Von Heinrich Scholz erschien 1920 in der ersten und 1922 bereits in der 2. Aufl. eine kleinere Schrift "Zum 'Untergang des Abendlandes'. Eine Auseinandersetzung mit Oswald Spengler" (Berlin 1920 bzw. 1921); Otto Selz schrieb über "Oswald Spengler und die intuitive Methode in der Geschichtsforschung" ebenfalls eine kurze Schrift, der eigentlich nur ein Vortrag zugrundelag (Bonn 1922); der Vortrag war bezeichnenderweise in einer Reihe "Vorträge über Tagesfragen des öffentlichen Lebens" gehalten worden. Einige Arbeiten beschäftigten sich auch mit Spezialfragen: So erschien von Th. Schulz ein kleiner Aufsatz über "Der Sinn der Antike und Spenglers neue Lehre" (Gotha 1921), ursprünglich eine Antrittsvorlesung über ein aktuelles Thema an der Universität Leipzig; Karl Heym und Richard H. Grützmacher schrieben über "Oswald Spengler und das Christentum" zwei "kritische Aufsätze" (München 1921); Goetz Briefs äußerte sich ebenfalls in einer nicht sehr umfangreichen Schrift über den "Untergang des Abendlandes. Christentum und Sozialismus. Eine Auseinandersetzung mit Oswald Spengler" (Freiburg im Breisgau 1921). Eine "Kritik" schrieb auch Karl Schück: Spenglers Geschichts-Philosophie. Eine Kritik. Karlsruhe 1921. Nur gelegentlich gab es umfangreichere Darstellungen und Auseinandersetzungen: So veröffentlichte Theodor L. Haering ein größeres Werk über "Die Struktur der Weltge-

schichte" mit dem Untertitel "Philosophische Grundlegung
zu einer jeden Geschichtsphilosophie (in Form einer Kritik
Oswald Spenglers)", Tübingen 1921. Haering erwähnt, daß
ihn der Württembergische Verein zur Förderung der Volks-
bildung aufgefordert habe, "Vorträge über geschichtsphilo-
sophische Fragen im Anschluß an Spenglers in fast aller
Hände befindliches Buch" zu halten – die aktuelle Diskussion
schlägt also auch hier noch durch. Von Erich Brandenburg
erschien in der Historischen Vierteljahrschrift ein Aufsatz
über "Spenglers 'Untergang des Abendlandes' " (Jg. 20,
1920/21, Dresden 1922); von Alois Dempf im "Hochland"
schon eine geschichtskomparatistische Arbeit mit dem Titel
"Die ewige Wiederkehr. Ibn Chaldun und Oswald Spengler"
(Jg. 20, Kempten/München 1922/23). Der größte Teil der
Diskussion entbrannte vor dem Erscheinen der 2. verbesser-
ten Aufl. des ersten Teils; aber bis dahin waren schon von
der ersten Fassung 6 unveränd. Aufl. veröffentlicht worden,
und es spricht doch für die eigentümliche Empfänglichkeit
und Empfindlichkeit der Zeit für Spenglers Thesen, daß ihnen
ein so großes Echo zuteil wurde. Die öffentliche Anteilnahme am Werk Spenglers beantwortete die Frage Friedrich
Meineckes ("Bedeutet Oswald Spengler ein Ereignis oder
eine bloße Sensation in unserem Geistesleben?" In: Wissen
und Leben 16 (1923), Heft 12, S. 549-561) eindeutig zugunsten des "Ereignisses". Die Diskussion um Spengler war aber
dann schon vor dem Erscheinen des 2. Bandes ziemlich ans
Ende gekommen; außer Dempfs Kritik und Meineckes Würdigung und einer Rede Eduard Meyers über "Spenglers Untergang des Abendlandes" auf dem Historikertag 1924 (veröffentlicht Berlin 1925) ist danach nicht mehr viel erschienen;
vgl. dazu auch Anton Mirko Koktanek: Oswald Spengler
in seiner Zeit. München 1968, S. 270. - An neueren Würdi-
gungen und Auseinandersetzungen seien außer dem Buch
von Koktanek und Manfred Schröter: Metaphysik des Untergangs. München 1949, u. a. genannt: Spengler-Studien. Fest-
gabe für Manfred Schröter zum 85. Geburtstag. Hg. von
Anton Mirko Koktanek. München 1965 (mit dem wichtigen
Aufsatz von Georgi Schischkoff: Spengler und Toynee, S.
59-75), Gert Müller: Oswald Spenglers Bedeutung für die
Geschichtswissenschaft. In: Zeitschrift für philosophische
Forschung XVII/3, S. 483-498; Joachim Günther: Neubesinn-
nung über Oswald Spengler. In: Neue Deutsche Hefte 10
(1963), Heft 96, S. 97-107, sowie der Aufsatz von Northrop
Frye: The Decline of the West by Oswald Spengler. In: Dae-
dalus. Journal of the American Academy of Arts and Scien-
ces. Boston 1974, S. 1-13.

(3)   Die Vorläufer Spenglers gehen bis weit in das 19. Jahrhundert zurück; Lehren vom ewigen Kreislauf der Geschichte

172

gab es bereits in den dreißiger Jahren des 19. Jahrhunderts, und eine kurze Abhandlung darüber findet sich im Vergleich mit anderen, dazu konkurrierenden Geschichtsphilosophien schon bei Heinrich Heine in einem kleinen Aufsatz mit dem späteren, nicht von ihm stammenden Titel "Verschiedenartige Geschichtsauffassung", der vermutlich zu Anfang der dreißiger Jahre entstanden ist, möglicherweise als Folge der Juli-Revolution und der damit einsetzenden Diskussion um das rechte Geschichtsverständnis. Auf andere Vorläufer, neben Nikolaj Danilevskj vor allem Karl Vollgraff und Ernst von Lasaulx, hat Hans Joachim Schoeps in einer informativen Schrift aufmerksam gemacht: Vorläufer Spenglers. Studien zum Geschichtspessimismus im 19. Jahrhundert. Leiden/Köln 1953. Schoeps weist darauf hin, daß Vollgraffs monströses Werk mit dem nicht weniger monströsen Titel "Erster Versuch einer wissenschaftlichen Begründung sowohl der allgemeinen Ethnologie durch die Anthropologie wie auch der Staats- und Rechtsphilosophie durch die Ethnologie oder Nationalität der Völker in drei Teilen" eigentlich der Sache nach genau das beschrieb, was Spengler dann darstellte: den Untergang des Abendlandes.

(4) Thomas Mann: Reden und Aufsätze. Bd. I. Frankfurt/M. 1965, S. 558.

(5) Brief an Ernst Bertram vom 4. II. 1925. In: Thomas Mann an Ernst Bertram. Briefe aus den Jahren 1910-1955. Hg. von Inge Jens. Pfullingen 1960, S. 136.

(6) Brief vom 1. VIII. 1926 an Félix Bertaux, unveröffentl., Thomas-Mann-Archiv. Zürich.

(7) Brief an Ernst Bertram vom 14. VI. 1925. In: Thomas Mann an Ernst Bertram (s. Anm. 5), S. 142.

(8) Brief an Erika Mann vom 23. XII. 1926. In: Thomas Mann: Briefe 1889-1936. Hg. von Erika Mann. Frankfurt/M. 1961, S. 261.

(9) Brief an Ernst Bertram vom 28. XII. 1926. In: Thomas Mann an Ernst Bertram (s. Anm. 5), S. 155.

(10) Thomas Mann: Reden und Aufsätze. Bd. I (s. Anm. 4), S. 766.

(11) Ebd., S. 768.

(12) Thomas Mann: Altes und Neues. Frankfurt/M. 1961, S. 636.

(13) Ebd., S. 643.

(14) Ebd., S. 645.

(15) Thomas Mann: Nachlese. Prosa 1951-1955. Frankfurt/M. 1956, S. 167.

(16) Ebd., S. 166.

(17) Ebd., S. 167.

(18) Thomas Mann: Reden und Aufsätze. Bd. I (s. Anm. 4), S. 767.

(19) Thomas Mann: Altes und Neues (s. Anm. 12), S. 277.

(20) Für beide Lesarten gibt es in der Thomas-Mann-Literatur Belege; ob Thomas Manns Roman aber wirklich ungebrochen in die Tradition des Bildungsromans einzureihen sei, ist schon früh bezweifelt worden. Wolfgang von Einsiedel hat schon 1928 einen fragenden Aufsatz darüber geschrieben: Thomas Manns 'Zauberberg' - ein Bildungsroman? In: Zeitschrift für Deutschkunde 42, S. 241-253. Und über den "Zauberberg" als Parodie des Bildungsromans hat Jürgen Scharfschwerdt 1967 ausführlicher im Rahmen einer Arbeit über Thomas Mann und den deutschen Bildungsroman gehandelt: Thomas Mann und der deutsche Bildungsroman. Eine Untersuchung zu den Problemen einer literarischen Tradition. Stuttgart u. a. 1967.

(21) Thomas Mann: Reden und Aufsätze. Bd. I (s. Anm. 4), S. 768.

(22) Ebd., S. 769.

(23) Ebd., S. 559.

(24) Thomas Mann: Altes und Neues (s. Anm. 12), S. 373.

(25) Thomas Mann: Briefe 1889 - 1936 (s. Anm. 8), S. 161.

(26) Ebd., S. 165.

(27) Ebd., S. 202.

(28) Ebd., S. 321.

(29) Thomas Mann: Reden und Aufsätze. Bd. II. Frankfurt/M. 1965, S. 40.

(30) Ebd., S. 41f. Gelegentlich finden sich in der Thomas-Mann-Literatur Hinweise darauf, daß Spengler auch schon den "Zauberberg" beeinflußt habe. So bemerkt Johannes Krey - Die gesellschaftliche Bedeutung der Musik im Werk von Thomas Mann. In: Wissensch. Zeitsch. d. Friedr.-Schiller-Univ. Jena 3 (1953/54), Gesellschafts- und Sprachwissenschaftl. Reihe, Heft 2/3, S. 312) - daß einzelne Thesen Spenglers in der Gestalt Naphtas wiederkehren. Ausführlicher, wenn auch sehr pauschal, geht Ernst Keller auf Parallelen ein: Der unpolitische Deutsche. Eine Studie zu den 'Betrachtungen eines Unpolitischen' von Thomas Mann. Bern/München 1965, bes. S. 108-111. Auch Gunilla Bergsten weist darauf hin, daß die "Betrachtungen eines Unpolitischen" und Spenglers Werk nicht zufällig im gleichen Jahr erschienen seien: Gunilla Bergsten: Thomas Manns Doktor Faustus. Untersuchungen zu den Quellen und zur Struktur des Romans. Tübingen 1974, S. 135 und S. 198. Alle diese Äußerungen über den Einfluß Spenglers auf die "Betrachtungen" und den "Zauberberg" können sich auf eine briefliche Bemerkung Thomas Manns stützen, der am 6. VI. 1919 an Josef Ponten schrieb: "Ich schreibe nun wieder fort an dem 'Zauberberg'-Roman, dessen Grundthema (Romantik und Aufklärung, Tod und Tugend: das Thema des 'Tod in Venedig' noch einmal und auch das der 'Betrachtungen') mich aufs

174

neue in Bann geschlagen hat. Aber die künstlerische Beschäftigung ist heutzutage sehr problematisch, wo der Untergang der abendländischen Kultur überhaupt bevorzustehen scheint." In: Thomas Mann: Briefe 1889 - 1936 (s. Anm. 8), S. 163. Doch mehr als bloß allgemeine Spuren scheint Spengler im "Zauberberg" und in den "Betrachtungen" nicht hinterlassen zu haben. Die Schärfe der Auseinandersetzung Thomas Manns mit Spengler nahm erst zu, als für Thomas Mann deutlich wurde, daß Spengler nicht nur der Prophet des Untergangs, sondern sein Vorarbeiter gewesen war.

(31) Thomas Mann: Gesammelte Werke in XIII Bänden. Bd. VIII. Frankfurt/M. 1974, S. 265f.

(32) Ebd., S. 266.

(33) Ebd., S. 270.

(34) Ebd., S. 271.

(35) Thomas Mann: Altes und Neues (s. Anm. 12), S. 142.

(36) In der Thomas-Mann-Forschung ist das bislang nicht gesehen worden; in Herbert Lehnerts großen Aufsätzen über Thomas Manns Vorstudien zu den Josephsromanen kommt Spengler nicht vor. Siehe: Herbert Lehnert: Thomas Manns Vorstudien zur Josephstetralogie. In: Jahrb. d. Dt. Schillergesellsch. Bd. VII. 1963, S. 458-520, und: Thomas Manns Josephstudien 1927 - 1939. In: Jahrb. d. Dt. Schillergesellsch. Bd. X. 1966, S. 378-406. Natürlich ist Spenglers "Untergang des Abendlandes" keine "Quelle" in dem Sinne, wie Lehnert sie definiert. Aber der Blick auf die psychoanalytischen Einflüsse, auf die von Thomas Mann benutzten bibelkundlichen Werke, das mythologische Quellenmaterial und die ägyptischen Studien sollte nicht den auf das zeitgenössische Umfeld verstellen, denn damit würde die zeitabgewandte und antiquarische Perspektive der Josephsromane zu Unrecht überbetont.

(37) Oswald Spengler: Der Untergang des Abendlandes. Umrisse einer Morphologie der Weltgeschichte. Erster Band. Gestalt und Wirklichkeit. München 1923, S. 42.

(38) Thomas Mann: Joseph und seine Brüder. Frankfurt/M. 1959, S. 34.

(39) Vgl. dazu Otto Selz: Oswald Spengler und die intuitive Methode in der Geschichtsforschung. Bonn 1922 (bes. S. 20).

(40) Oswald Spengler: Der Untergang des Abendlandes (s. Anm. 37), S. 181.

(41) Thomas Mann: Joseph und seine Brüder (s. Anm. 38), S. 1476.

(42) Oswald Spengler: Der Untergang des Abendlandes (s. Anm. 37), S. VII.

(43) Ebd., S. X.

(44) Ebd.

(45) Ebd., S. IX.

(46) Thomas Mann: Tagebücher 1935 - 1936. Hg. von Peter de Mendelssohn. Frankfurt/M. 1978, S. 343.

(47) Oswald Spengler: Der Untergang des Abendlandes (s. Anm. 37), S. XI.

(48) Thomas Mann: Reden und Aufsätze. Bd. II (s. Anm. 29), S. 51.

(49) Ebd.

(50) Thomas Mann: Reden und Aufsätze. Bd. I (s. Anm. 4), S. 734f.

(51) Richard H. Grützmacher: "Spengler, Keyserlingk und Thomas Mann". In: Welt und Werk. Sonntagsbeil. d. Dt. Allg. Z., Nr. 264, 1925. Über die innere Verwandtschaft von "Nietzsche, Spengler, Thomas Mann" schrieb schon 1922 auch Georg Besselt. In: Weser-Zeitung, Bremen. 79 (25. X. 1922), Nr. 664.

(52) Oswald Spengler: Jahre der Entscheidung. Erster Teil. Deutschland und die weltgeschichtliche Entwicklung. München 1933. Nirgendwo wird der faschistische Grundzug des Spenglerschen Denkens dieser Zeit deutlicher als in diesem Buch, nirgendwo aber auch seine prophetische Gabe klarer als hier, wenn er schrieb: "Wir stehen vielleicht schon dicht vor dem Zweiten Weltkrieg mit unbekannter Verteilung der Mächte und nicht vorauszusehenden - militärischen, wirtschaftlichen, revolutionären - Mitteln und Zielen" (S. XI).

(53) Ebd., S. XII. Vgl. dazu auch: Richard Samuel: Oswald Spengler redivivus? In: Deutsche Rundschau 89 (1963), Heft 1, S. 20-28. Samuel betont zu Recht die "prä-nationalsozialistische Art" der Sehweise Spenglers.

(54) Wie wenig aufklärerisch Spenglers Konzeption war, geht daraus hervor, daß er mit seiner Lehre von den "Kulturorganismen" oder "Kultureinheiten" der alten, aufklärerischen Lehre vom kontinuierlichen Fortschritt der Menschheit, der auch Thomas Mann - immer noch oder schon wieder? - huldigte, die These vom pflanzenähnlichen Blühen und Verwelken entgegenhält, also eine Zirkularvorstellung, die eher dem 19. als dem 20. Jahrhundert zugehört, die in jedem Fall aber dem Aufklärungsoptimismus widerspricht. Entsprechend gibt es bei Spengler auch keinen Sinn in der Weltgeschichte; er stellt die Frage danach gar nicht. Umso deutlicher hat sie Thomas Mann zu beantworten versucht. Vgl. zu Spenglers kulturmorphologischer Betrachtungsweise auch Schischkoff, Spengler und Toynbee. In: Spengler-Studien (s. Anm. 2), S. 59 und S. 62f.

(55) Thomas Mann: Altes und Neues (s. Anm. 12), S. 139.

(56) Thomas Mann: Reden und Aufsätze. Bd. II (s. Anm. 29), S. 602f.

(57) Thomas Mann: Neue Studien. Frankfurt/M. 1948, S. 145f.

(58) Thomas Mann: Altes und Neues (s. Anm. 12), S. 162.

(59) Thomas Mann: Tagebücher 1935 - 1936 (s. Anm. 46), S. 343.

(60) Thomas Mann: Doktor Faustus. Frankfurt/M. 1956, S. 367.

(61) Ebd., S. 382.

(62) Ebd., S. 370f.

(63) Zitiert bei Lieselotte Voss: Die Entstehung von Thomas Manns Roman 'Doktor Faustus'. Dargestellt anhand von unveröffentlichten Vorarbeiten. Tübingen 1975, S. 89. Über das Faschistische des Breisacherschen Standpunktes hat Thomas Mann sich später noch deutlicher geäußert, wenn er über die " 'volks- und rassenhygienische' Tötung Lebensunfähiger und Schwachsinniger" schrieb (Ebd., S. 159). Über Spengler als Breisacher einige Hinweise auch bei Helmut Jendreiek: Thomas Mann. Der demokratische Roman. Düsseldorf 1977, S. 429 und 468. Unklar und ungenau darüber T. J. Reed: Thomas Mann. The Uses of Tradition. Oxford 1974, S. 378, davor schon Johannes Krey: Die gesellschaftliche Bedeutung der Musik im Werk von Thomas Mann. In: Wissensch. Zeitschr. d. Friedr. Schiller-Univ. Jena 3 (1954), S. 301-332, hier S. 312. Vgl. auch die allgemein gehaltene Arbeit von Michel Vanhelleputte: Thomas Mann et 'Le Déclin de l'Occident' (1919 - 1924). In: Université Libre (Bruxelles), Revue 18, 1965/66, S. 450-465. Einige Bemerkungen zu Thomas Mann und Spengler bei Joachim Maître: Thomas Mann. Aspekte der Kulturkritik in seiner Essayistik. Bonn 1970, S. 44-47. Die Meinung, daß hinter Chaim Breisacher der Mythenforscher Oskar Goldberg stehe, hat Heinz Sauereßig vertreten: Die Welt des Doktor Faustus. Personen und Landschaften in Thomas Manns Roman. In: Die Lesestunde. 43 (1966), Nr. 1, S. 74; der Dichter scheine damit zugleich aber auch an den Kulturkritiker Theodor Lessing zu denken.

(64) Thomas Mann: Doktor Faustus (s. Anm. 60), S. 371.

(65) Vgl. dazu Richard Samuel: Oswald Spengler redivivus? (s. Anm. 53), S. 22.

(66) Vgl. Joachim Günther: Neubesinnung über Oswald Spengler (s. Anm. 2), S. 101.

(67) Thomas Mann: Tagebücher 1933 - 1934. Hg. von Peter de Mendelssohn. Frankfurt/M. 1977, S. 596f.

(68) Oswald Spengler: Der Untergang des Abendlandes (s. Anm. 37), S. 237.

(69) Ebd., S. 241.

(70) Thomas Mann: Doktor Faustus (s. Anm. 60), S. 13.

(71) Oswald Spengler: Der Untergang des Abendlandes (s. Anm. 37), S. 301.

(72) Ebd., S. 300f.

(73) Thomas Mann: Doktor Faustus (s. Anm. 60), S. 212.

(74) Ebd., S. 272.

(75) Ebd., S. 72.

(76) Oswald Spengler: Der Untergang des Abendlandes (s. Anm. 37), S. 375.

(77) Thomas Mann: Doktor Faustus (s. Anm. 60), S. 325.
(78) Oswald Spengler: Der Untergang des Abendlandes (s. Anm. 37), S. 550.
(79) Oswald Spengler: Briefe 1913 - 1936. In Zusammenarbeit mit Manfred Schröter hg. von Anton M. Koktanek. München 1963, S. 34f.
(80) Ebd., S. 23.
81) Ebd., S. 24.
(82) Ebd., S. 46.
(83) Thomas Mann: Altes und Neues (s. Anm. 12), S. 246.
(84) Oswald Spengler: Der Untergang des Abendlandes (s. Anm. 37), S. 26.

Vaterrecht und Mutterrecht. Thomas Manns Auseinandersetzung mit Bachofen und Baeumler als Wegbereitern des Faschismus.

(1) Brief an Lavinia Mazzucchetti vom 13. III. 33. In: Thomas Mann: Briefe 1889 - 1936. Hg. von Erika Mann. Frankfurt/M. 1961, S. 328.
(2) Ebd., S. 329.
(3) Brief an Alexander M. Frey vom 27. VII. 33. Ebd., S. 334.
(4) Brief an Alexander M. Frey vom 12. VI. 33. Ebd., S. 333.
(5) Brief an Rudolf Kayser vom I. XI. 33. Ebd., S. 336.
(6) So heißt es etwa im Brief an Lavinia Mazzucchetti: "Ich bin ein viel zu guter Deutscher, mit den Kultur-Überlieferungen und der Sprache meines Landes viel zu eng verbunden, als daß nicht der Gedanke eines jahrelangen oder auch lebenslänglichen Exils eine sehr schwere, verhängnisvolle Bedeutung für mich haben müßte." - zu einer Zeit also, als er sich praktisch schon im Exil befand. In: Thomas Mann: Briefe 1889 - 1936 (s. Anm. 1), S. 329.
(7) Über Thomas Mann und sein Verhältnis zu Spengler gibt es nur wenig; vgl. dazu neuerdings den Aufsatz von Hans Wysling: Thomas Mann - Der Unpolitische in der Politik. In: Neue Rundschau 91 (1980), Heft 2/3 und Verf.: Der Untergang des Abendlandes und der Aufgang des Morgenlandes. Thomas Mann, die Josephsromane und Spengler. In: Jahrbuch der deutschen Schillergesellschaft 24 (1980), S. 300-331. Über Thomas Mann und Baeumler bzw. Bachofen schrieb ausführlich Manfred Dierks: Studien zu Mythos und Psychologie bei Thomas Mann. An seinem Nachlaß orientierte Untersuchungen zum "Tod in Venedig", zum "Zauberberg" und zur "Joseph"-Tetralogie. Bern/München 1972 (= Thomas-Mann-Studien. Bd. 2), S. 169-206, allerdings mit Beschränkung auf das Mythologische; von der politischen Bedeutung der Auseinandersetzung Thomas Manns mit Baeumler ist dort nicht die Rede.

178

(8)   Thomas Mann: Briefe 1937 - 1947. Hg. von Erika Mann.
        Frankfurt/M. 1963, S. 462.
(9)   Thomas Mann: Reden und Aufsätze. Bd. I. Frankfurt/M.
        1965, S. 470f.
(10)   Ebd., S. 472f.
(11)   Ebd., S. 473.
(12)   Ebd., S. 470.
(13)   Thomas Mann: Altes und Neues. Frankfurt/M. 1961, S. 294.
(14)   Thomas Mann: Adel des Geistes. Frankfurt/M. 1967, S. 9.
(15)   Ebd., S. 24f.
(16)   Ebd., S. 25.
(17)   Thomas Mann: Reden und Aufsätze. Bd. II. Frankfurt/M.
        1965, S. 69.
(18)   Ebd., S. 95.
(19)   Thomas Mann: Reden und Aufsätze. Bd. I (s. Anm. 9), S.
        560.
(20)   Der Mythus von Orient und Occident. Eine Metaphysik der
        alten Welt. Aus den Werken von J. J. Bachofen mit einer
        Einleitung von Alfred Baeumler. Hg. von Manfred Schroeter.
        München 1926, S. 218 u. ö.
(21)   Brief an Karl Kerényi vom 3. Dez. 1945. In: Thomas Mann:
        Briefe 1937 - 1947 (s. Anm. 8), S. 461.
(22)   Mass und Wert. 1 (Sept./Okt. 1937), Heft 1, S. 1f.
(23)   Thomas Mann: Reden und Aufsätze. Bd. II (s. Anm. 17), S.
        71.

Des Weltbürges Thomas Mann doppeltes Deutschland.

(1)   Es versteht sich von selbst, daß hier, was das Verhältnis
        Thomas Manns zu Deutschland angeht, nur die großen Linien
        dieser verwickelten und nicht immer leicht zu durchschau-
        enden Beziehungen nachgezeichnet werden können. Auch
        die Forschungsliteratur soll hier nicht ausführlich diskutiert
        werden; jedoch sei die wichtigste genannt. Das Standardwerk
        zum Thema war lange Zeit das von Kurt Sontheimer: Thomas
        Mann und die Deutschen. München 1961, in dem nicht nur
        Thomas Manns Aussagen zu Deutschland und zur deutschen
        Politik, sondern auch die zeitgenössischen Reaktionen darge-
        stellt sind. So verdienstvoll Sontheimers Darstellung zu
        ihrer Zeit war, sie ist im einzelnen heute nicht zuletzt durch
        die neuen bekanntgewordenen Materialien weitgehend über-
        holt. Das gleiche gilt für Martin Flinker: Thomas Manns
        politische Betrachtungen im Lichte der heutigen Zeit.
        's-Gravenhage 1959. Wichtige Arbeiten haben geschrieben:
        Hermann Kurzke: Auf der Suche nach der verlorenen Irra-
        tionalität. Thomas Mann und der Konservatismus. Würzburg

1972; Klaus Bohnen: Argumentationsverfahren und politische
Kritik bei Thomas Mann. In: Rolf Wiecker (Hg.): Gedenk-
schrift für Thomas Mann 1875 - 1975. Kopenhagen 1975,
S. 171-195; Klaus Schröter: Positionen und Differenzen.
Brecht, Heinrich Mann, Thomas Mann im Exil. In: Akzente
20 (1973), Heft 6, S. 520-535; Dolf Sternberger: Deutschland
im "Doktor Faustus" und "Doktor Faustus" in Deutschland.
In: Merkur 29 (1975), Heft 12, S. 1123-1140; Lothar Pikulik:
Die Politisierung des Ästheten im Ersten Weltkrieg. In:
Thomas Mann 1875 - 1975. Vorträge in München - Zürich
- Lübeck. Hg. von Beatrix Bludau, Eckhard Heftrich und
Helmut Koopmann. Frankfurt/M. 1977, S. 61-74 (auch dort
Dolf Sternbergers Aufsatz: Deutschland im "Doktor Faustus"
und "Doktor Faustus" in Deutschland. S. 155-172); Herbert
Lehnert: Bert Brecht und Thomas Mann im Streit über
Deutschland. In: John M. Spalek und Joseph Strelka: Deut-
sche Exilliteratur seit 1933. Bd. 1: Kalifornien. Bern/Mün-
chen 1976, S. 62ff. Für den frühen Thomas Mann vgl. Win-
fried Hellmann: Das Geschichtsdenken des frühen Thomas
Mann (1906 - 1919). Tübingen 1972, wo die Kriegsaufsätze
("Gedanken im Kriege", "Friedrich und die große Koalition")
ausführlicher und positiver besprochen werden als hier; bei
Hellmann findet sich auch ein längeres Kapitel über
"Deutschlands Zukunft". Vgl. zum Thema noch Ernst Keller:
Der unpolitische Deutsche. Eine Studie zu den "Betrachtungen eines Unpolitischen" von Thomas Mann. Bern/München
1965. Eine gute Übersicht über die Literatur zu "Politik
und politisches Denken Thomas Manns" gibt Hermann Kurzke
in seinem Forschungsbericht: Thomas-Mann-Forschung 1969
- 1976. Ein kritischer Bericht. Frankfurt/M. 1977, S. 157-
183; zu kurz und daher nicht sehr gut informierend der Abschnitt "Politik und Gesellschaft" bei Volkmar Hansen: Thomas Mann. Stuttgart 1984, S. 116ff. Vgl. zu den "Betrachtungen eines Unpolitischen" und zu den politischen Wandlungen Thomas Manns Hermann Kurzke: Thomas Mann. Epoche
- Werk - Wirkung. München 1985, bes. S. 139-182 und das
Kapitel zum "Doktor Faustus".

(2) Vgl. zum Thema auch die Aufsätze "Gute Feldpost", "Die
Bücher der Zeit" und "Gedanken im Kriege" und die ent-
sprechenden Anmerkungen in der Ausgabe "Aufsätze, Reden,
Essays". Bd. 2, 1914 - 1918. Hg. und mit Anmerkungen ver-
sehen von Harry Matter. Berlin/Weimar 1983.

(3) Vgl. dazu besonders die Studie von Winfried Hellmann (a.
a. O.) und dessen Überlegungen zur Einheit des frühen Ge-
schichtsdenkens bei Thomas Mann.

(4) Vgl. dazu die Arbeiten über Schopenhauers Einfluß auf Thomas Mann, vor allem Manfred Dierks: Studien zu Mythos
und Psychologie bei Thomas Mann. An seinem Nachlaß orien-

tierte Untersuchungen zum "Tod in Venedig", zum "Zauberberg" und zur "Josephs"-Tetralogie. Bern/München 1972 (= Thomas-Mann-Studien. Bd. 2) und Herbert Lehnert: Thomas Mann. Fiktion, Mythos, Religion. Stuttgart u. a. 1965.

(5)   Über die Abkehr von Schopenhauers Lehren in den zwanziger Jahren vgl. den Beitrag "Philosophischer Roman oder romanhafte Philosophie? Zu Thomas Manns lebensphilosophischer Orientierung in den zwanziger Jahren" in diesem Band.

(6)   Thomas Mann: Der Zauberberg. Frankfurt/M. 1959, S. 685.

(7)   Ebd.

(8)   Thomas Mann: Betrachtungen eines Unpolitischen. Frankfurt/M. 1956, S. 99.

(9)   Thomas Mann: Reden und Aufsätze. Bd. II. Frankfurt/M. 1965, S. 30.

(10)   Ebd., S. 31.

(11)   Ebd.

(12)   Ebd., S. 32.

(13)   Ebd., S. 54.

(14)   Ebd.

(15)   Ebd., S. 55.

(16)   Ebd.

(17)   Ebd., S. 56.

(18)   Ebd., S. 67.

(19)   Ebd.

(20)   Ebd., S. 68.

(21)   Ebd., S. 72.

(22)   Ebd., S. 73.

(23)   Ebd., S. 75.

(24)   Ebd., S. 71.

(25)   Ebd., S. 73f.

(26)   Ebd., S. 79.

(27)   Ebd., S. 81.

(28)   Ebd.

(29)   Thomas Mann: Altes und Neues. Frankfurt/M. 1961, S. 570.

(30)   Ebd., S. 573.

(31)   Vgl. Verf.: Das Phänomen der Fremde bei Thomas Mann. Überlegungen zu dem Satz: "Wo ich bin, ist die deutsche Kultur". In: Wolfgang Frühwald und Wolfgang Schieder (Hg.): Leben im Exil. Hamburg 1981, S. 103-114.

(32)   Thomas Mann: Reden und Aufsätze. Bd. II (s. Anm. 9), S. 143.

(33)   Ebd., S. 171.

(34)   Ebd., S. 179.

(35)   Ebd., S. 220.

(36)   Ebd., S. 240.

(37)   Ebd., S. 262.

(38)   Ebd., S. 196f.

(39)   Dichter über ihre Dichtungen. Bd. 14/III: Thomas Mann.

Teil III: 1944 - 1955. Hg. von Hans Wysling unter Mitwirkung von Marianne Fischer. München 1981, S. 99.

(40) Thomas Mann: Reden und Aufsätze. Bd. II (s. Anm. 9), S. 651.

(41) Thomas Mann: Neue Studien. Frankfurt/M. 1948, S. 156.

(42) Ebd., S. 34.

Doktor Faustus und sein Biograph. Zu einer Exilerfahrung sui generis.

(1) Thomas Mann: Die Entstehung des Doktor Faustus. Frankfurt/M. 1966, S. 20. Über die Rolle Zeitbloms und seine Beziehung zu Adrian Leverkühn ist angesichts der außerordentlich breiten Literatur zum "Faustus"-Roman relativ wenig gesagt worden. Einige Bemerkungen darüber bei Edgar Kirsch: Serenus Zeitblom: Beitrag zur Analyse des Doktor Faustus. In: Wissenschaftliche Zeitschrift der Universität Halle 7 (Sept. 1958), Heft 6, S. 1003-1007; Erich Heller: Des Teufels Romancier. Über Thomas Manns Doktor Faustus. In: Forum 6 (1959), Heft 70, S. 367-370; Michael Mann: Adrian Leverkühn - Repräsentant oder Antipode? In: Neue Rundschau 76 (1956), Heft 2, S. 202-206. Jens Rieckmann: Zeitblom und Leverkühn: Traditionelles oder avantgardistisches Kunstverständnis? In: The German Quarterly 52 (1979), S. 50-60; Uwe Wolff: Der erste Kreis der Hölle: Mythos im Doktor Faustus. Stuttgart 1979. Natürlich sind die grundlegenden Arbeiten von Gunilla Bergsten: Thomas Manns "Doktor Faustus". Untersuchungen zu den Quellen und zur Struktur des Romans. Stockholm 1963, Tübingen [2]1974 und die Arbeit von Lieselotte Voss: Die Entstehung von Thomas Manns "Doktor Faustus". Dargestellt an Hand von unveröffentlichten Vorarbeiten. Tübingen 1975, in keiner Weise zu übergehen.

(2) Thomas Mann: Die Entstehung des Doktor Faustus. Ebd., S. 28.

(3) Ebd., S. 28f.

(4) Ebd., S. 29.

(5) Dichter über ihre Dichtungen. Bd. 14/III: Thomas Mann. Teil III: 1944- 1955. Hg. von Hans Wysling unter Mitwirkung von Marianne Fischer. München 1981, S. 17.

(6) Ebd., S. 22.

(7) Ebd., S. 30.

(8) Ebd., S. 36.

(9) Ebd., S. 50.

(10) Ebd., S. 57.

(11) Vgl. ebd., S. 68f.

182

(12) Ebd., S. 96.
(13) Ebd., S. 130.
(14) Ebd., S. 156.
(15) Ebd., S. 96.
(16) Ebd., S. 68f.
(17) Ebd., S. 88.
(18) Ebd.
(19) Dagegen jedoch Hubert Orlowski in seiner Arbeit: Prädestination des Dämonischen. Zur Frage des bürgerlichen Humanismus in Thomas Manns Doktor Faustus. Poznan 1969; dort erscheint Zeitblom als Repräsentant des "falschen Bewußtseins" (S. 169).
(20) Dichter über ihre Dichtungen (s. Anm. 5), S. 98f.
(21) Thomas Mann: Die Entstehung des Doktor Faustus (s. Anm. 1), S. 29.
(22) Dichter über ihre Dichtungen (s. Anm. 5), S. 153f.
(23) Anders Eckhard Heftrich in seinem Vortrag "Doktor Faustus: die radikale Autobiographie". In: Thomas Mann 1875 - 1975. Vorträge in München - Zürich - Lübeck. Hg. von Beatrix Bludau, Eckhard Heftrich, Helmut Koopmann. Frankfurt/M. 1977, S. 135-154, wo Heftrich die geheime Identität von Zeitblom und Leverkühn auf die eigene Ambivalenz Thomas Manns, also auf eine grundsätzliche Prädisposition des Autors zurückführt.
(24) Stefan Zweig: Die Welt von gestern. Frankfurt/M. 1962, S. 374.
(25) Alfred Döblin: Autobiographische Schriften und letzte Aufzeichnungen. Hg. von Edgar Pässler. Olten und Freiburg im Breisgau 1977, S. 116.
(26) Thomas Mann: Gesammelte Werke in XIII Bänden. Bd. VII. Frankfurt/M. 1974, S. 346.
(27) Ebd., S. 559.

Doktor Faustus als Widerlegung der Weimarer Klassik.

(1) Thomas Mann: Doktor Faustus. In: Th. M.: Gesammelte Werke in XIII Bänden. Bd. VI. Frankfurt/M. 1974, S. 15. Im folgenden abgekürzt mit Bandnummer und Seitenzahl.
(2) Dazu Herbert Singer: Helena und der Senator. Versuch einer mythologischen Deutung von Thomas Manns "Buddenbrooks". In: Helmut Koopmann (Hg.): Thomas Mann. Darmstadt 1975 (= Wege der Forschung. 335), S. 247-256. Zuerst in: Die Brücke zur Welt. Sonntagsbeilage zur Stuttgarter Zeitung vom 13. 4. 1963.
(3) Dichter über ihre Dichtungen. Bd. 14/III: Thomas Mann. Teil III: 1944 - 1955. Hg. von Hans Wysling unter Mitwirkung

von Marianne Fischer. München 1981, S. 11. Im folgenden abgekürzt mit DüD, Bandnummer und Seitenzahl.

(4)   DüD III, S. 17.

(5)   Ebd., S. 50.

(6)   Ebd., S. 69.

(7)   Ebd., S. 130.

(8)   Ebd., S. 99.

(9)   Ebd., S. 153.

(10) Ebd., S. 154.

(11) Dazu Verf.: Doktor Faustus und sein Biograph. Zu einer Exilerfahrung sui generis. In: Rudolf Wolff (Hg.): Thomas Manns Dr. Faustus und die Wirkung. 2. Teil. Bonn 1983, S. 8-26.

(12) Die Zahl der Arbeiten über das Verhältnis Thomas Manns zu Goethe ist inzwischen Legion. Die beste Darstellung stammt immer noch von Hans Wysling: Thomas Manns Goethe-Nachfolge. In: Jahrbuch des Freien deutschen Hochstifts (1978), S. 498-551 (mit einem ausführlichen Literaturverzeichnis). Für die älteren Darstellungen ist stellvertretend der Aufsatz von Ernst Cassirer: Thomas Manns Goethe-Bild. Eine Studie über 'Lotte in Weimar'. In: The Germanic Review 20 (1945), S. 166-194. Wiederabgedruckt in: Helmut Koopmann (Hg.): Thomas Mann. Darmstadt 1975 (= Wege der Forschung. 335), S. 1-34. In der älteren Literatur ist die Suche nach der Identität Thomas Manns mit Goethe und die Idee der Imitatio oft überstark hervorgehoben worden. Neuere Arbeiten weisen demgegenüber darauf hin, daß Thomas Mann in seinen späteren Jahren, also nach "Lotte in Weimar", im Grunde nichts Neues mehr zu Goethe veröffentlicht hat; so Hinrich Siefken: Thomas Mann. Goethe - "Ideal der Deutschheit". Wiederholte Spiegelung 1893 - 1949. München 1981, bes. S. 245ff. Die vorliegende Studie sieht die Beziehung des späten Thomas Mann zu Goethe noch kritischer.

(13) Über distanzierende Züge im "Doktor Faustus", was Goethes Naturvertrauen und Naturfrömmigkeit angeht, schon Bernhard Blume: Thomas Mann und Goethe. Bern 1949, S. 132ff.

(14) DüD III, S. 101.

(15) Ebd., S. 96.

(16) Ebd., S. 50.

(17) Ebd., S. 42.

(18) Ebd., S. 45.

(19) Vgl. dazu auch Hans Wysling: Thomas Manns Goethe-Nachfolge (s. Anm. 12), S. 542.

(20) DüD III, S. 100.

(21) Gegen die These von der fast schrankenlosen Imitation Goethes durch Thomas Mann wendet sich ausdrücklich, soweit ich sehe, nur Hinrich Siefken.

"Doktor Faustus" - Schwierigkeiten mit dem Bösen und das Ende des "strengen Satzes".

Der Roman ist Gegenstand zahlloser Untersuchungen gewesen; zu den wichtigsten gehören die Studie von Käte Hamburger: Anachronistische Symbolik: Fragen an Thomas Manns Faustus-Roman. In: Helmut Koopmann (Hg.): Thomas Mann. Darmstadt 1975 (=Wege der Forschung. 335), S. 384-413 (Zuerst in: Gestaltungsgeschichte und Gesellschaftsgeschichte. Literatur-, kunst- und musikwissenschaftliche Studien. Fritz Martini zum 60. Geburtstag. In Zusammenarbeit mit Käthe Hamburger hg. von Helmut Kreuzer. Stuttgart 1969, S. 529-553); Dolf Sternberger: Deutschland im "Doktor Faustus" und "Doktor Faustus" in Deutschland. In: Thomas Mann 1875 - 1975. Vorträge in München - Zürich - Lübeck. Hg. von Beatrix Bludau, Eckhard Heftrich und Helmut Koopmann. Frankfurt/M. 1977, S. 155-172; Erich Heller: Doktor Faustus und die Zurücknahme der Neunten Symphonie. Ebd., S. 173-188; Hans Mayer: Thomas Manns "Doktor Faustus": Roman einer Endzeit und Endzeit des Romans. In: Rudolf Wolff (Hg.): Thomas Manns Dr. Faustus und die Wirkung. Teil 1. Bonn 1983 (= Sammlung Profile Bd. 4), S. 106-123 (Zuerst in Hans Mayer: Von Lessing bis Thomas Mann. Wandlungen der bürgerlichen Literatur in Deutschland. Pfullingen 1959). Über die geschichtlichen Bezüge vgl. Hans Rudolf Vaget: Kaisersaschern als geistige Lebensform. Zur Konzeption der deutschen Geschichte in Thomas Manns "Doktor Faustus". In: Wolfgang Paulsen (Hg.): Der deutsche Roman und seine historischen und politischen Bedingungen. Bern/München 1977, S. 200-235. Zum Thema des Bösen neuerdings Karl Heinz Bohrer: Die permanente Theodizee. Über das verfehlte Böse im deutschen Bewußtsein. In: Merkur 41 (1987), Heft 4, S. 268-286, bes. S. 275-281.

(1) So Peter de Mendelssohn in seinem Nachwort zu Thomas Mann: Doktor Faustus. Frankfurt/M. 1980 (= Gesammelte Werke in Einzelbänden. Frankfurter Ausgabe. Hg. von Peter de Mendelssohn), S. 744.

(2) Thomas Mann: Doktor Faustus. Frankfurt/M. 1956, S. 256.

(3) Zitiert nach Peter de Mendelssohn (s. Anm. 1), S. 726.

(4) Peter de Mendelssohn. Ebd., S. 740.

(5) Zitiert nach Peter de Mendelssohn. Ebd., S. 739.

(6) Thomas Mann: Doktor Faustus (s. Anm. 2), S. 234.

(7) Ebd., S. 235.

(8) Ebd.

(9) Peter de Mendelssohn (s. Anm. 1), S. 740.

(10) Thomas Mann: Doktor Faustus (s. Anm. 2), S. 256.

(11) Ebd., S. 81.

(12) Zitiert nach Peter de Mendelssohn (s. Anm. 1), S. 725.

(13) Thomas Mann: Doktor Faustus (s. Anm. 2), S. 241.

185

(14) In: Dichter über ihre Dichtungen. Bd. 14/III: Thomas Mann. Teil III: 1944 - 1955. Hg. von Hans Wysling unter Mitwirkung von Marianne Fischer. München 1981, S. 16.
(15) Ebd., S. 8.
(16) Ebd., S. 45.
(17) So Manfred Frank: Die alte und die neue Mythologie in Thomas Manns 'Doktor Faustus'. In: Herbert Anton (Hg.): Invaliden des Apoll. Motive und Mythen des Dichterleids. München 1982, S. 78-94.
(18) So Mark W. Roche: Laughter and Truth in 'Doktor Faustus': Nietzschean Structures in Mann's Novel of Self-cancellations. In: DVJ 60 (1986), Heft 2, S. 309-332.
(19) Dichter über ihre Dichtungen (s. Anm. 14), S. 29.
(20) Vgl. Harald Weinrich: Literatur für Leser. Essays und Aufsätze zur Literaturwissenschaft. Stuttgart u. a. 1971, S. 9.
(21) Thomas Mann: Tagebücher 1933 - 1934. Hg. von Peter de Mendelssohn. Frankfurt/M. 1977, S. 231.
(22) Thomas Mann: Adel des Geistes. Frankfurt/M. 1967, S. 121.
(23) Dichter über ihre Dichtungen (s. Anm. 14), S. 278.
(24) Thomas Mann: Doktor Faustus (s. Anm. 2), S. 651.
(25) Dazu Heinz Gockel: Faust im Faustus. Vortrag auf dem 2. Internationalen Thomas Mann-Kolloquium 1988 in Lübeck [ungedruckt].
(26) Dazu Hans Rudolf Vaget: Mann, Joyce and the Question of Modernism in 'Doktor Faustus'. Vortrag auf dem Thomas Mann-Symposion "Thomas Mann at the Margin of Modernism". Irvine/USA 1988 [ungedruckt].
(27) Dazu Oskar Seidlin: Doktor Faustus reist nach Ungarn. Notiz zu Thomas Manns Altersroman. In: Helmut Koopmann und Peter-Paul Schneider (Hg.): Heinrich Mann-Jahrbuch I/1983, S. 187-204.
(28) Thomas Mann: Adel des Geistes (s. Anm. 22), S. 610.
(29) Dichter über ihre Dichtungen (s. Anm. 14), S. 45.
(30) Thomas Mann: Tagebücher 1940 - 1943. Hg. von Peter de Mendelssohn. Frankfurt/M. 1982, S. 605.
(31) Gotthold Ephraim Lessing: Gesammelte Werke in zehn Bänden. Hg. von Paul Rilla. Vierter Band. Berlin 1955, S. 42.
(32) Thomas Mann: Doktor Faustus (s. Anm. 2), S. 321.
(33) Georg Wilhelm Friedrich Hegel: Werke in 20 Bänden. Auf d. Grundlage d. Werke von 1832 - 1845 neu ed. Ausg. Bd. 13: Vorlesungen über die Ästhetik. Frankfurt/M. 1986, S. 317f.
(34) Armin Eichholz: In Flagranti. Parodien. München 1960, S. 23-27.
(35) Thomas Mann: Bekenntnisse des Hochstaplers Felix Krull. Frankfurt/M. 1957, S. 318.

Narziß im Exil – zu Thomas Manns "Felix Krull".

(1)   Vgl. dazu das dokumentarische Material, das Hans Wysling
      in seinem großen Buch vorgelegt hat. H. W.: Narzißmus
      und illusionäre Existenzform. Zu den Bekenntnissen des
      Hochstaplers Felix Krull. Bern/München 1982 (= Thomas-
      Mann-Studien. Bd. 5); der Hinweis auf die geplante Parodie
      des deutschen Bildungsromans aus dem Jahre 1913 dort auf
      S. 392.

(2)   Ebd., S. 414.

(3)   Ebd., S. 417.

(4)   Thomas Mann: Lebensabriß. In: Th. M.: Gesammelte Werke
      in XIII Bänden. Bd. XI. Frankfurt/M. 1974, S. 122. Im folgen-
      den abgekürzt mit GW mit Bandnummer und Seitenzahl.

(5)   Diese Einsicht verdanken wir vor allem der schon erwähnten
      Arbeit von Hans Wysling, der nicht nur die verschiedenen
      Aspekte des Narzißmus bei Thomas Mann genannt, sondern
      auch die Wurzeln (Autobiographie als protestantisches Ethos
      und Selbstentlarvung, Autobiographie als Liebe zu sich
      selbst, die Scheu vor dem direkt Autobiographischen) in
      seiner beispielhaften Untersuchung analysiert hat. Die in
      diesem Aufsatz, der Bernhard Zeller mit aufrichtigem Dank
      für seine mehr als 20jährige Förderung und Anteilnahme
      gewidmet ist, geäußerten Ansichten wollen als Ergänzung
      zu Wyslings Buch verstanden sein.

(6)   Über den im "Felix Krull" verborgenen Schelmenroman hat
      u. a. Karl Ludwig Schneider geschrieben: Thomas Manns
      'Felix Krull'. Schelmenroman und Bildungsroman. In: Unter-
      suchungen zur Literatur als Geschichte. Festschrift für
      Benno von Wiese. Hg. von Vincent J. Günther, Helmut Koop-
      mann, Peter Pütz, Hans Joachim Schrimpf. Berlin 1973,
      S. 545-558. Natürlich sollen die Motive und Themen des
      Schelmenromans in Thomas Manns "Felix Krull" nicht ge-
      leugnet werden, und es ist das Verdienst vor allem Oskar
      Seidlins, bereits 1937 darauf aufmerksam gemacht zu haben:
      "Pikareske Züge im Werk Thomas Manns", zuerst englisch
      als "Picaresque Elements in Thomas Mann's Work". In: Mo-
      dern Language Quarterly 12 (1951), S. 183-200, wieder abge-
      druckt in: Oskar Seidlin: Von Goethe zu Thomas Mann. Göt-
      tingen 1963, S. 234-257. Weitere Bemerkungen zum Schel-
      menroman bei Jürgen Jacobs: Wilhelm Meister und seine
      Brüder. München 1972, S. 226-233 (mit einigen Hinweisen
      auf Unterschiede zum pikaresken Roman); vgl. ebenfalls
      Klaus Hermsdorf: Thomas Manns Schelme. Figuren und
      Strukturen des Komischen. Berlin 1968; außerdem Michael
      Nerlich: Kunst, Politik und Schelmerei. Die Rückkehr des
      Künstlers und des Intellektuellen in die Gesellschaft des
      zwanzigsten Jahrhunderts, dargestellt an Werken von Char-

les de Coster, Romain Rolland, André Gide, Heinrich Mann und Thomas Mann. Frankfurt/Bonn 1969. Vgl. im übrigen zur Literatur über den "Felix Krull" das Verzeichnis bei Wysling (s. Anm. 1), S. 546-553 mit weiteren Hinweisen zum "Felix Krull" bzw. zum pikarischen Roman.

(7) Thomas Mann: Bekenntnisse des Hochstaplers Felix Krull. In: Th. M.: GW Bd. VII, S. 299.

(8) Thomas Mann: Einführung in den 'Zauberberg'. In: Th. M.: GW Bd. XI, S. 606.

(9) Thomas Mann: Der Tod in Venedig. In: Th. M.: GW Bd. VIII, S. 455.

(10) Zitiert in: Dichter über ihre Dichtungen. Bd. 14/I: Thomas Mann. Teil I: 1889 - 1917. Hg. von Hans Wysling. München/Frankfurt 1975, S. 314.

(11) Thomas Mann: Briefe 1937 - 1947. Hg. von Erika Mann. Frankfurt/M. 1963, S. 139.

(12) Zitiert bei Hans Wysling: Narzißmus und illusionäre Existenzform (s. Anm. 1), S. 193.

(13) Ebd., S. 314.

(14) Klaus Mann: Woher wir kommen und wohin wir müssen. Frühe und nachgelassene Schriften. Hg. und mit einem Nachwort von Martin Gregor-Dellin. München 1980, S. 226. Eine Reihe von Hinweisen und Materialien entstammt einer Arbeit meiner Schülerin Sibylle Schneider: "Fremde Menschen und Länder sehen". Die Auswirkungen des Exils auf das Romanschaffen Thomas Manns, dargestellt am Beispiel der "Bekenntnisse des Hochstaplers Felix Krull", die ich dankbar benutzt habe.

(15) Tagebucheintragung vom 18. III. 1933. In: Thomas Mann: Tagebücher 1933 - 1934. Hg. von Peter de Mendelssohn. Frankfurt/M. 1977, S. 9.

(16) Brief an Ernst Bertram vom 9. I. 34. In: Thomas Mann an Ernst Bertram. Briefe aus dem Jahre 1910 - 1955. Hg. von Inge Jens. Pfullingen 1960, S. 179.

(17) Brief an Lavinia Mazzucchetti vom 13. III. 33. In: Thomas Mann: Briefe 1889 - 1936. Hg. von Erika Mann. Frankfurt/M. 1961, S. 329.

(18) Tagebucheintragung vom 3. XI. 33. In: Thomas Mann: Tagebücher 1933 - 1934 (s. Anm. 15), S. 240.

(19) Vgl. Brief an Eduard Beneš vom 29. Juli 1944. In: Thomas Mann: Briefe 1937 - 1947 (s. Anm. 11), S. 380.

(20) Rieß: Interview with Thomas Mann. In: Decision, No. 8 (Dec. 1939), Vol. 2.

(21) Brief an Eduard Beneš vom 29. Juli 1944. In: Thomas Mann: Briefe 1937 - 1947 (s. Anm. 11), S. 380.

(22) In: Th. M.: GW Bd. XI, S. 1127.

(23) Lion Feuchtwanger: Die Arbeitsprobleme des Schriftstellers im Exil. In: Sinn und Form 6 (1954), Heft III, S. 348-353, hier S. 352.

(24) In: Th. M.: GW Bd. VII, S. 392.

(25) Brief an Bruno Walter vom 6. Mai 43. In: Thomas Mann: Briefe 1937 - 1947 (s. Anm. 11), S. 310.

(26) Thomas Mann: Die Entstehung des Doktor Faustus. Frankfurt/M. 1966, S. 76.

(27) Ebd., S. 108.

(28) Klaus Mann: Heute und Morgen. Schriften zur Zeit. München 1969, S. 68.

(29) Hilde Spiel: Psychologie des Exils. Ein Vortrag, gehalten auf der Tagung der Exilforscher in Wien im Juni 1975. In: Neue Rundschau 86 (1975), Heft 3, S. 424–439, hier S. 431.

(30) Brief an Félix Bertaux vom 21. II. 1923. Zit. in: Hans Wysling: Archivalisches Gewühle. Zur Entstehungsgeschichte der "Bekenntnisse des Hochstaplers Felix Krull". In: Paul Scherrer/Hans Wysling: Quellenkritische Studien zum Werk Thomas Manns. Bern/München 1967 (= Thomas-Mann-Studien. Bd. 1), S. 248.

(31) Stefan Zweig: Die Welt von Gestern. Frankfurt/M. 1962, S. 374.

(32) Alfred Döblin: Autobiographische Schriften und letzte Aufzeichnungen. Hg. von Edgar Pässler. Olten und Freiburg im Breisgau 1977, S. 116.

(33) In: Th. M.: GW Bd. VII, S. 56.

(34) Thomas Mann: Bekenntnisse des Hochstaplers Felix Krull. Ebd., S. 520.

(35) Ebd., S. 389.

(36) Thomas Mann: Reden und Aufsätze 2. In: Th. M.: GW Bd. X, S. 184.

(37) Thomas Mann: Der Erwählte. In: Th. M.: GW Bd. VII, S. 14.

(38) Thomas Mann: Bekenntnisse des Hochstaplers Felix Krull. Ebd., S. 480.

NACHWEISE DER ERSTVERÖFFENTLICHUNGEN UND
ERGÄNZENDE BEMERKUNGEN

Hanno Buddenbrook, Tonio Kröger und Tadzio. Anfang und Begründung des Mythos im Werk Thomas Manns.
Erstdruck: Rolf Wiecker (Hg.): Gedenkschrift für Thomas Mann
1875 - 1979. Kopenhagen 1975 (= Text und Kontext. Sonderreihe. Bd. 2), S. 53-65. Der Aufsatz wurde seinerzeit unter
anderem angeregt von Hans Wyslings Vortrag "Mythus und
Psychologie", der als Heft 130 in den Kultur- und staatswis-
senschaftlichen Schriften der Eidgenössischen Technischen
Hochschule, Zürich 1969 erschien und später in den Band von
Hans Wysling: Dokumente und Untersuchungen. Beiträge zur
Thomas-Mann-Forschung (= Thomas-Mann-Studien. Hg. vom
Thomas-Mann-Archiv der Eidgenössischen Technischen Hochschule in Zürich, 3. Band), Bern/München 1974, S. 167-180
aufgenommen wurde. In der hier vorliegenden Arbeit wird
der Aspekt der Selbstmythisierung besonders betont. Das Thema des Mythos ist grundlegend in zwei weiteren ausführlichen
Arbeiten behandelt worden: Manfred Dierks: Studien zu Mythos
und Psychologie bei Thomas Mann. An seinem Nachlaß orientierte Untersuchungen zum "Tod in Venedig", zum "Zauberberg" und zur "Joseph"-Tetralogie (= Thomas-Mann-Studien.
Hg. vom Thomas-Mann-Archiv der Eidgenössischen Technischen Hochschule in Zürich. 2. Band), Bern/München 1972.
Für das Thema nach wie vor wichtig ist die Arbeit von Hans
Wysling: Psychologische Aspekte von Thomas Manns Kunst.
In: Thomas Mann heute. Sieben Vorträge. Bern/München 1976.

Über den asiatischen Umgang mit der Zeit in Thomas Manns "Zauberberg".
Erstdruck: Arbeitskreis Heinrich Mann. Sonderheft. Siegfried
Sudhof (1927-1980) zu gedenken, Lübeck 1981, S. 161-172.
Der Aufsatz beschäftigt sich mit der Schopenhauer-Wirkung
auf Thomas Mann - und der zumindest zeitweisen Überwindung
der Schopenhauerschen Lehren durch Thomas Mann und mit
seiner stärkeren produktiven Auseinandersetzung mit Nietzsche in den zwanziger Jahren. Dabei orientiert sich die Studie
an dem für die Wirkung Schopenhauers auf Thomas Mann wichtigsten Werk: Børge Kristiansen: Thomas Manns Zauberberg
und Schopenhauers Metaphysik (= Studien zur Literatur der
Moderne. Bd. 10), Bonn 1986 (ursprünglich als: Unform - Form
- Überform. Thomas Manns Zauberberg und Schopenhauers
Metaphysik. Eine Studie zu den Beziehungen zwischen Thomas
Manns Roman Der Zauberberg und Schopenhauers Metaphysik.
Kopenhagen 1978 [= Kopenhagener germanistische Studien.

190

Bd. 5]). Die zweite Auflage von 1986 ist verbessert und erweitert. In einem Kapitel "Zur Einführung" hat der Verfasser des vorliegenden Buches ebenso die Bedeutung der Studien von Kristiansen zu zeigen versucht wie auch auf einige kritische Einwände aufmerksam gemacht; Kristiansen hat wiederum in Kapitel VIII seines Buches (Der Zauberberg, Schopenhauer-Kritik oder Schopenhauer-Affirmation? Eine Nachschrift) Stellung genommen. An der herausragenden Leistung Kristiansens für die Interpretation des "Zauberbergs" sollte kein Zweifel bestehen. Über Thomas Mann und Schopenhauer schrieb der Verfasser dieses Buches eine Studie in dem Band: Peter Pütz (Hg.): Thomas Mann und die Tradition. Frankfurt/M. 1971, S. 180-200. Zur Bedeutung Schopenhauers vgl. besonders Manfred Dierks: Studien zu Mythos und Psychologie bei Thomas Mann. An seinem Nachlaß orientierte Untersuchungen zum "Tod in Venedig", zum Zauberberg" und zur "Josephs"-Tetralogie (= Thomas-Mann-Studien. Hg. vom Thomas-Mann-Archiv der Eidgenössischen Technischen Hochschule in Zürich. 2. Band), Bern/München 1972. Grundlegendes zur Schopenhauer-Wirkung auf Thomas Mann auch bei Hans Wysling in: Narzißmus und illusionäre Existenzform. Zu den Bekenntnissen des Hochstaplers Felix Krull (= Thomas-Mann-Studien. Bd. 5). Bern/München 1982, S. 112ff. und passim.

Philosophischer Roman oder romanhafte Philosophie? Zu Thomas Manns lebensphilosophischer Orientierung in den zwanziger Jahren.
Erstdruck: Text und Kontext Sonderreihe, Band 16: Literatur und Philosophie (= Kopenhagener Kolloquien zur deutschen Literatur Band 8), Kopenhagen/München 1983, S. 101-124. Der Aufsatz wurde geschrieben, um Thomas Manns Verhältnis zu Schopenhauer in den zwanziger Jahren abzuklären – in produktiver Auseinandersetzung mit dem Buch von Børge Kristiansen: Thomas Manns Zauberberg und Schopenhauers Metaphysik, Bonn ²1986. Die Ausführungen berühren sich teilweise mit dem Thomas Mann-Kapitel in dem Buch des Verfassers: Der klassisch-moderne Roman in Deutschland. Thomas Mann – Döblin – Broch, Stuttgart u. a. 1983, S. 26-76.

Der Untergang des Abendlandes und der Aufgang des Morgenlandes. Thomas Mann, die Josephsromane und Spengler.
Erstdruck: Jahrbuch der Deutschen Schillergesellschaft XXIV, 1980, S. 300-331. Eine ausführliche Würdigung der Beziehung Thomas Manns zu Spengler gibt es bisher nicht. Der Aufsatz wurde geschrieben, um die Verflechtungen Thomas Manns mit der zeitgenössischen Kulturkritik in den zwanziger Jahren

zu zeigen. An neueren Arbeiten sind zu nennen: André Dabe-
zies: Entre le mythe de Faust et l'idéologie "faustienne": Tho-
mas Mann devant Oswald Spengler. In: Le mythe d'Etiemble,
Hommages Etudes et Recherches. Paris 1979, S. 47-56, und
Roger A. Nicholls: Thomas Mann and Spengler. In: The German
Quarterly 58, S. 361-374.

Vaterrecht und Mutterrecht. Thomas Manns Auseinandersetzung
mit Bachofen und Baeumler als Wegbereitern des Faschismus.
Erstdruck: Text und Kontext. 8 (1980), Heft 2, S. 266-283.
Kopenhagen/München 1980. (Themaheft: Nationalsozialismus
und Literatur). Der Aufsatz ergänzt die Darstellung der Beziehung Thomas Manns zu Spengler und möchte ebenfalls Thomas
Manns Positionen in den zwanziger Jahren beleuchten. Hinzuweisen ist in diesem Zusammenhang noch auf einen Aufsatz
von Eckhard Heftrich: Johann Jakob Bachofen und seine Bedeutung für die Literatur. In: Merkur 32 (1978), Heft 7, S.
685-698, in dem mit Recht von der "Erforschung von Bachofens
Wirkung als einer Aufgabe der Literaturwissenschaft" gesprochen wird. Vgl. zum Thema auch: Monique Peltre: Thomas
Mann et J. J. Bachofen. In: Etudes Germaniques 26, 1971,
S. 437-448.

Des Weltbürgers Thomas Mann doppeltes Deutschland.
Erstdruck: Thomas Koebner, Gert Sautermeister, Sigrid
Schneider (Hg.): Deutschland nach Hitler. Zukunftspläne im
Exil und aus der Besatzungszeit 1939 - 1949. Opladen 1987,
S. 13-29. Der Aufsatz wurde gekürzt. Er berührt sich thema-
tisch teilweise mit dem Aufsatz des Verfassers über Thomas
Manns Bürgerlichkeit, in: Thomas Mann 1875 - 1975. Vorträge
in München - Zürich - Lübeck. Hg. von Beatrix Bludau, Eckhard
Heftrich und Helmut Koopmann. Frankfurt/M. 1977, S. 39-60.

Doktor Faustus und sein Biograph. Zu einer Exilerfahrung sui generis.
Erstdruck: Rudolf Wolff (Hg.): Thomas Manns Doktor Faustus
und die Wirkung. Teil 2. Bonn 1983 (= Sammlung Profile. Bd.
5), S. 8-26. Der Aufsatz versucht wie auch die folgenden Beiträge dem bislang wenig erforschten Phänomen der Literarisierung von Exilerfahrungen nachzugehen.

"Doktor Faustus" als Widerlegung der Weimarer Klassik.
Erstdruck: Internationales Thomas-Mann-Kolloquium 1986 in
Lübeck. Bern 1987 (= Thomas-Mann-Studien. Bd. 7), S. 92-

109. Der vorliegende Aufsatz versteht sich als Beitrag zur wiederaufgeflammten Diskussion um Thomas Manns Goethe-Beziehung.

"Doktor Faustus" – Schwierigkeiten mit dem Bösen und das Ende des "strengen Satzes".
Bisher unveröffentlicht.

Narziß im Exil – zu Thomas Manns "Felix Krull".
Erstdruck: Zeit der Moderne. Zur deutschen Literatur von der Jahrhundertwende bis zur Gegenwart. Festschrift für Bernhard Zeller zum 65. Geburtstag. Hg. von Hans-Henrik Krummacher, Fritz Martini und Walter Müller-Seidel. Stuttgart 1984, S. 401–422. Der Aufsatz ist dem großen Thomas Mann-Buch von Hans Wysling: Narzißmus und illusionäre Existenzform. Zu den Bekenntnissen des Hochstaplers Felix Krull. Bern/München 1982 (= Thomas-Mann-Studien. Bd. 5) verpflichtet.